[英国]罗伯特·沃克勒 著　刘嘉 译

卢梭

牛津通识读本·

Rousseau

A Very Short Introduction

译林出版社

图书在版编目（CIP）数据
卢梭 /（英）罗伯特·沃克勒（Robert Wokler）著；刘嘉译.—南京：译林出版社，2020.9（2021.11重印）
（牛津通识读本）
书名原文：Rousseau: A Very Short Introduction
ISBN 978-7-5447-8178-7

I.①卢… II.①罗… ②刘… III.①卢梭（Rousseau, Jean-Jacques 1712–1778）–哲学思想–思想评论 IV.①B565.26

中国版本图书馆 CIP 数据核字（2020）第 046081 号

著作权合同登记号　图字：10-2013-27 号

卢梭［英国］罗伯特·沃克勒 / 著　刘　嘉 / 译

责任编辑　陈　锐
特约编辑　石业青
装帧设计　景秋萍
校　　对　戴小娥
责任印制　董　虎

原文出版　Oxford University Press, 2001
出版发行　译林出版社
地　　址　南京市湖南路 1 号 A 楼
邮　　箱　yilin@yilin.com
网　　址　www.yilin.com
市场热线　025-86633278
排　　版　南京展望文化发展有限公司
印　　刷　江苏扬中印刷有限公司
开　　本　635 毫米 ×889 毫米　1/16
印　　张　22.25
插　　页　4
版　　次　2020 年 9 月第 1 版
印　　次　2021 年 11 月第 2 次印刷
书　　号　ISBN 978-7-5447-8178-7
定　　价　39.00 元

序　言

赵　林

卢梭这个人，应该算是西方文化园圃中最怪诞诡谲的一朵奇葩，他生前困顿窘迫、四面楚歌，死后却声名远扬、世人景仰。在卢梭之前，法国虽然也产生了几位具有叛逆精神的人物，如拉伯雷、莫里哀等，但是他们的反叛充其量只表现为一种典型法兰西式的机智诙谐，如同塞万提斯笔下的桑丘一般。而卢梭却是第一次公开地对传统社会的几乎所有主流价值都进行了全面彻底的颠覆，像唐·吉诃德一样单枪匹马地向整个法国上流社会和知识精英发起挑战。正是卢梭敏感、浪漫的心灵和其特立独行的人生，极大地激发了后世那些忧郁的寻梦者，从而引发了从浪漫主义运动到后现代主义的各种反传统的文化浪潮。并且，卢梭那深厚的平民主义情结和追求社会平等的政治主张，也酝酿了从西方到东方一次又一次激烈的社会革命和以美德相标榜的政治恐怖（尽管这是与卢梭本人的初衷相悖逆的）。

在卢梭晚年撰写的《忏悔录》和《一个孤独漫步者的遐想》中，我们可以看到一个充满了不平的怨忿和浪漫、忧伤的敏感心灵，这颗心灵由于遭受了太多的伤害和离弃，已经变得有些神经质，时常被受虐的妄想所折磨。离群索居的孤独生活和愤世嫉俗的圣洁情怀使得日渐衰老的卢梭越来越坚信，当末日审判的号角吹响时，所有站在上帝面前的人里面没有一个敢说“我比这个人好”！这种孤芳自赏的狂傲不久以后就得到了法国人民的认同——1794年10月11日，这位一生潦倒的思想怪杰的遗骸被法国国民公会从埃默农维尔的杨树岛迁葬到神圣的先贤祠，成千上万热情的巴黎民众向这位“自由平等的使者”和“法兰西民族英雄”顶礼致敬。

卢梭的忧郁柔美的浪漫气质可以追溯到其从小失去母爱的孤寂的心灵感受，更得益于在华伦夫人那里所受到的情感滋润。一个情窦初开的少年与比自己年长十四岁的风韵贵妇在风景秀丽的阿讷西等地长达十多年的朝夕相伴，这种浪漫的教化是任何经典教科书的教化都无法企及的。与这种美好的情感启蒙相伴随，从未受过任何正规教育的卢梭也从华伦夫人那里接受了系统的哲学、科学，尤其是音乐艺术方面的熏陶，从一个天真的流浪少年成长为儒雅的知识青年。在后来的五十年间，对于华伦夫人的优雅品性和恬美柔情的追忆，一直是饱尝世态炎凉的卢梭的心灵甘泉。

离开华伦夫人之后的卢梭在一些新结识的朋友的介绍下，跻身于巴黎上流社会。在贵夫人的沙龙里，卢梭和狄德罗、达朗贝尔等有志青年一样，怀着宏大的理想开始了思想探索和社会批判。但是出身寒门、以“日内瓦公民”自称的卢梭很快就与虚饰、矫揉的巴黎上流社会分道扬镳，也与他曾经的好友狄德罗、霍尔巴赫等人及其仰慕已久的法国启蒙运动精神领袖伏尔泰反目成仇。在以后的漫长生涯中，卢梭由于发表了那些离经叛道的著作而受到精英阶层的普遍抨击，还一度遭到法国当局的通缉，颠沛流离，惶惶如丧家之犬。就在卢梭与虚浮的上流社会渐行渐远时，一位缺乏教养却善良淳朴的女佣泰蕾兹·勒瓦瑟走进他的生活，并一直陪伴他度过了艰难的后半生。由于未曾正式结婚，以及环境恶劣等方面的原因，卢梭把自己与泰蕾兹所生的五个孩子全都送进了育婴堂，由此进一步招来了伏尔泰等人的激烈攻讦，指责卢梭连自己的孩子都不爱，岂能够爱人类？卢梭与伏尔泰及“哲学家们”（指狄德罗等百科全书派）之间的仇隙也日益加深，最终彻底决裂。

卢梭与法国上流社会及知识精英的决裂固然有其个性方面的原因，但是更重要的还是由于思想上的分歧。在18世纪欧洲先进知识分子大力弘扬科学理性的时代，卢梭却逆水行舟地提出了科学技术进步必将导致人类道德堕落的观点（《论科学与艺术》）；当新兴的资产阶级理直气壮地为私有财产的合理性进行辩护时，卢梭却声称私有制造成了人类社会的各种不平等现象（《论人类不平等的起源和基础》）；当洛克、孟德斯鸠等享誉欧洲的大思想家为宪政理想设计了三权分立、相互制衡的政治制度时，卢梭却明确强调人民主权不可分割（《社会契约论》）；当狄德罗、霍尔巴赫等启蒙思想家公开竖起无神论大旗对基督教信仰进行猛烈批判时，卢梭却旗帜鲜明地宣称自己是信仰上帝的，尽管他信仰的上帝绝非传统基督教的上帝（《爱弥儿》）；当爱尔维修和稍晚时期的边沁等人大力推行功利主义道德观时，卢梭却针锋相对地开创了道德动机主义（《忏悔录》）；当伏尔泰在为崇尚理性的古典主义大唱赞歌时，卢梭却激荡起了讴歌情感的浪漫主义思潮（《新爱洛伊丝》）……

如此一个与时代精神背道而驰的文化叛逆者，焉能不引起整个上流社会和知识精英的群起而攻之？！

在法国启蒙运动的许多推动者和参与者看来，卢梭的思想无疑是与启蒙理想背道而驰的，但是这并不能动摇卢梭本人作为启蒙思想家的重要地位。与伏尔泰、霍尔巴赫等人在养尊处优的环境中所进行的理性启蒙不同，卢梭的启蒙是直指每一颗真挚淳朴的心灵的。伏尔泰们在进行雷霆万钧的社会批判，卢梭则在进行春风化雨的人性改造；伏尔泰们要改造法兰西的宗教和政治，卢梭则要净化人类的道德和情感；伏尔泰们在沙龙中优雅地谈论着自由，卢梭则在流亡中执着地呼唤着平等。质言之，伏尔泰们的启蒙是要颠覆专制和蒙昧的旧世界，卢梭的启蒙则是要重铸善良与美丽的新灵魂。无怪乎德国最伟大的思想家康德对卢梭情有独钟，这位在个人品性上无懈可击的道德圣贤在谈到饱受诟病的卢梭对自己的影响时，充满敬仰地说道："是卢梭纠正了我。盲目的偏见消失了，我学会了尊重人性。"[①] 而康德所提倡的启蒙恰恰就是要驱除遮蔽在人心之上的翳霾。

如同苏格拉底之于公元前5世纪的雅典一样，卢梭对于18世纪的法国来说也是一个来得太早的人。他之所以不合时宜，是因为他提出了一些超越自己时代的思想，然而这些思想在他死后很快就成为新的时代潮流——卢梭提出的"主权在民"和"公共意志"的政治理论在法国大革命中被罗伯斯庇尔等平民派领袖充分运用，并且在19—20世纪的德国思想（马克思主义）和

---

① 卡西尔：《卢梭·康德·歌德》，三联书店1992年版，第2页。

俄国实践（苏维埃政权）中得到进一步的诠释和发挥，甚至深深地影响到当代中国的政治体制；卢梭发轫的道德情感宗教通过康德、施莱尔马赫等人的理论重构，成为西方社会大多数受过理性启蒙的现代人的主要信仰形式，其基本特点就是在科学支撑的“头顶星空”与上帝维系的“心中道德”（以及情感）之间建立起一种协调互补关系；而卢梭在《新爱洛伊丝》《爱弥儿》等作品中赞美真挚情感、突破矫饰理性的美学倾向，通过夏多布里昂、斯达尔夫人等人的发扬光大，最终酿成了19世纪风靡欧洲的浪漫主义文艺运动，并且从中衍生出从波德莱尔一直到福柯的各种反叛传统和解构权威的后现代主义文化思潮。

在文艺复兴以来的欧洲，每一个世纪都有其文化上的代表人物，如果说16世纪的文化象征是路德和加尔文，17世纪的文化标志是洛克和牛顿，那么18世纪的文化偶像无疑应是伏尔泰和卢梭。伏尔泰活着的时候就是欧洲人人敬仰的启蒙领袖，卢梭则在其死后不久爆发的法国大革命中名声大噪。丹麦著名文学史家勃兰克斯在谈到二者对法国革命的影响时写道：“毕竟伏尔泰在整个革命时期构成了破坏性的原则，正像卢梭是使人们聚集在一起、团结在一起的精神力量一样。因为伏尔泰为个人的思想自由辩护，从而破坏了权威原则，而卢梭则以普遍博爱、互相依靠的感情代替了它……伏尔泰唤起了革命者的愤怒，卢梭则唤起了革命者的热情。”[①] 在法国大文豪维克多·雨果的经典名著《悲惨世界》中，连目不识丁的小流浪汉加弗洛什也是一口一声唱着“这只能怨伏尔泰”、“这也只能怨卢梭”的顺口溜

① 勃兰克斯：《十九世纪文学主流》第三分册《法国的反动》，人民文学出版社1986年版，第3—4页。

而死于1832年的巴黎巷战。

伏尔泰作为法国启蒙运动的精神领袖，对他的表述可以用复数形式，即“伏尔泰们”，因为追随在他旗下的一大批知识精英在思想方面都与他大同小异；但是卢梭却只能是单数的，在活着的时候，他是一个人在对抗着整个法兰西文明社会。但是在死后，他的思想很快就发生了几何级数的裂变，从而在法国、欧洲乃至全世界孵化出无数的忠实信徒，并演化出种种浪漫的甚至暴戾的历史后果。

在今天的巴黎，随处都映现出这两位伟人的文化影响——在雍容华贵的凡尔赛宫和卢浮宫，人们可以充分吮吸伏尔泰所代表的崇高典雅的气息；而在巴士底广场和蓬皮杜艺术中心，人们同样可以亲切感受到卢梭所激起的躁动不安的脉搏。在法兰西人民心中最神圣的殿堂——巴黎先贤祠的地下墓室的入口处，卢梭的灵柩与伏尔泰的棺椁相对而立，这两位思想上的冤家对头，相映生辉地绽放出法兰西文化最耀眼的辉煌。

据说拿破仑在称帝之前有一次路过位于杨树岛的卢梭陵墓原址，他在墓前伫立良久，然后对身边的人说道：“后人将会说，为了天下太平起见，世上最好没有卢梭，也没有我。”但是卢梭（以及拿破仑）毕竟出现了，并且给这个一向循规蹈矩的世界带来了天翻地覆的变化。从此以后，这种反叛的躁动就不仅在充斥着各种不平等现象的现实社会中蛰伏蠢动，而且也在一切不安现状的追梦者的血液里流淌奔涌，成为浪漫心灵的永恒感召。

要想深入了解西方文化，卢梭是绕不开的。放在各位读者面前的这本牛津通识读本《卢梭》，将引领我们走近一个有血肉、有性灵的卢梭其人。

谨以此书纪念以赛亚·伯林

目录

致　谢

完成这本书所花的时间并没有比原先预计的八个星期长太久，但这八个星期的写作分散在近八年的时间里。我从之前的出版物中摘录了几页，分别如下：第一章摘录了《从柏拉图到北约的政治思想》（伦敦，1984）中的“卢梭”；第二章摘录了西蒙·哈维、玛丽安·霍布森等编辑的《重说卢梭》（曼彻斯特，1980）中的“《论科学与艺术》及其后续作品”，以及布里森登和伊德编辑的《18世纪研究》（堪培拉，1979）第五卷中“卢梭论拉莫与革命”；第四章摘录了菲弗和罗森编辑的《生命、自由和公共利益》（伦敦，1987）中“卢梭的两种自由观”。我尽量把约翰·霍普·梅森和昆廷·斯金纳提出的诚恳的修改意见结合进来。我十分感激基思·托马斯爵士，当我的其他出版物出现危机时，他以难以想象的耐心包容我，允许我先去处理它们，并且一丝不苟地对我的写作风格进行改进。我还要感谢我的编辑，牛津大学出版社的苏茜·凯斯门特和凯瑟琳·克拉克。我非常感谢玛丽莲·邓恩和卡伦·霍尔按照要求准备了像样的打字稿。

i 1993年11月

我利用在文本中增加插图的机会，对一些细节进行了修改，其中一些是为了更清楚地表述，同时也纠正了山本修二提醒我注意的两处日语翻译方面的错误。近年来出现的新法语版和英语版的卢梭作品促使我修改或增加了大量的参考资料。对某些主题，尤其是在第一、三和四章中探讨的主题，我也进行了扩展。在第六章中，我尽可能地模仿卢梭自己的风格，同时也因为受到另一种语言的限制，以及对作品语境解读的要求，这一章中包含更多关于音乐的内容。

ii 2001年3月

引用书目

A　卢梭，《政治与艺术：致达朗贝尔论戏剧的信》，包含注释及艾伦·布鲁姆的导读（伊萨卡：康奈尔大学出版社，1977年）（1960年首次以该形式出版）

C　卢梭，《忏悔录》译本，由科恩导读（伦敦：企鹅出版社，1953年）

E　卢梭，《爱弥儿》或《论教育》，由艾伦·布鲁姆导读、翻译和注释（纽约：基础书屋出版社，1979年）

G　卢梭，《〈论文〉及其他早期政治著作》，由维克多·古尔维奇编辑、翻译和注释（剑桥：剑桥大学出版社，1997年）

H　《卢梭论国际关系》，斯坦利·霍夫曼和戴维·菲德勒编辑（牛津：克拉伦登出版社，1991年）

J　卢梭，《朱莉》或《新爱洛伊丝》，菲利普·斯图尔特和让·瓦克翻译和注释（新罕布什尔州汉诺威：新英格兰大学出版社，1997年）

L　卢梭，《卢梭书信全集》，由R. A.利编辑和注释（日内瓦

和牛津：伏尔泰基金会，1965—1998年）

P　卢梭，《作品全集》，由B.加涅班、M.雷蒙德等编辑（巴
vii 黎：伽利玛尔出版社“七星文库”系列，1959—1995年）

R　卢梭，《一个孤独漫步者的遐想》译本，由彼得·法朗士导读（伦敦：企鹅出版社，1979年）

S　卢梭，《〈社会契约论〉及其他晚期政治著作》，由维克多·古尔维奇编辑、翻译和注释（剑桥：剑桥大学出版社，1997年）

文中只引用了卢梭著作最常见的英文版，我更喜欢使用自己翻译的版本，但同时也标注了其他可参考的版本。文中所有对《社会契约论》的引用仅涉及其内部书籍和章节。对《卢梭书
viii 信全集》的引用均标明了信件的编号。

第一章

一位日内瓦公民的生平

在同期的思想家中，卢梭与孟德斯鸠、休谟、斯密、康德对现代欧洲思想史产生了最为深远的影响。而卢梭所做出的贡献甚至可能超过同时代的其他所有人。没有哪位18世纪的思想家能像他这样写出如此多的著作，涵盖如此广泛的主题和形式，充满如此持久的激情和强大的说服力。没人能像他一样用自己的作品及一生如此深刻地激发甚至震撼了公众的想象力。在启蒙运动的重要人物当中，几乎只有卢梭能让当时所处世界的主要思潮经历最具启发性的批判，即便是在他引导思潮方向的时候也是如此。后来，当法国大革命的领袖们抓住机会引发政治实践和理论的统一时，他们首先宣布了对卢梭学说的拥戴。

和那个时代文学界的绝大多数杰出人士一样，除了政治之外，卢梭还有很多其他兴趣。他是一位广受赞誉的作曲家，他著有一部权威、翔实的音乐辞典。在他的一生中，音乐或许是他最感兴趣的主题。虽然他早期的许多重要作品都是关于艺术、科学和历史哲学的，但他在晚年却对植物学充满热情，他就植物学

写了一系列书信，其译本成为英国深受欢迎的教科书。他的《一
1 个孤独漫步者的遐想》在18世纪晚期的欧洲引发了浪漫自然
主义思潮，他的《新爱洛伊丝》是那个时代最广为阅读的小说，他的《忏悔录》是自圣奥古斯丁以来最具影响力的自传作品，他的《爱弥儿》是自柏拉图《理想国》之后关于教育的最重要著作。然而，他所获得的最杰出的荣誉仍然来自道德和政治思想领域。

他的出生地和早期童年生活对他后来的生活和思想产生了深远的影响。他于1712年出生于日内瓦，一个加尔文主义小国，周边围绕着以信奉天主教为主的大国。这是一个多山的国家，有防御外敌入侵的自然屏障。最重要的是，它是共和制国家，而其周边的国家都是公爵领地制和君主制。卢梭后来在《爱弥儿》中描述萨瓦牧师的时候，称他信仰的是仁慈的自然之神，而不是《圣经》。在一座鸟瞰城市的山丘上，他构思了一个人与其造物主直接沟通的景象，而他所了解的其他城市里的居民是无法对这一想法表示赞同的。在反对专制政府和腐败贵族特权的过程中，许多18世纪的启蒙思想家将开明君主视为改革过程中的盟友。但是，卢梭和同时代的**启蒙思想家**不同，他对于开明专制的前景并不抱有太大信心。然而，出于对书刊审查制度的恐惧，狄德罗、伏尔泰等其他人在自己积极投身的事业上表现得相对缓和，他们开始以匿名的方式发表自己的作品。而卢梭会抓住每一个可能的机会在自己的作品上署名“日内瓦公民”，直到他确信自己的同胞们已经无可救药地彻底迷失后，他才停止这么做。启蒙运动中没有哪个重要人物能像他这样，如此敌视政治文明发展路线，而又为自己的政治身份感到如此骄傲。

卢梭的母亲生下卢梭后便撒手人寰，因此，养育卢梭的重任落在他父亲的身上。卢梭的父亲是一个富有浪漫气质但脾气暴躁的钟表匠，他激发了卢梭对自然和书籍的热爱，尤其是对经 2
典名著和历史的热爱。卢梭从来没有接受过正规教育，似乎为了弥补这一不足，他偶尔会用冗长的脚注来注释他作品中所引用的文献，而他同期受过良好教育的作家几乎很少费心引经据典。不过，卢梭的母亲继承了大量藏书，他博览群书的父亲以颇具修养的方式鼓励少年卢梭，因而使他迷恋上了文学。后来，卢梭在《忏悔录》中提到这种修养，他认为这是日内瓦工匠区别于其他国家工匠的独特之处。卢梭对出生地的挚爱很大程度上也沿袭自他的父亲，他父亲告诉他“四海之内皆兄弟”，以及“喜悦和天堂支配一切”。至少有两本卢梭的重要作品——1758年的《致达朗贝尔论戏剧的信》和1764年的《山中来信》主要讲

图1 1720年左右日内瓦的景色，罗伯特·加德勒绘

述了他出生城市的文化或政治体系。他还曾经评论自己所写的《社会契约论》描述的是自己国家的崇高原则。在卢梭的所有作品中，没有哪本像《致达朗贝尔论戏剧的信》这样详尽描绘他的政治友爱观。他在书中回忆了一个日内瓦兵团在露天举办欢庆活动，这激发了当时还是孩子的卢梭的想象力（《作品全集》第五卷，第123—124页；《致达朗贝尔论戏剧的信》，第135—
3 136页）。

然而，卢梭对自己的父亲以及出生地的眷恋并没能让他克服失去母亲的痛苦。在他年仅十五岁时，经介绍认识了一位瑞士男爵夫人——华伦夫人，她住在萨沃伊公爵领地的阿讷西，位于日内瓦的西边。二十九岁的年轻的华伦夫人已经从事使新教难民改宗天主教的事业。她热情地把卢梭带进了她的家以及她的怀抱，而华伦夫人的这种热情恰巧与卢梭的狂热不谋而合。在接下来的十年内，他成了她的情人，也是她的学生。他们先后住在阿讷西、尚贝里，最后住在田园诗般宁静的谢尔梅特山谷。在她的指导以及她的资助者和告解神父的帮助下，卢梭完成了自己的学业，尤其是他之前知之甚少的哲学和当代文学，并由此开始考虑将写作作为自己的职业。此外，卢梭在一定程度上受华伦夫人敬虔主义热情激发，对神及其创造的奇迹产生了依恋，从而导致他的宗教信仰有别于同时代大多数**启蒙思想家**，他们或者是无神论者，或者是怀疑论者，但都对卢梭的狂热表示质疑，认为这和他们想要推翻的教会是属于同一类型的神秘迷信。在卢梭和华伦夫人成为情人的这段时期以及之后的岁月里，卢梭都称呼华伦夫人为**妈妈**，因为华伦夫人拥有甜美、优雅、美丽的特质，而这些特质是失去母亲的孩子渴望在之后所有令其着迷的女性身上找到的。

卢梭大约从1745年起直至去世，一直和泰蕾兹·勒瓦瑟生活在一起并与其结婚。泰蕾兹·勒瓦瑟并没有那么迷人，而且受教育程度也较低。虽然泰蕾兹·勒瓦瑟的清纯一开始吸引了卢梭，但她始终未能从卢梭那里获得他给予华伦夫人那样的深情。他从他生命中最为重要的两位女性那里获得母性关爱和性满足，但他永远无法容忍拥有自己的家庭。他抛弃了和泰蕾
兹生的五个孩子，把他们送进公立育婴堂，命运未卜。卢梭后来 4
声称自己太穷了，没法妥善地照顾自己的孩子，他对孩子的所作所为让他非常悔恨和羞耻。读者们肯定非常想知道他是如何写出像《爱弥儿》这样关于儿童教育的崇高论文的。《爱弥儿》在某些方面或许可以被解读为一部关于个人救赎的作品。直到今天，他抛弃自己孩子的行为比他的其他任何特点都更为影响他在大众心中的形象。

事实证明，卢梭也没有像关心华伦夫人那样关心泰蕾兹的需要。在1750年代，泰蕾兹陷入了极度的经济困境，甚至被迫登记为贫民。1762年夏天，在她即将离开人世的时候，她依然没有摆脱贫困，也没有跟卢梭联系。而那时，卢梭正由于自己的作品
而被法国和瑞士的宗教和世俗统治者谴责，陷于对自身安危的 5
焦虑中。在1778年4月12日圣枝主日，也就是卢梭去世的几周前，他写下了人生中最动人的篇章之一——《一个孤独漫步者的遐想》中的漫步之十。在这一章中，他回想自己初次遇见华伦夫人已经是五十年前了，他们彼此的命运已经交织在一起，在她的怀抱里他享受到了孤独人生中一段短暂而温柔的时光，没有艰难困苦、没有纷繁杂乱的情绪，因为这段时光，（他）才认为（他

图2　泰蕾兹·勒瓦瑟的剪影

自己）真正活过（《作品全集》第一卷，第1098—1099页；《一个孤独漫步者的遐想》，第153页）。

在卢梭二十多岁的时候，他终于开始在世界上拥有一席之地，当时他主要依靠给人补习和谱写乐曲维持生计。他下决心要用一部喜剧——《纳西塞斯》和一套全新的乐谱体系征服巴黎。1742年到达巴黎后不久，卢梭结识了狄德罗。狄德罗与卢梭年龄相仿，背景相近，拥有相似的抱负，从而成为卢梭接下来十五年内最亲密的伙伴。他们两人的性情并不一样，狄德罗更为儒雅、和蔼，卢梭更为敏感、真挚，但他们在戏剧、科学尤其是音乐上拥有共同的兴趣。在狄德罗与达朗贝尔担任《百科全书》

联合主编时，卢梭接受委托，撰写了大部分关于音乐的文章以及一篇关于政治经济学的文章。在1749年《论盲人书简》出版后，狄德罗在万塞讷的监狱被短暂拘留了一段时间。卢梭几乎每天都来探望他，并恳求当局释放他的伙伴。有一天，他从巴黎的寓所出发前往监狱的途中，偶然发现了一则关于有奖征文的竞赛通知，主题为艺术和科学及其对人类道德的影响，从此改变了他的人生轨迹。卢梭热衷于反对文明，这一观点构成了《论科学与艺术》的核心内容。狄德罗起初跟卢梭拥有同样的热情，但仅仅是因为他主编的艺术与科学辞典的主要撰稿人也试图不断地质疑科学和艺术，这一具有煽动性的想法让狄德罗非常感兴趣。
后来，狄德罗开始拥护自己激进的道德观念，其中很多观念仍然 6
和卢梭有着惊人的相似之处，尽管他一直对卢梭持否定态度的一个观点坚信不疑：知识和文化的演变只要源于符合人类天性的真正好奇心，就会带来人类行为的进步。

1743—1744年间，卢梭被任命为法国驻威尼斯大使，因而他暂时结束了在巴黎的逗留。年轻的时候，卢梭拜访过都灵，并在那里学习了意大利语。他喜爱意大利音乐，经常聆听，并对其自然和直接的表现方式表达出强烈的热情；他在欣赏结构精致的法国音乐时，也丝毫无法减淡对意大利音乐的热情。在都灵，他发现为弥撒仪式伴奏的华丽的管弦乐表演比在日内瓦教堂里被当作音乐的简朴的赞美诗更具有吸引力；在威尼斯，他也热衷于通俗音乐和本地音乐，街上和酒馆里的流行曲调一点都不比舞台上的音乐逊色，同样令他陶醉。他返回巴黎后，将意大利歌剧和法国歌剧进行比较，认为意大利歌剧更胜一筹。他认为法语欠缺音乐表现力，法国声乐风格通常缺乏清晰的旋律线，而且过多的表面装饰和和声的点缀导致音乐拖沓。

卢梭在18世纪中叶与当时著名的作曲家、音乐理论家拉莫的争执正是源于这样的主题。1753年，卢梭写了《论法国音乐的通信》，事实证明这是他引发争议最大的作品，因为这部作品，他对音乐的思考被视为具有煽动性，他的肖像被反对者吊起来以泄愤。卢梭自己在《忏悔录》(《作品全集》第一卷，第384页；《忏悔录》，第358页）中声称，《论法国音乐的通信》也是唯一一部曾经遏制了法国政治暴动的作品。1753年11月，君主一派对巴黎最高法院的地方法官进行驱逐，这一全国性的危机也激化了詹森主义者和耶稣会会士之间的矛盾，造成了极大的动乱。
7 但卢梭坚持认为，这并不是他的作品所激发的，他的作品只是将一场原本针对国家的潜在革命，转变成了一场针对他的革命。矛盾的是，事实证明，《论法国音乐的通信》是卢梭唯一一部赢得**启蒙思想家**普遍认可的作品，他们也怀着和卢梭相似的热情加入了推行意大利音乐的行列。1752年卢梭创作了歌剧《乡村卜者》，这部作品以意大利音乐风格创作，受到了广泛的称赞，甚至被格鲁克和莫扎特模仿并超越。1767年卢梭的《音乐辞典》出版，其中大部分内容都源自他为《百科全书》撰写的文章，他对于自己早先关于音乐和话剧的想法进行了更加深入的阐述。而在1760年代早期完成的《论语言的起源》中，卢梭在上述想法中加入了他的历史哲学思想，认为古典拉丁语比当代法语更具有音乐活力，古代共和国的公民拥有更多的美德和自由，他们以开放式的音乐表达了他们兄弟般的情谊，而这种音乐在君主统治的当代主题中已经不再流行了。

在卢梭的《忏悔录》中，他提到他在威尼斯发现“一切都归

LE DEVIN
DU VILLAGE
INTERMÉDE
RÉPRÉSENTÉ A FONTAINEBLEAU
Devant leurs Majestés
les 18. et 24. Octobre 1752.
ET A PARIS PAR
l'Académie Royale de Musique
le 1.er Mars 1753.
PAR
J. J. ROUSSEAU.
Prix 10.lt 4.f
Avec l'Ariette ajoutée par M.r Philidor, chantée par M.r Caillot,
A PARIS
Chez Le Clerc, Ruë S.t Honoré, entre la Ruë des Prouvaires, et
la ruë Dufour à Sainte Cecile.
Et Aux Adresses Ordinaires.
AVEC PRIVILEGE DU ROY.   Imprimé par Ch...

图3 《乡村卜者》的雕刻版扉页(巴黎,1753年)

源于政治”，因此“一个民族的面貌完全是由其政府的性质所决定的”（《作品全集》第一卷，第404页；《忏悔录》，第377页）。他坚信，人天生并不邪恶，但往往由于差劲的政府滋生了邪恶，从而导致人变得邪恶。如果一切都取决于政治，那么日内瓦同胞的正直品格，以及曾经辉煌的威尼斯共和国民众的道德败坏，都可以追溯到同一个根源。在威尼斯居住过一段时间后，卢梭回到当时最大的君主国的首都巴黎，因此他可以比较三个截然不同的政体在塑造其民族性格上所产生的影响。卢梭在1749年
9 起草了《论科学与艺术》，这让他第一次有机会集中阐述了他关于文化衰落和罪恶的政治根源的观点。他在书中提出，虽然我们的祖先是强健的，但启蒙运动带来的过度奢侈耗尽了我们的活力，使我们受制于文化的桎梏。斯巴达因为摆脱了艺术和科学的粉饰而成为一个持久的强国；雅典，这个代表古代最高文明的国家，却无法阻止自己的衰落，沦落为专制统治的国家，而罗马以及其他帝国的日益强大，都同时伴随着军事和政治实力的衰减。卢梭评论称，无论在何处，“艺术、文学、科学都把花冠点缀在束缚着人们的枷锁之上”（《作品全集》第三卷，第7页；《〈论文〉及其他早期政治著作》，第6页）。他之后的作品虽然囊括了很多其他主题，但他的“**知识**源于**感觉经验**”这一观点此后成了其哲学理论的基石。受古代智者学派的启发，并由马克思和尼采重新修改，这一原则也成了后现代主义批判启蒙时代的普遍核心思想。

卢梭的“一论”[①] 在他所参加的文学竞赛中获奖。几乎一

① 即《论科学与艺术》。——编者

夜之间，这部作品所引发的争论使他从一个即将步入中年、默默无闻的文人变成了现代文明中最饱受鞭挞的名人。导致这部作品臭名昭著的一个主要原因是，它颠覆了18世纪人们对于美德与丑恶之间史诗般斗争的普遍观点。伏尔泰在其《哲学通信》及其他作品中，代表他那个时代许多支持启蒙思想的人们发表了看法，他认为学习和科学的发展能够带来美德，并描绘了在现代欧洲从数百年迷信和无知的黑暗中慢慢觉醒的过程中，人类行为的逐步改善。狄德罗与达朗贝尔在构思《百科全书》时，基本遵循了同样的思路。相比之下，卢梭似乎在颂扬原始黄金时代的价值，从那个时代往后，人们由于盲目崇拜知识的欲望而堕落，并丢失了优雅。他不仅给人以推崇原始、反对文化的印象，而且在那些跟他同时代的文明进步人士看来，他似乎忘记了基督教会作为当代世界人们痛苦和绝望的主要来源，也是由于古 10
代世界的无知而强化了他所推崇的神秘主义，并因此具备了影响力。伏尔泰及其追随者谴责了这种对人类未经教化的无知的幻念，他们指责卢梭放弃了他本应该坚持的政治和宗教改革事业，却回到粗野的愚蠢状态。虽然对卢梭所提出的人性本质理论的评价在很多方面都相当离谱，但对他的哲学的核心原则之一给予了应有的重视，而卢梭也经常说这一原则是他的很多作品的指导线索——虽然人类的造物主创造了一切美好的事物，但人类却造就了腐朽和堕落。卢梭认为，邪恶是人类社会的独特产物，虽然人类并非总是刻意为之。

在1750年代早期，卢梭主要专注于关于音乐的写作，并应对一些批评家对其《论科学与艺术》的反对。这些批评家将他的注意力从文化的堕落转移到政治和经济因素的不利影响上，他应该感谢这些批评家，因为在卢梭看来，是他们重申了他在威尼斯所发现的真相。1753年秋，卢梭的历史哲学理论得到进一步演进，他提出，人类道德败坏的主要原因是对不平等的追求，而并非对奢侈的追求。他还指出，建立在私有财产制度上的权威关系是人类道德败坏的主要原因。卢梭在他1755年的《论不平等》中提出，一些人以牺牲他人为代价，公开授权侵占土地，这必然导致公民社会建立于欺诈和不公正之上。他是根据对人类历史的推测来阐述这一论点的，其中他也试图解释家庭和农业的社会起源，
11 并阐述了私有财产的不平等分配对不同类型政府的起源所起到的作用。在卢梭对历史假想性的重建中，他对自己的政治和社会理论提出了几点重要的见解，而这些是他之前从未阐述过的。他首次强调，我们道德败坏的主要原因是私有财产制度，而并非对文化和知识的追求，并由此挑战他之前从格劳秀斯、霍布斯以及后来普芬多夫和洛克那里所理解的现代法学的基础。启蒙运动时期的其他思想家都没有像卢梭这样在他的“二论”[①] 中如此直接地与传统观点进行对峙。18世纪对人性早期观点的批判也未能像卢梭一样针对社会特征提出进化演变这样生动的设想。此外，在卢梭的这篇作品中，文明人身上原始性的抽象概念源于人类身体和道德特征之间的二分性。他坚持认为，道德并非源于人性，而是来自社会中人性的改变，人与人之间的自然差异原本微不足道，但这种人性改变却会带来显著不同的结果，从而让我们的生活发生彻底的变化。他在《论不平等》中指出，私有财产的建立非但没有表现出人类天性中潜在的最好的一面，反而扭曲了

① 即《论不平等》，全名为《论人与人之间不平等的起因和基础》。——编者

人性，并将人类对荣誉和公众尊重的追求变成了一种不光彩的、令人沮丧的竞争。事实上，他首次在文中提出的关于人类原始特征的假设性描述，认为野蛮人更接近于其他动物，而并非文明人。这让卢梭有机会去思考动物学的主题，以及我们与猿和其他灵长类动物之间的区别。他开始相信，人类不管怎么样都是自然界中唯一可以创造自己历史的物种，而人类对能力的滥用致使其在社会中比其他所有生物都活得更焦虑、更痛苦。

卢梭的“二论”在各个领域对欧洲思想的发展产生了深远的影响，但最初它对读者的影响却比不上《论科学与艺术》和《论法国音乐的通信》。对于之前与卢梭结盟的**启蒙思想家**而言，这 12
却证实并加深了他们的担忧——他的“一论”是其真挚信念的宣言，卢梭再也不能被视为启蒙运动或进步的盟友了。对于卢梭本人而言，显然他需要与他先前的一些朋友分道扬镳，他一直都对无神论者和怀疑论者感到不安。卢梭仅在公众面前才会略微收敛自己不合时宜的热情，毫无疑问，这种热情在一定程度上是受到华伦夫人的激发而产生的，他的一些巴黎朋友，甚至是狄德罗，感觉这是他自以为是和虚荣的表现。

1750年代中期，卢梭开始和他的同伴发生争吵，并声称他再也无法容忍他们的道德自满。起初，卢梭计划返回日内瓦，但后来他又改变了迁居的想法，主要是因为伏尔泰决定在日内瓦定居。在两次被关押进巴士底狱后，伏尔泰只想寻找一个避风港，以使自己可以更安全地追求自己的兴趣，他也想寻求一个比普鲁士国王腓特烈大帝的世界——一个刺刀比书籍更受推崇的地方——更宜居的环境。但是卢梭却在伏尔泰对其家乡的“侵占”中，觉察到了险恶的动机，他担心伏尔泰会把日内瓦同胞们的简朴转变为巴黎人的腐败。这样，当他回到自己的出生地，就会面对相同的致使其逃离法国的恶习。因此，他决定接受狄德罗的朋友德皮奈夫人的邀请，住进位于巴黎北部蒙特伦西森林中一座名为艾米特的乡村别墅，德皮奈夫人曾经在很短的一段时间内是卢梭的资助者和最亲密的知己，但是后来她成为所有熟知他的对手中最凶猛的一个。1756年4月9日住进艾米特以后，卢梭开始脱离几乎所有自1740年代早期以来一直与之结盟的**启蒙思想家**。很快，卢梭就和狄德罗发生了争吵，狄德罗在这期间写了一部戏剧——《自然之子》，在一定程度上探讨了孤独的负面影响，而这部作品在卢梭看来是一种个人的蔑视之举。1756年，
13 伏尔泰创作了关于自然法和1755年里斯本地震的诗，并在诗中嘲笑盲目信仰上帝并接受一切都本该如此的愚蠢行为。卢梭以一篇名为《天命书简》的文章回应：上帝不应该为邪恶负责，伏尔泰所抱怨的人类苦难是由人类自己造成的。接着，伏尔泰又采用道德故事的形式对卢梭（以及莱布尼茨和蒲柏）进行了讽刺的回应，并将其命名为《老实人》（*Candide*）。

事实上到1758年，卢梭已经断绝了与他以前伙伴的一切关系。在此一年前，达朗贝尔于日内瓦在《百科全书》第七卷写了一篇关于日内瓦的重要文章，他在文中提出了在那个城市建立剧院的理由，认为这将提升这个城市的文化底蕴，从而提升其公民的道德修养。卢梭认为，达朗贝尔在创作这篇文章时曾得到伏尔泰的协助。他就剧院这一话题，构思了《致达朗贝尔论戏剧的信》，以反驳篡夺他基本人权的人，并与达朗贝尔直接对峙。他谴责舞台艺术与友爱精神相悖，这种友爱精神曾经相当普遍，
14 而现在需要在他的家乡重新弘扬。就像柏拉图选择在其正义之

图4　德西雷继戈蒂埃之后雕刻的艾米特景色

邦理想国中将荷马神话中迷人但虚假的女神驱逐出去一样，卢梭在《致达朗贝尔论戏剧的信》中，试图保护日内瓦，不让其沦陷于莫里哀那让人不易察觉的讽刺中。莫里哀可以使用低劣的把戏，把虔诚的正直改变为伪善的恶作剧，从而使卢梭的同胞们痴迷于带有狡诈意图的戏剧，进而削弱了这个国家公民特有的朴素和热情。

也是在他飞离巴黎之后的那段时期，卢梭写出了《朱莉》，又名《新爱洛伊丝》的初稿，这是18世纪晚期法国最受欢迎的小说。这一以书信体写成的故事讲述了饱经挫折的爱情与责任发生冲突而产生的磨难，这在一定程度上受到了理查森和普雷沃的小说的启发，书中包含卢梭就浪漫的情感、温柔的性爱以及田园般的质朴的一些最为抒情的段落。如果说《老实人》在某种程度上是伏尔泰以小说的形式对卢梭《天命书简》的回应，那么《新爱洛伊丝》的序言可以被视为《忏悔录》的后记，而卢梭写《忏悔录》实则是针对伏尔泰。“伟大的城市需要戏剧，堕落的社会群体需要小说。”卢梭写道，“我见证了我所处时代的道德，并发表了这些信。真希望我能生活在不得不将这些信扔掉的世纪！”（《作品全集》第二卷，第5页；《新爱洛伊丝》，第3页）

同期，卢梭完成了他的作品《爱弥儿》，这部作品和《新爱洛伊丝》篇幅相当，而且两者间还存在一定的相关性，不仅仅因为《爱弥儿》也是一部小说。其开篇是对教育的论述，正文第一卷的开篇陈述了一个原则，卢梭在1750年代中期就提出了这一原则，并将其视为自己整体哲学思想的主要动力。“世间一切在我们的造物主手中诞生时，都是好的。当人类用双手对其进行塑造时，一切都衰败了。”（《作品全集》第四卷，第245页；《爱弥儿》，第37页）他认为《爱弥儿》的核心主题是尊崇自然而非艺术的教育计划。这样的教育计划允许孩子的冲动顺其自然地发展，而非被迫
15 改变和过早地被干预，也非通过训诫、指令而使孩子受到外部的控制。卢梭在文中描述了遗传对于个体精神成长的影响，这同时也反映了他在“二论”中表达的进化论观点，即人类从野蛮到文明状态的转变。尽管《爱弥儿》描绘的大多是关于情感和性欲，而非理性和权威，但是，儿童在成长的过程中必须首先只依靠事物本身而非依靠别人，这一规则为人们提供了一个有别于过去的全然独特的教育前景，而过去的教育必将导致人类的衰败。在卢梭作品中，《爱弥儿》首先提出即便是在腐败的社会，个人也可以实现某种独立的形式。通过培养自力更生的能力，人们可以从社会的禁锢中解脱。从这个意义上说，该作品对于人类尚未实现的可能的发展前景展现出谨慎的乐观态度，卢梭在之前的作品中从

图5　亨利·富泽利为自己的《论卢梭的著作与行为》所绘的卷首插图，描绘了卢梭直指伏尔泰，跨越人性，将正义和自由置于绞刑架上（伦敦，1767年）

未表现过这样的态度。毫无疑问，卢梭在语气上的巨大转变，一定程度上是因为受到自己成功摆脱巴黎社会束缚的启发。

然而，根据卢梭在《忏悔录》中的描述，他在新家中首先着手写作的是《社会契约论》，这是他在威尼斯的时候就已经开始构思的作品，并决心将其编纂成他最经典的作品。真正理解社会契约原则的最好方式应该是对比“二论”中所叙述的有害契约准则，这样的契约，在正确的解读下，会实现而不是破坏公民真正的自由，并赋予公民法律上的平等，而不是让公民屈从于他们的政治头领。卢梭宣称，自由和平等这两个原则应该成为每一个立法体系的主要目标，《社会契约论》中的大部分内容都用以解释为什么应该如此。将道德和政治与我们生活中自然和生理的方面区分开来以后，卢梭提出，不同形式的自由适合不同的
17 人。如果没有政府，人自然是自由的，因为不受他人意志的约束，但这种自由仅仅是为了满足人天生的冲动，政治社会的建立要求我们放弃这种自由；只有在政治社会中，我们才能实现公民自由或道德自由，前者使我们依赖于整个社会，后者使我们服从于那些表达我们集体意志的法律。在《社会契约论》中，卢梭声称国家可以作为实现自由的工具，只要国家的所有公民都同时拥有主权，只有这样，才能真正称为民众自治。卢梭指出，只有当国家的每个公民都直接参与立法，他们才能共同监管那些试图滥用权力的人。尽管与他同时代的不少人，如孟德斯鸠和伏尔泰，都对英国宪法中所强化的自由主义原则表示赞赏，但卢梭却因此认为英国的议会制将人民的主权委托给他们的代表，这与维护选民的自由是冲突的。

在《社会契约论》出版后，卢梭于1765年起草了《科西嘉制

宪意见书》，并在1771年前后撰写了一篇关于波兰政府的文章。这两次都是由于当地政权尚未完全建立，卢梭应当地杰出公民的邀请，担任他们的立法委员。如果当初科西嘉没有遭受入侵，波兰没有被分割，那么在18世纪晚期，我们可能会见证社会契约的原则如何运用于实际国家的宪法中。卢梭声称，应该运用社会契约的原则，寻求政治理论和实践的结合，后来法国大革命中他的崇拜者也持有相同的观点，尽管他们采取的方式并不相同。卢梭将自己的哲学思想与柏拉图和莫尔进行对比，并坚持认为，自己并没有提出任何不切实际的乌托邦理想。相反，他的《社会契约论》是为了阐明一个接近家庭概念的理论基础，尤其是日内瓦宪法，他相信，正是因为宪法被抛弃，才导致自己祖国现任当 18
局对他的愤恨（《作品全集》第三卷，第810页）。这也是他第三部主要研究政治的著作——1764年所著的《山中来信》所阐述的核心论点之一。

然而，他的《社会契约论》的特别吸引人之处，却是书中关于公民宗教的倒数第二章，这部分在他一生中引起了最强烈的公众愤怒。在这一章中，卢梭强调了宗教和政治基础对于公民责任的重要性，公民基于这些，履行并热爱自己的职责，并将其视为一种爱国的信仰，从而将公民团结在一起，共同献身于一种全能、善良、宽容的神性。卢梭的这一观点，在一定程度上是受到他深爱的马基雅维里的启发，从而导致卢梭与当时宗教和政治体制以及许多主要评论家之间产生了冲突。对于那些企图改革**旧制度**的**启蒙思想家**而言，卢梭的宗教狂热似乎又一次背离了启蒙运动的思想，并且是在理性时代刚刚降临时，再次召唤盲目信仰。而另一方面，卢梭公开谴责基督教，他认为基督教最适

图6 卢梭的画像,作者被归为格勒兹

合于残暴的政府，这一行为同时激怒了教会和政治当局。此外，在与《社会契约论》几乎同期发表的《爱弥儿》中，卢梭在《萨瓦牧师的信仰告白》一文里针对与宗教相悖的自然哲学进行了最详尽和最雄辩的论述，这使那些当局更感不快。

此后，卢梭再也未能逃脱谴责。《爱弥儿》和《社会契约论》在巴黎被禁止或被没收，在日内瓦被烧毁。卢梭被迫逃离至另一座城市，而后又被逮捕。1762年，他发现自己成为在逃犯，与许多**启蒙思想家**的无神论相比，他没想到自己的主张竟引发如此强烈的官方反应，并被视为真正的基督教徒的顾虑。同时，他也没想到自己的同胞未能成功地帮助自己。1763年5月，卢梭在绝望中放弃了日内瓦公民的身份，并在普鲁士腓特烈大帝管辖下的纳沙泰尔附近的莫蒂耶找寻到临时的避难所。此后，他 19
仍然无家可归，常常不得不以隐姓埋名的方式出行，任凭那些保护他的人摆布，他有时怀疑这些人的真正目的是诱捕并诋毁他。其中一个保护者是大卫·休谟，他1766年1月亲自陪同卢梭到英格兰，并在那里居住将近18个月，其中大部分时间在斯塔福德郡的伍顿地区。那时，卢梭深深怀疑有个国际阴谋将要诋毁其人格，因此给自己带来了巨大的痛苦，同时给休谟带来了很多不安。至少从1760年代中期开始，卢梭就受到妄想症的折磨，而现实中真正的迫害令其妄想症益发严重。他在余生中一直确信， 20
他之前的启蒙运动先锋伙伴狄德罗、达朗贝尔、霍尔巴赫和格林在伏尔泰以及那些一直憎恶自己的贵族朋友的协助下，与他的政治敌人结成了联盟，并构建了巨大的阴谋网以攻击他。卢梭回到法国后，决定不再出版自己的作品。他的情绪只有在一人独处时，在研究植物学时，以及与自然浪漫抒情的交流中才能寻得缓解，就像他最新出版的巨著《一个孤独漫步者的遐想》中描述的那样。这部作品被有些读者认为是卢梭最伟大的杰作，在他死后与《忏悔录》的第一卷一起被发表。1778年，卢梭来到位于巴黎北部的埃默农维尔，并再次接受保护，这次保护他的人是吉拉尔丹侯爵。那一年，卢梭死于中风，他的遗孀说“他只字未留”（《卢梭书信全集》，第8344页），并反驳了关于他自杀的毫无根据的说法。

尽管卢梭已经和主流启蒙思想家渐行渐远，但他在法国各地、日内瓦激进派圈子里，尤其是在思想开明的欧洲周边——意大利、苏格兰和德国仍然有许多热情的追随者，其中康德和歌德是他下一代或两代崇拜者中最为杰出的。在法国大革命期间，当卢梭的《忏悔录》手稿被呈交公会、他的遗体被隆重地运到巴黎时，他对18世纪人们的生活和思潮的影响到达了顶峰。在卢梭那个时代，没有任何人比他更清楚地表达了革命者对自由、平等和博爱原则的承诺，也没有任何人像他那样完全献身于人民主权的理想。人民主权在法国的实现标志着**旧制度**的消亡。尤其在刚正不阿的罗伯斯庇尔的政治生涯中，包括他对圣职授予和教士神学的反对，他对爱国精神的推崇和对最高主宰的崇拜，以及其他许多方面，都可以找到他对卢梭学说最积极的实用性阐述。卢梭本人从来没有主张过革命，他认为政治起义比他们
21 原本想要治愈的疾病还要恶劣，他认为政治几乎没有可能拯救人类。但他预见了欧洲即将到来的危机和革命时代的到来，并希望这场危机能够得以避免。卢梭死后十年，法国大革命开始了，尽管如此，许多领导人还是在卢梭的哲学炽焰的照耀下，起草了他们的计划和宪法。由于这种联系，卢梭被斥为整个18世纪最邪恶的思想家。法国大革命变质后，首先催生了雅各宾派恐怖统治，然后产生了波拿巴主义，根据他的批评者的说法，最
22 终引发了现代极权主义的出现。

第二章

文化、音乐和道德的败坏

卢梭在其《忏悔录》中提到，1749年10月他在《法兰西信使》中读到一则关于第戎学院宣布举办以“艺术和科学的复兴是否有助于敦风化俗？”为题的征文比赛的通告，将选出写得最好的文章，当时，他惊愕得犹如遭受雷击。他写道：“当我读到这则通告的时候，我看到了另一个宇宙，我变成了另一个人。”（《作品全集》第一卷，第351页；《忏悔录》，第327页）他当时停在一棵树边调整呼吸，精神进入几近错乱的状态，在狂热中看到了人性自然的善与社会秩序的恶之间的冲突。这一切激发了卢梭，并成为其日后主要作品的核心思想，尽管之后他回想起来，只有隐约的印象。卢梭在《论科学与艺术》中对这一观点进行了最直接的表述，但他最终将其视为自己主要著作中最糟糕的作品之一。他失望地认为，这部开启他文学生涯的作品，既没有秩序、逻辑，也没有结构，虽然它充满了温暖和活力，但在他自己看来，在他所有著作中，这一部是最为无力、最有失优雅的（《作品全集》第一卷，第352页；《忏悔录》，第328—329页）。他的批评者很快也指出，卢梭的这一部作品最缺乏独创性。

《论科学与艺术》的核心主题是，文明是人类之祸根，艺术和科学的日趋完善伴随着人类的道德堕落。在我们获得有教
23 养的人所具备的技能和特点之前，以及在我们的生活模式被错误的价值观和反常的需求所塑造之前，我们是“淳朴又自然的”。然而，随着知识的诞生和传播，我们最初的纯洁由于诡辩的趣味与风俗、“道貌岸然的礼貌面纱”和那些时尚的“恶性装点”而逐渐消亡，仿佛被退潮的潮水带走一样（《作品全集》第三卷，第8、10、21页；《〈论文〉及其他早期政治著作》，第7—9、20页）。卢梭认为，以前我们的祖先住在茅屋里，除了神的认可外不追求其他东西，我们不得不感到遗憾的是，我们已经丢失了那个时代的朴素。最初，世界上唯一的装饰是自然本身的雕琢，后来，那些一直与自然最为接近、最不受文化和学习束缚的文明，被证实为最充满活力和生命力的。他观察到，我们的艺术和科学并不能激发个人的勇气和爱国主义精神，反而扼杀了人们对国家的忠诚以及保护国家免受入侵的力量。中国人的奇妙发明未能阻挡他们屈服于粗俗无知的鞑靼人，圣人的博学显然是毫无用处的；那些拥有美德却未能掌握科学的波斯人可以轻而易举地征服亚洲；德国和斯基泰民族的伟大牢固地建立在其居民的朴素、天真和爱国精神之上（《作品全集》第三卷，第11、22页；《〈论文〉及其他早期政治著作》，第10—11、20页）。

最重要的是，与雅典相比，斯巴达的历史表明，那些没有虚荣文化遗迹的人类族群表现得更持久、更能抵抗暴政的罪恶。苏格拉底是雅典最聪明的人，他告诫他的同胞们，他们的傲慢

会带来危险的后果。后来，在罗马，卡托以苏格拉底为榜样，猛烈抨击那些带有邪恶诱惑力的艺术和炫耀性的虚饰，瓦解了其同胞们的活力。然而，他们两个人的警告都没有得到重视，在雅典和罗马，开始流行一种完全华而不实的学习方式，并对军事纪 24
律、农业生产和政治警觉性造成不良影响。尤其是那个曾经被视为美德圣殿的罗马共和国，很快就变成了堕落的犯罪舞台，慢慢地屈服于它早先用于控制蛮族俘虏的枷锁。卢梭补充道，埃及、希腊和君士坦丁堡的古代帝国的崩溃也呈现出相同的衰败模式，伟大的文明在科学和艺术进步的重压下衰败，这是一个普适性规则（《作品全集》第三卷，第10—14页；《〈论文〉及其他早期政治著作》，第9—13页）。

然而“一论”没有对此给出解释，几乎没有勾勒出艺术和科学应该如何对人类道德的堕落全面负责。卢梭认为，一方面，科学的形成源于人的懒惰，每一门学科都源于懒惰带来的不同恶习，例如天文学源于迷信，几何学源于贪婪，物理学源于过度的好奇；另一方面，艺术各个方面都受到奢侈的滋养，而奢侈本身是由人类的懒惰和虚荣心所催生的。卢梭认为，奢侈是一个重要的特征，因为如果没有艺术和科学，奢侈就很难蓬勃发展，而如果没有奢侈，艺术和科学则永远不可能存在。根据他的观点，道德的瓦解一定是奢侈的必然结果，而奢侈又源于懒惰。懒惰、人类腐败和奴役是人类所有文明历史的典型特征，而这一切是对人类竭尽全力想要超越快乐的无知状态的恰如其分的惩罚，殊不知，如若能永远维持快乐的无知状态，这才是福报（《作品全集》第三卷，第15、17—19、21页；《〈论文〉及其他早期政治著作》，第14、16—17、20页）。

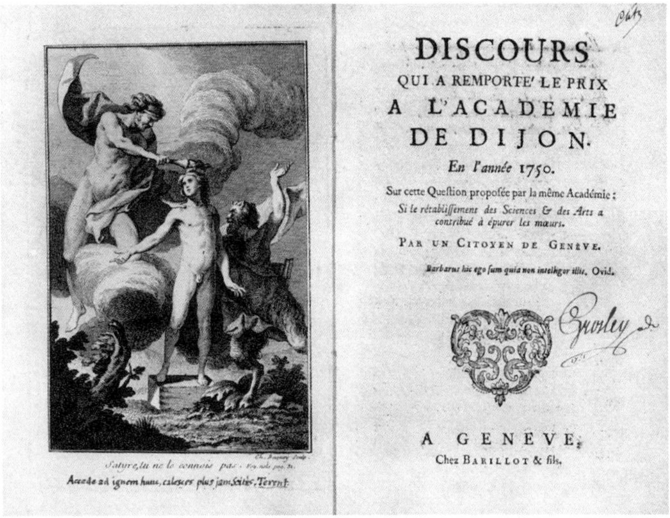

图7　《论科学与艺术》的卷首和扉页（1750年）

在所有这些方面，《论科学与艺术》包含了关于历史哲学的第一份重要声明：明显的文化和社会进步只会导致人类真正的道德退化，而这一观点也成为卢梭作品中最核心的主题。但是在《论科学与艺术》中，关于历史哲学的阐述仍然显得初级且晦涩，它包含了至少三个关于人类腐败过程和状态的不同主题：第一，文中提出人类从最早期原始的纯真状态逐渐衰败；第二，那些在艺术和科学上并不发达的国家，在道德上要优于那些发达的国家；第三，卢梭认为在文化进步的重压之下，伟大的文明已然变得衰败。对读者而言，似乎不容易看清这些论点之间的一致性，尤其因为卢梭一方面对原始人类的生活方式表示称赞，另一方面又对超越了野蛮社会的强大文明表示首肯。另外，卢梭后来又提出了一个在人类历史启蒙运动时期非常流行的观点，这一观点认为，中世纪的野蛮和迷信延续了几个世纪，从而阻断

了人类历史的发展，让人类进入了比无知更糟糕的状态。在文
末，卢梭甚至提出了一个全新的命题：造成人类不幸的根源并不
是艺术和科学本身，而是庸人的滥用。他在观察后得出结论，伟 26
大的科学家和艺术家应该被委以重任，建造向人类精神荣耀致
敬的纪念碑。他提出，我们这些普通百姓，应该接受命中注定的
默默无闻和平庸，无须追求更多。很难理解为什么卢梭认为这
种观点与针对艺术和科学的批判以及对无知、单纯和人性美德
的捍卫是一致的（《作品全集》第三卷，第6、22、29—30页；《〈论
文〉及其他早期政治著作》，第6、20、27—28页）。

卢梭也不清楚他所认定的文化进步对人类衰败所造成的确切影响。他的论点似乎显得相当简单，他认为艺术和科学的进步是人类道德堕落的罪魁祸首，但他也认为艺术和科学是由人们渴望，甚至有些人很享受的闲散、虚荣和奢侈所滋养的。那么，文化的进步是人类衰败的原因还是后果？卢梭在作品中主要描述的是人类追求文化和知识的过程中不可避免地带来的罪恶，但他同样宣称，人类的艺术和科学源于人类的罪恶（《作品全集》第三卷，第17、19页；《〈论文〉及其他早期政治著作》，第16、18页）。如此看来，他似乎拿不定主意。

卢梭犹豫不决的原因之一可能是他论据中的很多内容都借鉴于早期的思想家，如孟德斯鸠、费奈隆、蒙田、塞内加、柏拉图，尤其是普鲁塔克。他阅读了普鲁塔克的大量作品，并在自己的文章中多处支持或总结了普鲁塔克的观点，包括：自然的力量高于人为的技巧，不平等给人带来的压迫感，以及文明带来人类的衰败。在《关于克劳迪亚斯和尼禄统治的随笔》中，狄德罗后来评论说，“面对艺术和科学的进步，在卢梭之前，人类已经有上百

图8　狄德罗的肖像，凡卢绘

次为无知而道歉”，他的观点当然是正确的。但是《论科学与艺 27
术》缺乏原创性并不仅仅因为它跟卢梭借鉴的其他作品具有相似的整体影响力，也不仅仅因为他的学术知识都是通过学习其他人的研究成果而获得。例如，卢梭对赛西亚人的描述主要源于贺拉斯，对德国人的描述来自塔西佗，对巴黎人的勾勒来自蒙田，对斯巴达和雅典的对比源自几个作家，尤其是波舒哀和历史学家夏尔·罗兰。文中模仿的特征首先表现在卢梭用于表达其重要思想的词语，经常是从权威人士那里借鉴的。

除了大量明确标明来源的文献之外，《论科学与艺术》中至少有一段引用了孟德斯鸠的《论法的精神》和波舒哀的《世界史通论》中的内容，却没有致谢。书中还有一些引用普鲁塔克的《希腊罗马名人传》中的片段，以及至少十五处来自《蒙田随笔》的摘要，其中只有几处标明了出处，卢梭作品的最后一行也是改编自普鲁塔克和蒙田的作品。1766年多姆·约瑟夫·卡若发表的《卢梭的剽窃》或许说得过于严重了，而且其中控诉的大多数罪名都不成立，但《论科学与艺术》的确是卢梭所有著作中唯一引发此类怀疑的。尽管其论点相当尖锐，但没有特别针对其他作品，卢梭在使用其他文献的时候，主要是概括其中的观点，而不是为了强调自己的观点。他的“一论”和“二论”在这一点上的区别非常明显，因为在《论不平等》中，他是为了驳斥书中提到的大多数人物，而在《论科学与艺术》中，他只是使用他个人更有力的表述方式，反思了前人已经提出的不同观点。卢梭的
第一部重要著作阐述了他将终生拥护的历史哲学，至少他的同 29
代人开始意识到这是他最核心的学说。这部著作印刻着他作为“日内瓦公民”的标志，他宣告了自豪的出身和作者身份。但就

其文学生涯而言，这部作品是他最没有特点、最不符合他个性的成就。

尽管如此，卢梭在作家之路上的发展，很大程度上要归功于《论科学与艺术》发表后立刻引发的争论，而且争论一直持续了至少三年。在那场争论的过程中，他试图证明自己的作品是正确的，那些批评者是错误的。他收集、阐述并完善了他最初的主张，从而让这些观点常常有别于最开始的构想。他并未回应所有的诋毁者，但他试图反驳至少六个他留意到的作品。几个针对他的批评者指责他未能指明人类道德沦丧的确切点，因此，他让人觉得他推崇欧洲几个世纪的野蛮状态，而不赞成随后发生的科学复兴。一些人谴责他总体上缺乏学识，这体现在他对古赛西亚人残酷本质的误解，以及他忽视了之前他称赞的一些人物，比如塞内加。他相信文学增进而非削弱人的美德。针对这些指控，卢梭在“给雷纳尔神父的信”中特别反驳道：他是为了提出一个关于艺术及科学进步和道德衰败之间关系的一般性论点，而不是追踪任何特定的事件，因此，这些批评者误解了他作品的目的（《作品全集》第三卷，第31—32页；《〈论文〉及其他早期政治著作》，第29—30页）。

卢梭在《论不平等》中进一步阐述了这一普适性的主题，在文中，他将注意力从古代世界无瑕的文明转移到原始人类的本质以及非常久远的远古时期，甚至**没有**历史研究可以揭示那段
30 时期的真正特点。在《论科学与艺术》发表以后，卢梭逐渐变得更加关注人类堕落的最终根源，而更少关注不同文化中人类堕落所呈现出的独特表现。然而，矛盾的是，当他逐渐将目光投向我们最遥远的过去时，他的论据却来自日益现代化的世界，早已

占据这个世界的实际上是逃脱了人类历史苦难的野蛮人，而并非古代的英雄和圣贤。到1750年代中期，他对普鲁塔克受人尊敬的作品《希腊罗马名人传》的推崇有所衰减，取而代之的是他对《大航海历史》的全新热情，后者是由《曼侬·莱斯科》的作者阿贝·普雷沃所编辑的。卢梭观察到，人的本性和文化之间的分歧越来越敏锐和鲜明，他用来描述这些分歧的论据也越来越敏锐和鲜明。在他早期社会理论的发展过程中，他对整个人类思辨困境的洞察之广很快就弥补了他历史学识的不足。

《论科学与艺术》的一些批评者还指责卢梭生动描绘了一个古老黄金时代的怀旧幻想，这个幻想的时代只存在于神话和诗歌中，从未在现实中存在过。对于这一异议，卢梭特别回应了博尔德1751年发表的《论艺术与科学的优势》：古老黄金时代并不是历史幻象，而是一个哲学抽象概念，美德的概念本身比古老黄金时代更为虚幻，对于了解自我和获得幸福同样重要（《作品全集》第三卷，第80页；《〈论文〉及其他早期政治著作》，第71页）。他没有把过去和现在的历史时代放在一起，从而鼓励人们拯救那些人类的美德或已然丢失的远古时代的纯真。在他两部源于《论科学与艺术》的作品——写给波兰斯坦尼斯瓦夫国王的“观感随想”和他的剧本《纳西塞斯》的前言中，他指出，一个人一旦腐败，就再也无法回到品德高尚的状态，这是他这一生中一直持有的观点。而且，数学家和历史学家约瑟夫·戈蒂埃 31
率先指出卢梭已经成为一个捍卫无知的卫道士，一个相信文化应该被摧毁、图书馆应该被烧毁的卫道士。卢梭对此尤为生气。我们当然不能让欧洲重新陷入野蛮状态，卢梭回应道，他也没有主张摧毁我们的图书馆、学院或大学，当然更不会破坏社会本身（《作品全集》第二卷，第971—972页；《作品全集》第三卷，第55—56、95页；《〈论文〉及其他早期政治著作》，第50—51、84—85、103页）。让文明人回归自然状态，恢复到纯真、不知罪恶为何物的状态，是不可能的。在批评家对《论科学与艺术》提出异议后，卢梭一直强调，道德正直的公民必须努力脚踏实地地活在这个世界上，而不是活在幻想的远古乐园中。他在人生最后一段时期，信奉另一种独处以及与自然交流的方式，但他并不推荐现代国家中幻想破灭的人们采用同样的方式。他仍然坚持认为他的思想并非乌托邦式的空想或者带有暴力的暗示。

批评者提出反对意见的力量给卢梭留下了深刻印象，他偶尔也会因此修改或放弃他理论中的某些独特观点。因此，斯坦尼斯瓦夫国王挑战卢梭描述的美德和无知之间的关系，理由是卢梭所赞赏的那些没经过教育的人，有时候是残酷的，而并非无害的。卢梭接受了这一观点，并提出区分两种无知，一种是可憎、可怕的，一种是温和、纯洁的（《作品全集》第三卷，第53—54页；《〈论文〉及其他早期政治著作》，第48—49页）。但是，由于卢梭没有进一步阐述，这一回应让人很难信服。在他后来的著作中，他不再像之前那么决然地把原始人类的道德纯真仅仅归结于他们缺乏知识。1740年代早期，卢梭结交了哲学家查尔斯·博尔德。查尔斯声称《论科学与艺术》的作者对未开化民族的军事力量表示赞扬，这一观点相当不明智，他们野蛮的征
32 服行径证明了他们的不公正，而并非无辜。卢梭很快就同意了这一观点，认为互相摧毁并非我们注定的命运（《作品全集》第三卷，第82页；《〈论文〉及其他早期政治著作》，第72页）。虽然卢梭一开始就表示，为了征服而战与为了捍卫自由而战并不相同，

但他再也没有像他在“一论”中那样使用光辉的色彩来描绘军事上英勇作战的典范。受马基雅维里的启发，卢梭并没有放弃他的信仰，仍然认为罗马共和国的自由是由其民兵所维持的，但是在之后的《论不平等》中，他把所有的战争都描绘成罪恶的、凶残的、可恨的、对于战斗者而言是毫无意义的。

虽然卢梭对其评论家做出了一些让步，但他将其他的指控转化并用于更有助于自己理论发展的地方。这尤其体现在他回复斯坦尼斯瓦夫和博尔德的主张：人的道德退化是由于财富过剩，而并非因为知识；同时也体现在他对博尔德关于国家衰落最终只有可能是由于政治原因的观点的回应上。卢梭在“观感随想”中承认，不同的习俗、气候、法律、经济和政府（由于达朗贝尔反对1751年卢梭在《百科全书》“绪论”中提出的观点，而引发了大众的注意），所有这些必然都在人类道德特征的形成中发挥着作用（《作品全集》第三卷，第42—43页；《〈论文〉及其他早期政治著作》，第39页）。此后，他更直接地指出了这些因素的影响。例如，他在1752年对博尔德的“最后的回应”中指出，之前他谴责奢侈是我们堕落的主要原因，而奢侈本身主要是由于现代世界农业的衰落（《作品全集》第三卷，第79页；《〈论文〉及其他早期政治著作》，第70页）。在同一文本中，卢梭随后又首次在自己的作品《纳西塞斯》的前言中引发了人们对私有财产的罪恶影响的关注。在“最后的回应”中，他主要探讨了所有权的概念，以及这一概念在现实中所引发的地球上主人和奴隶之间的残酷区分，他在很大程度上是为了挑战博尔德的论点——人类在最原始的状态下便已是凶猛、好斗的。“在**你的**和**我的**这 33
样可怕的语言出现之前”，他声称，“在有人饿死时，还有人仍然渴望得到奢侈品”，在这样丑恶的人出现之前，他想知道我们的祖先究竟有哪些罪恶（《作品全集》第三卷，第80页；《〈论文〉及其他早期政治著作》，第71页）。在《纳西塞斯》的前言中，卢梭转而集中论述了野蛮人的道德特质明显优于欧洲人这一事实，因为野蛮人并不会受到贪婪、嫉妒、欺骗这些恶习的影响，而这些恶习在文明世界里必然会让人们互相蔑视并彼此为敌。卢梭表明：“**财产**这个词在野蛮人那里几乎没有任何意义”。他们在这方面没有利益冲突；没有什么能驱使他们像贪婪的文明人那样总是互相欺骗（《作品全集》第二卷，第969—970页；《〈论文〉及其他早期政治著作》，第101页）。这两段文章是回应那些针对《论科学与艺术》的评论者的，因此，我们可以在其中找到卢梭最早关于主要论点的陈述，后来他在《论不平等》中，以挑战洛克的财产理论的形式，对其主要论点进行了详细阐述。

卢梭那时也开始更为密切地关注政治因素的作用。当代社会的罪恶在之前已经被很多人描述过，他在《纳西塞斯》的前言中也对此进行了表述。其他人发现了问题，而卢梭却实际上发现了其原因。他在1753年发现了一个重要事实，即我们所有的恶习最终并非源于我们的本性，而是由于政府糟糕的统治方式（《作品全集》第二卷，第969页；《〈论文〉及其他早期政治著作》，第101页）。两年后，他在《政治经济学》中再次提出了同样的观点，他在其中指出，“从长远来看，人民是由政府塑造的”（《作品全集》第三卷，第251页；《〈社会契约论〉及其他晚期政治著作》，第13页）。在接下来的十年里，他在《致博蒙书》中宣称，文明人的假冒行为是由我们的“社会秩序”造成的，它对我们的本性施加暴虐（《作品全集》第四卷，第966页）。1770年左右，他在《忏悔录》中表明，这一原则的真理早在三十年前就已经很清楚了，当时他还在威尼斯逗留，他目睹了这个国家政府的缺陷对其民众带来的可怕后果。因此，卢梭在《纳西塞斯》的前 34
言中首次阐述了这一观点，之后他又在不同的文章中以不同的方式进行了详细的阐述，并成为他生活和工作中的重要内容。

关于钱财富贵造成我们的道德沦丧，卢梭很快表明自己只同意斯坦尼斯瓦夫和博尔德的部分观点。1750年代早期，在一些零散的作品中，尤其在一篇关于“奢侈、商业和艺术”的短文中，卢梭认为，人类的贪婪是渴望自己优于同胞的表现，所以黄金在人类事务中的引入，必然不可避免地伴随着分配不均，并由此产生了贫穷这一问题以及富人对穷人的羞辱（《作品全集》第三卷，第522页）。但是，即便认识到财富积累在人类道德腐败中所起的作用，他还是坚持认为，这不是导致我们道德衰退的主要原因。相反，正如他在“观感随想”中所宣称的，财富和贫穷是相对的，这反映了社会不平等的程度，而并非决定了社会不平等的程度。重新排列卢梭在《论科学与艺术》中描述的恶习宗谱，他现在提出，在我们腐败的可怕秩序中，最需要关注的是不平等，其次是财富，而财富让奢侈和懒惰的增长成为可能。奢侈和懒惰一方面促进了艺术的发展，另一方面，又促进了科学的发展（《作品全集》第三卷，第49—50页；《〈论文〉及其他早期政治著作》，第45页）。这是卢梭的全新论点，把艺术和科学放在最后，而不是像他的评论家所认为的那样放在首位。

卢梭观点的改变，至少有部分原因可能在“观感随想”和《纳西塞斯》的前言中找到。他提出，虽然文化进步导致我们产生了一大堆恶习，但在文明社会中，从根本上让我们道德沦陷

的是我们渴望通过知识而变得出类拔萃，而并非想获得有学问的人的成就。他声称，我们对文化的追求高于一切，表现了我们
35 要跟同胞区别开的决心。卢梭在两个地方简要提及《论科学与艺术》中描述的“追求显赫的风靡”，回顾了费奈隆对18世纪初期在法国发酵了三十多年的古今之争所做的主要贡献。促使我们制造先进社会的手工制品和设备的，并非我们对卓越的追求，而是因为我们希望得到他人的尊重。因此，文明似乎只是实现了我们试图建立的不平等的社会尊重（《作品全集》第二卷，第965页；《作品全集》第三卷，第19、48页；《〈论文〉及其他早期政治著作》，第18、43—44、97页）。卢梭认为，除非每个人的天资大致相同，否则道德美德不可能真正存在。他在“观感随想”中表示，我们唯一可以与腐败抗衡的保障，是最初的平等，而这一平等现在已经不可挽回地丢失了，这曾经让我们保持纯真，也曾经是美德的真正源泉（《作品全集》第三卷，第56页；《〈论文〉及其他早期政治著作》，第50—51页）。因此，他总结说，我们对艺术和科学卓越的追求与人们希望在政治中占主导地位的渴望一样，因此他很快便在《论不平等》中专注于对这一观点的阐述。

因此，卢梭在所有这些方面对关于《论科学与艺术》的批评的回应，让他获得了更多政治、社会及经济相关的论点，他在“二论”及后续作品中对这些论点继续进行了阐述。然而，他从未放弃早期关于艺术和科学是造成人类腐败的重要原因这一观点。相反，在围绕《论科学与艺术》的争论中，他即便在延展自己的论点以兼顾其他因素的同时，仍不断重申自己在获奖论文中提出的主张，即虚荣、懒惰、奢侈和文化之间的相互关系。卢梭的

批评者克劳德·尼古拉斯·勒卡特是一位解剖学和外科教授，也是鲁昂学院的常务秘书，他要求卢梭更精准地指出哪些文化领域更应该受到指责，从而为卢梭提供了一个拓展其思路的全新方向。勒卡特高呼，卢梭肯定不会建议将音乐纳入那些导致 36
我们堕落的艺术和科学学科之列，他相信作为《百科全书》音乐主题的主要贡献者，卢梭一定比其他任何人都更清楚这门艺术多么有用且有益，至少应该成为他总体论点中的例外。

勒卡特的假设与事实相去不远。1753年，“喜歌剧之争”最为激烈的时候，关于佩尔戈莱西的《女仆作夫人》和意大利**喜歌剧**的争论，将巴黎歌剧院和法国宫廷剧的观众分成不同音乐派系。卢梭发表了《论法国音乐的通信》，这引发了比三年前的《论科学与艺术》更大的抗议风暴。卢梭提出，有些语言比其他语言更适合音乐，因为它们的元音更悦耳，声调更柔和，修辞更有韵律。他声称，这些语言，尤其是意大利语，能够表现出清晰的旋律，适合用于歌曲的表达；其他的语言，比如法语，其特点是缺乏响亮的元音，辅音太粗糙，无法唱出悦耳的音调，因而那些使用这些语言的作曲家不得不用和声伴奏的刺耳声音来修饰他们的音乐。由于在未经修饰的歌曲里没法清晰地唱出法语的发音，所以卢梭在文末总结道，如果法国人想要寻求一种他们自己的音乐形式，那对他们而言更糟糕。在发表这一煽动性的作品和这些中伤性的言论后，卢梭因其对公众品位的侮辱而广受谴责。如果说他的《论法国音乐的通信》并未激起法国民众叛乱，那这也是他生平第一次成为法国政府的敌人。正如后来伏尔泰认识到的那样，卢梭在政治上根本没有他评论音乐那么具有煽动性。

如果勒卡特能读到卢梭最初起草的关于该主题的这部分内

37 容，他就会理解为什么音乐并没有与卢梭在《论科学与艺术》中
表达的总体论点相悖。这部分内容最初是作为《论不平等》的
一部分而起草的，但最终在1781年勒卡特辞世后，才作为《论语
言的起源》中的两章面世。相反，根据卢梭的说法，在音乐发展
史中，人类道德的堕落体现得最为明显。他在《论语言的起源》
中提出，我们最初使用的语言可能出现在世界的南部地区，那里
气候温和，土地肥沃。这些语言一定具有节奏性和旋律性，应该
像诗歌而不像散文，是用来唱的而非用来说的；总之，我们的祖
先在第一次表达自己冲动的激情时，一定充满魅力（《作品全集》
第五卷，第407、410—411、416页；《〈论文〉及其他早期政治著
38 作》，第278、282、287页）。但是后来在北方恶劣条件下出现的
语言，首先是用以表达人的需求，而不是激情，因而没那么响亮，
却更尖锐（《作品全集》第五卷，第380、407—409页；《〈论文〉及
其他早期政治著作》，第253、279—281页）。随着一波蛮族入侵
并最终征服地中海世界，北方人的喉音和断音被优先采用，并取
代了之前用以表达情感的流畅语调，原始语言所具备的甜蜜、
得体和优雅都被丢弃了（《作品全集》第五卷，第425—427页；
《〈论文〉及其他早期政治著作》，第296—298页）。卢梭声称，
这种富有旋律的用语会被压制，而我们的语言也逐渐被剥夺了
最初的魅力。在蛮族统治和农业劳动的束缚下，单调的散文实
际上比诗歌更重要。随着散文的出现，语言，尤其是法语、英语
和德语的早期形式，都将变得平淡无奇（《作品全集》第五卷，第
392、409页；《〈论文〉及其他早期政治著作》，第280—281页）。

另一方面，当音乐中使用散文语言时，音乐会因为缺失语义
成分而失去原有的感觉，只有哥特式创新的和弦才能让音乐进一

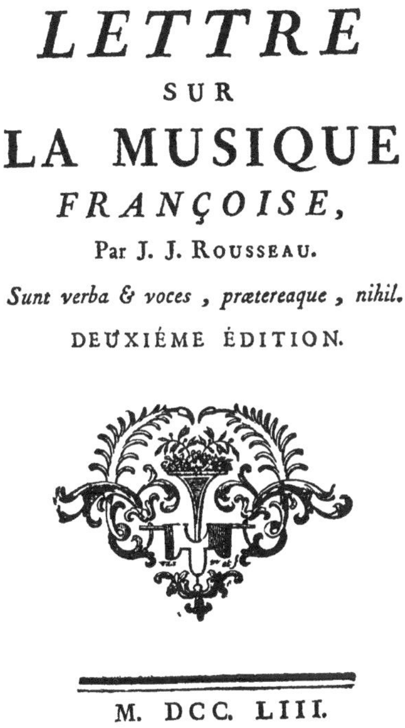

LETTRE

SUR

LA MUSIQUE

FRANÇOISE,

Par J. J. ROUSSEAU.

Sunt verba & voces, prætereaque, nihil.

DEUXIÉME ÉDITION.

M. DCC. LIII.

图9 《论法国音乐的通信》第二版扉页(巴黎,1753年)

步发展,即将和弦的模式运用到人的表达方式中,从而产生了人为创造的愉悦,取代了方言歌曲本身具有的天然趣味。在这些压力下,音乐变得比声乐更有用,而音程的计算被灵巧的旋律变化所取代(《作品全集》第五卷,第424页;《〈论文〉及其他早期政治著作》,第295页)。散文只能在写作中而无法在讲话中得到优化,沟通不再具有表达力,而只有为了确认对方的感受时,才有必要查阅正确的语法规则和准确的字典词汇(《作品全集》第五卷,第386、415页;《〈论文〉及其他早期政治著作》,第258、286页)。

似乎是为了回应勒卡特对其历史哲学的质疑，卢梭把他的论文的最后一章命名为“语言与政府的关系”，并宣称与音乐分
39 离的语言对自由有害。他断言，平淡的语言会激发奴性，而缺乏音调和节奏会使语言变得空洞，从而也造就了空洞的人。现代欧洲的语言已经变得仅适用于近距离的谈话，就像那些无用的唠叨，人们有气无力地相互低语，声音缺乏音调，因而也没有精神和激情。由于我们的语言已经丢失了其音乐的特质，丧失了原有的活力和清晰度，几乎就像是没有品格或意志力的人在轻声嘀咕。如果说这是使用当代语言私下对话时的情形，那么在公开演讲时，则更让人无法忍受。对于那些统治他人却无话可说的人而言，当人们聚集在一起，毫无收敛地以难以理解的语言大声疾呼对他们说教时，他们几乎无能为力。统治者的宣言和牧师的祷告不断地滥用我们的情感，使我们麻木。世俗及宗教骗子所传递的扭曲的说教和布道，已经成为现代世界中最受欢迎的演讲形式（《作品全集》第五卷，第428—429页；《〈论文〉及其他早期政治著作》，第299页）。

卢梭总结道，语言的私人性和公共性准确地描述了我们的社会退化至完全堕落的状态。对话变得隐秘，政治话语变得贫瘠，我们成为那些在讲道坛上通过谩骂和布道来统治的人的无言的听众，并借此成功地使我们原来大声说话的方式跟上时代。实际上，由于不再需要这些扭曲的言论来将我们留在指定的位置，现代国家的统治者们已经正确地认识到他们不召集任何大会或集会也可以维护自己的权威。他们只需要将民众的注意力引向他们可以相互交换的许多事物上，而不去关注他们仍想交流的想法上。曾经用来表达快乐的抑扬顿挫的声音，其最新的

表现形式现已被重新定义为代表交易的术语。而“aimez-moi”（**爱我**）肯定是被“aidez-moi”（**帮我**）所取代，现在我们对彼此说的都是“donnez de l’argent”（**给钱**）（《作品全集》第五卷，第408、428页；《〈论文〉及其他早期政治著作》，第279、298—299页）。在《社会契约论》第三册第十五章，卢梭仍然坚持同样的观点，只是没有涉及音乐的角度，而保留了政治的角度。 40

当然，除了勒卡特对《论科学与艺术》的反对之外，《论语言的起源》的写作必然受到了其他更多的启发。卢梭自己承认，《论语言的起源》原来是作为《论不平等》的一部分，但由于篇幅太长且内容也不大合适，便将其删除了。1755年，他将其附加在对《旋律的原则》的研究之后，他起草《旋律的原则》，在一定程度上是为了回应拉莫对《百科全书》中关于音乐文章的批判，但后来卢梭又将其撤回了。论文中强调音乐的旋律比和声重要，这表明卢梭反对拉莫所提出的核心观点。拉莫终其一生坚持将和声视为无上重要，他用共鸣体的基本低音这一创新概念来解释**和声**。但是卢梭在《论语言的起源》中对音乐和语言的评述也成为其历史哲学理论的不可分割的组成部分，与其他关于艺术和科学的探讨相比，这部作品包含了针对卢梭所提出的文明进步导致道德腐败这一论点更为丰富的描述。从这个意义上而言，它最直接地回击了勒卡特对卢梭最初论点的质疑。在对博尔德的“最后的回应”中，卢梭声称他已经预见并提前应对了所有针对其论点的诋毁者看似合理的指控（《作品全集》第三卷，第71—72页；《〈论文〉及其他早期政治著作》，第64页），但是他并没有很好地体现出他的应对策略的独创性，也没有很好地体现出他反驳的微妙之处，他的原话中所包含的新主题几乎令人

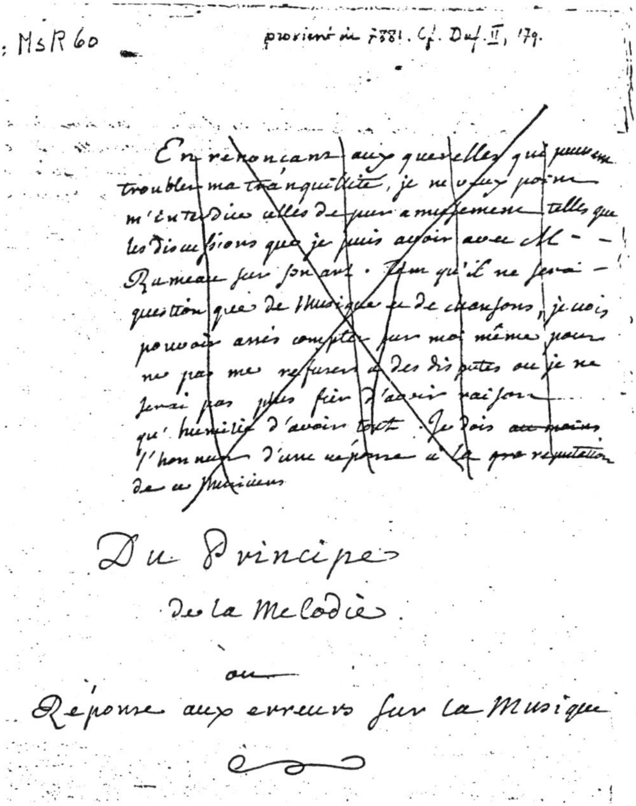

图10 《旋律的原则》手稿的扉页

难以察觉。

然而，至少有一个针对“一论”的反对意见，卢梭并没有在其早期作品中进行回应。一位匿名的评论家，可能是阿贝·雷
41 纳尔，他后来与狄德罗及其他人合作编纂《东西印度群岛的历史》。雷纳尔控诉卢梭在其发表的论文中，没能提供任何实际的结论，而且忽略了为他所描述的问题提出补救措施。在对博尔德的《最后的回应》中，卢梭承认这一批评的分量，并且说他只

看到了问题背后的罪恶，并已经努力寻找其背后的根源。他声称，在他人生的这个阶段，不得不把寻找补救措施这一任务留给别人（《作品全集》第三卷，第95页；《〈论文〉及其他早期政治著作》，第85页）。他并没有在《论不平等》以及1750年代早中期的其他著作中回应这一质疑，但他也没有完全放弃回应。在那 42
段时间及之后不久，在他创作的一些并非为了出版的作品中，他允许自己的想象力飞翔于政治幻想中，这些幻想呼吁彻底的变革。例如在《日内瓦手稿》第一卷中的第二章，《社会契约论》早期的初稿中，他回应了狄德罗对《百科全书》的一些评论，他呼吁建立"新的组织，以修正……社会总体的缺点"（《作品全集》第三卷，第288页；《〈社会契约论〉及其他晚期政治著作》，第159页）。后来卢梭在《致达朗贝尔论戏剧的信》和他最终版的《社会契约论》中，尝试为人类丢失的公民联合的理想注入新的生气，并以此提出了一套能让我们的道德情操得到提升而非堕落的原则。但卢梭却发现他的家乡日内瓦以及收留了他的法国对此都非常警觉，并认为他的存在对公共秩序构成了威胁。 43

第三章

人性及公民社会

《论不平等》是卢梭早期最重要、最具有实质性的作品。这部作品和《社会契约论》《爱弥儿》对他所有作品都产生了最深远的影响。然而它对读者的影响并不像大众对《论科学与艺术》和《论法国音乐的通信》的反应那么直接和强烈。因为它并未像“一论”那样参加第戎学院论文奖初赛便获奖，而且它缺少“喜歌剧之争”那样的话题性，后者激起了法国和意大利音乐及政治盲目拥护者的强烈感情。与其早期著作相比，这部作品减少了华丽辞藻的点缀，转而通过更为严谨的论证，首次以政治和社会的习语对文明及其虚华进行了更为深入的分析，从而标志着卢梭的历史哲学以其最成熟的形式出现。这部作品从法国评论家那里获得了一些褒奖的同时，也招来了更多的敌意，它的巨大影响可能首先产生于苏格兰，亚当·斯密出版的《道德情操论》在一定程度上是为了回应卢梭的《论不平等》。蒙博多勋爵在《语言的起源与发展》中，依据文中拥护的关于这一主题的主张，对类人猿的人性问题提出了自己的观点。在德国，无论是康

德的《普遍历史观念》，还是赫尔德的《人类历史哲学观》，都受
到了进化学说的启示。康德尤其从文化修养和道德培养的区别 44
中获得了灵感，而赫尔德从语言的社会形成中获得了最多灵感。克劳德·列维-施特劳斯认为这是启蒙运动对人类学的首次贡献。尽管它比卢梭的其他作品都更久远，但它已被视为他的主要作品中——当然，也是他一生中所有出版的作品中——最激进和最进步的一部。

《论不平等》之所以有这样的声誉，部分原因在于卢梭对包括古代和现代自然法概念以及社会契约的当代理论在内的早期政治学说的批判态度。虽然孔狄亚克的语言哲学和布丰的自然历史在一些主题上也受到针对性的关注，但霍布斯、普芬多夫和洛克的政治和社会思想在卢梭的文章中受到了最严格的审视和最长篇幅的谴责。他深信，这些思想家描述了人类堕落的来源，这些描述总体而言是正确的，却误解了他们思想的真正意义。一方面，他们解释了人们过去是如何被蒙骗而接受那些使他们道德腐败的体系的；另一方面，他们相信每个人都有责任维护这样的体系，因为他们能为卢梭完全虚构的问题提供解决方法。

卢梭对霍布斯、普芬多夫和洛克的反驳大致如下。在《论不平等》的序言中，他声称人与人之间存在两种不平等，一种是天生的或生理的，因此超出我们的掌控，另一种是道德的或政治的，它取决于人类的选择（《作品全集》第三卷，第131页；《〈论文〉及其他早期政治著作》，第131页）。卢梭注意到，这两种不平等之间并不存在根本联系，因为统治着多数人的少数人所提出的统治地位的主张，如果没有得到承认和认可，就没有任何力量，且这种认
可是被他人授予的，而不是自然赋予的。因此，世界范围内持久 45

的道德和政治的分歧永远都没法通过区分个体差异的生理特征来解释。如果事实正好相反，那么行使武力本身就会产生服从的义务，人们也会以与引发他们的恐惧同样的理由来获得周围人的尊重。在《社会契约论》中，卢梭更详细地解释了力量不是权力的基础，这也是他在《论不平等》中的立场。和其他社会契约理论家一样，卢梭相信，在社会中区分人的规则只有通过人们的同意才能得以流行。因此，他在文章第一部分提出，自然产生的不平等必然已经**转化**成人类所要求的不平等（《作品全集》第三卷，
46 第160—161页；《〈论文〉及其他早期政治著作》，第158页）。

卢梭在“二论”中构思的中心主题是论述人类是如何经历这种转变的。因为在自然状态下，我们的祖先之间只存在偶然的、不频繁的接触。他声称，个体之间最初的区别无足轻重。然而，人

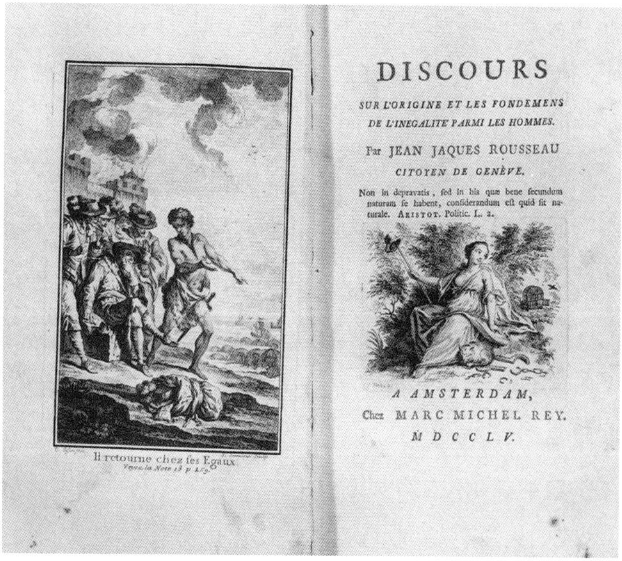

图11　《论不平等》的卷首插图和扉页（阿姆斯特丹，1755年）

类自己建立的不平等，构成了各个团体的主要特征（《作品全集》第三卷，第162、193—194页；《〈论文〉及其他早期政治著作》，第159—160、187—188页）。在最初的状态下，我们的祖先彼此间可能没有“道德关系和明确的义务”（《作品全集》第三卷，第152页；《〈论文〉及其他早期政治著作》，第150页）。由于自然人既不需要像他一样的其他生物的陪伴，也不希望伤害其他生物，只有在社会体制诞生后，人的弱点在他的同胞看来才是胆怯，人的力量才会对其同胞构成威胁。相反，社会中盛行和明确的关系，其中产生的人与人之间的不平等，通过从属和命令，永久地将个体联系在一起。

相反，由于霍布斯、普芬多夫和洛克完全错误地理解了自然状态的概念，他们错误地认为所有人都必须拥有平等的权利，这些思想家都曾经想象过，这种平等所带来的结果就是每个人都会对其同胞心存忧虑，无法安然居住其中。霍布斯断言，具有同等能力的人，只有在危急情形下才会追求共同的目标，因为如果没有一种令其敬畏的公权力，他们就会处于战争状态（《论公民》第十章；《利维坦》第十三章）。他认为，为了实现和平，人们必须建立一个人为设定的统治力量或“不朽的神灵”，动用绝对的权力来保护每个人，这样，平等所带来的恶性影响可以通过所有群众对利维坦的服从来克服。因此，虽然卢梭认为自然状态的不平等对人类而言完全**没有**意义，但根据霍布斯的观点，在无主的世界里也必然存在平等的事实非常重要，这也是为什么在那 47
里自然不可能实现和平的原因之一。

同样，对普芬多夫而言，人们在最初一定是处于不稳定的平等状态。他同意霍布斯的观点，我们是受自私所驱使，而并非出于任何冲动的善行或友爱，他还提出，在自然状态下，我们受制于自然环境或者凶猛的动物，我们因脆弱和胆怯团结在一起，并非积极而是消极地为了生存（《自然法与万民法》第二卷第三章，第20页）。这是普芬多夫关于**社会性**或自然社交性的学说，他声称，这一特性让我们的祖先由于人类特有的无限能力和贪得无厌的欲望，从而建立了日益复杂错综的社会。因此，一个政治共同体的发展也会相应地比霍布斯想象的要缓慢得多。但对于普芬多夫而言，他同样是通过我们接受绝对君主的统治，来克服我们自然平等状态下危险的不稳定性。如此构想的公民社会或文明为我们野蛮国家的野蛮痛苦提供了一种补救的方式。康德后来将这种关于社会起源的理论称为“非社会性社会”学说。

对洛克而言，这也是人们在最初状态下的基本平等，“在这种情况下，所有的权利和管辖权都是互惠的”（“二论”第二章），这必然使财产的使用权变得不确定和不稳定。他认为，只有在公民社会，长期被统治力量所捍卫，私有财产才能得到保障，我们的自然权利方能得以实施。霍布斯的核心关注点是和平的政治维度，普芬多夫的关注点是人民对安全的集体需求，洛克的关注点是财产的民事保护，但这三位作家一致认为，在没有政府的情况下，个人
48 自然无法生存，因此，必须建立起人为的政权，从而减少伴随人类自由平等的危险。

卢梭在“二论”中针对不平等的描述，至少在一定程度上是为了反驳这些主张。在他看来，霍布斯、普芬多夫和洛克构想的至上权威必然进一步强化了人们间的对立，从而导致彼此分离，而并非克服这些差异。卢梭认为在他们以及其他政治思想家的作品中都不可能找到回答**为什么**人类在自然状态下应该从他们的同胞那里寻求保护的答案，但他认为，他们的思想汇集在一起，

解释了个体**如何**建立这些在腐败社会中造成人类之间差异的固定且明确的关系。尤其针对霍布斯的观点，卢梭表示，人类的确是为了保护自己的生命和财产，从而发展出社会责任，但是由于在自然状态下，人类不可能处于交战状态，不拥有任何财产，也没有任何野心支配或任何理由害怕彼此，因此关于他们天生需要安全感的想法是不可思议的（《作品全集》第三卷，第153—154页；《〈论文〉及其他早期政治著作》，第151页）。自然状态不包含任何驱逐其居民的内在因素，而嫉妒或不信任的情绪会使人们担心自己的安全或害怕失去自己的财产，但在卢梭看来，这些情绪是不会出现在那些满足地独自生活的人们身上的。

在《论不平等》中，卢梭承认私有财产的概念构成了最基本的义务原则，虽然最初的原始人不能制定任何类型的原则，他坚持认为这种想法一定是人类在部落定居后出现的。普芬多夫错误地认为，人类天生的社会性促使人们生活在一起，因为社会本身是不自然的，并且依赖于一套共同商定的符号体系，即语言，从而让人类共同使用的可以相互理解的对话框架的构建成为可能。但是如果没有一个预先存在的社会，语言就不可能出现。社会塑造了语言，并赋予了个体话语一个被普遍接受的意义。卢梭在一篇专注探讨语言起源的文章中，主要论述了孔狄亚克的语言哲学并得出结论认为，就像社会需要语言一样，语言也需要社会，他没法判定哪个最先出现（《作品全集》，第146—151页；《〈论文〉及其他早期政治著作》，第145、149页）。

在卢梭看来，孔狄亚克1746年在《人类知识起源论》中曾正确地理解了无论如何设想，人类在原始状态下都不可能出现议论性语言，因为语言技能只能通过长期的学习训练才可获得。

和卢梭一样，孔狄亚克也认识到，人类的第一语言一定是源于自然的呐喊。但与卢梭不同的是，他猜想人类这些冲动的话语一定是思想的基本标志，代表了我们的祖先与思想最早期的联系，因为即使在最遥远的古代，他们使用任意的语言符号，也一定是指代一些东西，而不是语言本身。在《论不平等》中，卢梭就这一论点提出了异议，他认为人类最初不可能在没有语言的情况下孕育思想，就像人类不可能在这样的情形下形成社会一样（《作品全集》，第147页；《〈论文〉及其他早期政治著作》，第145—146页）。他认为，野蛮人需要掌握自然历史和形而上学的专业知识，才能掌握即使是最原始的语言符号的一般语义，因为语言不仅代表思想和图像，而且是表达和构成思想和图像的不可或缺的组成部分，语言不能独立存在。

在我们最野蛮的状态下，如果没有社会和语言，洛克所描述的财产权的建立是不可能实现的。在社会生活的语言规则首先
50 被建立之前，男人和女人都不能表达或理解所有权的声明，因为如果没有任何形式的语言，个人就不可能理解某样东西是专属于他们的这一概念，也不可能尊重任何属于他人的东西。事实上，卢梭评论道，私有财产制度必须依赖于人类历史进程中发展起来的各种各样的惯例和习俗，它不仅仅需要语言，还需要工业、商业、进步和启蒙，这样它才能实际上构成卢梭所提出的“自然状态的最后关头”以及“公民社会诞生的最初时刻”（《作品全集》第三卷，第164页；《〈论文〉及其他早期政治著作》，第161页）。

然而，如果只有在人们相互间开始建立起固定的关系之后，才能获得土地的专属权利，那么我们应该认识到，建立在这一思想上的制度是之后所有社会关系的核心，这对卢梭来说仍然是

至关重要的。卢梭说："第一个围住一片土地，想出'**这是我的**'这一说法，而且发现人们居然轻易相信他……的人是公民社会的真正创始人。"这样一个骗子，是我们人类的野蛮祖先之一，他受到洛克用心险恶的狡猾口才的启发，从而驱使人类进入社会服从，并掩盖了洛克在提出私人所有权这一观点之前已经认识到的事实，即"地球的果实属于我们所有人，地球本身不属于任何人"（《作品全集》第三卷，第164页；《〈论文〉及其他早期政治著作》，第161页）。如果公民社会最初的形成是为了证明人类的财产关系是合理的，那么，一定也是**这些**关系导致了战争的爆发。土地将由于个人的占有和继承而变得稀缺，而人口必然会增长，从而导致富人掠夺、穷人抢劫，以及双方肆无忌惮的激情（《作品全集》第三卷，第175—176页；《〈论文〉及其他早期政治著作》，第171—172页）。卢梭提出：正如洛克一直错误地认为，人类在建立任何其他社会机构之前就可以建立土地的专属使用权及所有权；霍布斯也未能认清，人类在社区中形成财产关系是战争的主要原因（《作品全集》第三卷，第136、170页；《〈论文〉及其他早期政治著作》，第135—136、171—172页）。由于个人只有在建立了分裂的财产关系之后才会相互伤害，而且，人们在原来没有财产的状态下，显然没有理由互相伤害或让他人受苦。

因此，卢梭认为，人类为了财产安全而制定的社会契约不可能是在自然状态下形成的，相反，这一定是社会中的富人对穷人的欺骗。其条款表面看上去合情合理，因为它们一定提到了公正的法治和每个人的安全，但其真正的目的是为了建立必要的秩序，从而以牺牲一些人的财产为代价，保护另一些人的财产。通过协议，穷人（即绝大多数人）会被要求拒绝他们分享财产所有人所拥有的财富的权利，从而换取和平以及对其生命的保护。正如卢梭所说的那样，“所有的人都冲向他们的锁链，相信自己已经获得了自由”（《作品全集》第三卷，第176—177页；《〈论文〉及其他早期政治著作》，第172—173页）。19世纪，蒲鲁东及其他社会主义者提出的“财产是盗窃”，在很大程度上也归结于这一论点。

正如卢梭所描述的那样，霍布斯、普芬多夫和洛克的政治学说只是为了提供对人类道德不平等的法律认可，将其载入法典，以及人为建立权威的力量，只是那些实际上是对立的社会关系，需要以公民社会的司法规则来控制。卢梭在《日内瓦手稿》第一卷第二章中提出，霍布斯的错误并不在于他推测人类一旦变得善于交际就会发生战争，而在于他认为这种状态是自然的，并且是由于恶习造成的，而并非由此产生恶习（《作品全集》第三卷，第288页；《〈社会契约论〉及其他晚期政治著作》，第159页）。实际上，这三位思想家中的每一位都将他们的想法视为解决某些问题的方案，而这些解决方案事实上是问题的起因（《作品全集》第三卷，第184页；《〈论文〉及其他早期政治著作》，第179页）。霍布斯和普芬多
52 夫关于人类基本素质的假设使我们看起来如此悲惨，以至于我们不得不钦佩政府带给我们的和平与正义，是政府将我们从野蛮人转变为公民。然而，当我们合上这些法律学者的精彩作品，并对人类进行整体审视时，我们看到了什么？卢梭的一篇短文《战争状态》提出了这一问题。这篇文章大约发表于1750年代，也许与他针对阿贝·德·圣皮埃尔18世纪初期倡导永久和平的项目所作的评论有关。我们看到每个人都“在铁轭下呻吟”，他回答说，“整个人类被一小撮压迫者碾轧”，到处都在遭受痛苦和饥饿，而富人

心满意足地享用着血和眼泪；在世界各个地方，只有“强者用令人敬畏的法律力量武装自己，从而支配弱者”（《作品全集》，第608—609页；《〈社会契约论〉及其他晚期政治著作》，第162页）。在法国大革命期间，卢梭的激进追随者和崇拜者也同样发自肺腑地表达了类似的观点，并表述了对**旧制度**的完全蔑视。

卢梭认为，霍布斯、普芬多夫和洛克忽视了他们思想的真正意义，这主要是因为他们对人性持有错误观点。他们将一系列只能在社会中获得的人性特点加诸野蛮人身上。由于他们未能将社会属性和自然禀赋区分开，因此他们在对于人类原始行为举止的描述中，镶嵌了太多归因于人类发展的因素。卢梭在他的“二论”中标注了一个重要且较长的脚注；他提出，这些思想家在为自己设定了解释自然状态的任务之后，毫不犹豫地将其思想转换穿越到几个世纪后，就好像那些与世隔绝的人们早已生活在他们的同胞中一样（《作品全集》第三卷，第218页；《〈论文〉及其他早期政治著作》，第216页）。更糟糕的是，他们提出，我们最致命的一些恶习应该得到法律的授权。

那么，剥离我们社会历史的梦魇，我们的祖先一定像柏拉图在《理想国》第十卷中所描述的被时间蹂躏破坏之前的格劳克斯雕像一样（《作品全集》第三卷，第122页；《〈论文〉及其他早期政治著作》，第124页）。人类物种在社会中改变的方式解释了人类的变性，在20世纪后期，这一转变被描述为人类从自然走向文化的过程，这是《论不平等》的主要论述目标。卢梭认为，我们未开化的祖先和其他原始状态下的动物一定具有共同的特征：第一，“**自爱**”，或者说持续的求生冲动；第二，“**怜悯**”，或者说对同物种其他成员的同情。“思索人类灵魂最初及最简单的运作方式”，卢梭在书的前言中写道，“我想在人类拥有理性之前，我可以在其中感知到两个原则”，其中一个涉及我们自身的福利和保护，而另一个则激发了人们在看到任何其他生物遭受痛苦或死亡时都会产生自然的反感。他声称，没有必要引入普芬多夫的社交性思想，所有自然权利的规则似乎都是从这两项原则的一致性中衍生出来的（《作品全集》第三卷，第125—126页；《〈论文〉及其他早期政治著作》，第127页）。这些属性一定出现在理性和社交能力之前，因为后面这些品质需要很长时间才能成熟，因而在人类的原始状态中不可能出现明显迹象。在卢梭之前的自然法哲学家们声称，人类从根本上是由一种社会性格联系在一起的，这种社会性格是由人类的理性促成的，因而卢梭在《论不平等》中反对了社会的自然法则基础论。他不承认人类与动物的不同之处在于人类拥有任何优越的先天素质或原则，因此，他对第戎学院的有奖问题——“人类不平等的起源是什么？这是由自然法则授予的吗？”——再次予以否定，就像他在《论科学与艺术》中表述的一样。卢梭在总结“二论”时声称，少数人拥有过剩的奢侈品，而普罗大众却缺乏最基本的必需品，“这显然违背自然法则”（《作品全集》第三卷，第194页；《〈论文〉及其他早期政治著作》，第188
54 页）。他认为，不平等不是由自然法则赋予的，因为自然法则没有规定人类在原始状态下的行为准则。他在“二论”的其余部分试图追溯道德不平等的起源和历史。

卢梭认为，霍布斯特别忽略了人类的**怜悯**和天生的同情心，因为他对人类的自爱有着错误的印象。他曾设想，个人为了保住自己的性命，不得不抵挡其他人对自己迫害的企图，因此，在自然状态下，任何人都不可能既富有同情心又拥有安全感。相反，对卢梭而言，关心自己的同时并不排除关心他人的幸福；但他认为，以牺牲其他任何人为代价而无情换取的安全感，只会招致空虚和蔑视，从而把陌生人变成敌人。卢梭认为，曼德维尔在1714年《蜜蜂的寓言》中关于人性的理论虽然与霍布斯相似，但曼德维尔同意上述观点，而霍布斯却并不同意（《作品全集》第三卷，第154页；《〈论文〉及其他早期政治著作》，第151—152页）。卢梭在另一个重要的脚注中指出（《作品全集》第三卷，第291页；《〈论文〉及其他早期政治著作》，第218页），他提出的"自爱"的概念，并不是真正意义上的**爱自己**，而是**自私之爱**，或者说是虚荣心，一种纯粹的、相对的、人类后天产生的感觉。这种感觉促使人类在社会中**更**为关注自我，而不是别人，这也是"荣誉感"的源泉，而重要的是，霍布斯却将"荣誉感"错误地归结为普遍的人类本性。

在未经驯化或原始的状态下，动物和人类在照顾自己的同时，**也**善待其他同类。只有那些道德败坏的人一直盯着其他人并与其比对，希望自己和其他人一样甚至比其他人更好。在自然真实的状态中，**自尊**或虚荣是不存在的。我们与其他生物所共同拥有的自爱和同情之心，足以确保让我们存活下来。因此，卢梭在"二论"中将**自尊**从他对人性的定义中去除，这也让卢梭脱离了早期现代哲学的一个重要传统，即对人类走向社会动机的各种猜测。他们所宣称的人类自私的感情凌驾于人类理性之上，一方面，人类容易受到有益于公共利益的良性控制方式的影 55
响，另一方面，在充盈着私欲的圣奥古斯丁派哲学家中，帕斯卡尔的追随者们、休谟和其他苏格兰启蒙运动的道德家们推定这让**美好的贸易**成为可能，从而最终让国家的财富停止了对奢侈的追求。持续发展的还有17世纪神学到18世纪社会心理学的转变，从而宣告了资本主义精神并向孕育它的机构提供担保。但是，卢梭认为这类争论是完全错误的，因为他们将自爱这一已然带有社会性的概念归因于那些原本就不会被其所触动的人们。正如《论不平等》中所描述的伊甸园那样，人类没有经受任何可以导致其堕落和崛起的诱惑。

然而，卢梭同时也认为，人类有一种可以改变其本性的独特能力。虽然每种动物都天生具有维系生命所需的本能和能力，但人类相较而言却是自由的个体，有能力进行选择。与那些总是被自己的欲望所奴役的生物截然不同，人类被赋予了自由意志，因此，至少我们有责任决定自己的生活方式。霍布斯已经否定了“自由”这个古老的概念，卢梭通过区别强迫行为和故意行为，让“自由”这个概念重新恢复了意义。在霍布斯看来，动物并非被自己的欲望所奴役，因为他相信这些欲望对它们产生的作用是激励而并非约束，从而成为它们行为的推动力，而并非阻碍力。他还认为意志自由的想法是荒谬的，既然只有肉体可以获得自由或被阻碍，而意志不受任何动作的影响，就不会受到任何外部障碍的阻碍（《利维坦》，第二十一章）。卢梭在这点上应当感谢霍布斯曾试图推翻那
56 些传统古典哲学，卢梭确信自然会对动物行为产生内部约束，由于我们的祖先总能以各种方式满足自然的冲动，因而不会受到驱动并控制所有其他生物的本能所束缚（《作品全集》第三卷，第141—142页；《〈论文〉及其他早期政治著作》，第140—141页）。我们人类中每一个没有智力障碍的成员原本都可以自由地管控自己。

卢梭认为，正因为处于自然状态的人类能够**使**自己区别于其他动物，而不是因为它们从开始就被赋予任何特定或独特的

属性，所以我们的祖先肯定总是比其他任何物种都更有优势。普芬多夫认为，最初将人类拉到一起的一定是人类生理上的软弱和胆怯，这与霍布斯自然战争的概念相矛盾。然而，卢梭认为普芬多夫的猜想和霍布斯的观点一样错误。他声称，人类社会没有必要避免战争或克服无助；自由意识和人类做选择的能力才让社会的建立成为可能，而不是由于动物的本能选择。人类社会是可选择的，而不是必要的，源于人类的不确定性，而不是自然规定的。我们的祖先即使在自然状态下，也一定可以自己决定如何最好地应对每一种情况。他们的灵活饮食可以包括水果或者肉类；他们可以与陆地动物一起奔跑，但同时也能爬树；他们可以选择面对危险或者逃离危险（《作品全集》第三卷，第134—137页；《〈论文〉及其他早期政治著作》，第134—137页）。在《论不平等》中，卢梭评论道，野蛮人正是“在意识到自由后，他灵魂中的灵性才得以展现”（《作品全集》第三卷，第142页；《〈论文〉及其他早期政治著作》，第141页）。

人类必然在某些方面与其他物种有所区别，而且我们本身拥有**可完善性**。这是卢梭在历史哲学和政治思想史上所引入的术语。在最初状态下，每个人一定都拥有不仅可以改变其基本素质，还可以提高其素质的能力。一旦具备了任何其他动物都不会 57 拥有的习惯，人就有能力让这些习惯成为其性格中的永久特征，而且，在卢梭看来，正是因为人类可以作为道德主体，让自己不断进化趋向于完美，而不仅仅是有别于其他物种，人类才可以经受住**历史**的改变。卢梭在他提出的生物论点中写道（《作品全集》第三卷，第142页；《〈论文〉及其他早期政治著作》，第141页），一千年之后，除了人类之外，每种动物都保留了与第一代相同的

图12　布丰肖像

本能和生活模式，物种发展史仅仅是对个体发育的概括。然而，由于人类拥有自我完善的能力，有能力完善自己的本性，同样人类也有别于动物，可能做出导致自我伤害的倒退行为。

因此，卢梭的结论是，人类早期潜在的自由和追求完美的特质使人类的历史进化成为可能。假设人类本质上比霍布斯、普芬多夫和洛克所观察到的更**像**动物，他仍然坚持野蛮人和文明人之间的区别在很多方面都比野蛮人和其他动物的区别更大（《作品全集》第三卷，第139页；《〈论文〉及其他早期政治著作》，第139页）——他对这一观点进行了详尽的阐述，并与布丰在1749年发表的不朽著作《自然史》中针对同一主题的观点形成了鲜明的反差。在《论不平等》一书中，卢梭对这部集科学与文学于一体的杰作大加赞赏，从中汲取了启发他思考的很多主题，包括有机生命的历史、物种作为一个整体的可繁殖和遗传的特征，特别是关于自然的发展模式。没有其他哪部作品能像《自然史》一样获得卢梭如此多的关注，在同时代的思想家中，布丰也是卢梭最为敬仰的。实际上，“二论”在很大程度上被认为是关于人类和市民社会史的一系列猜想，类似于布丰在《自然史》中所描述的地球的起源以及动物的诞生、生长和衰退（《作品全集》第三卷，第195—196页；《〈论文〉及其他早期政治著作》，第189—190页）。 58

但是卢梭正是在自然史和人类史到底可能在哪里出现交汇这一点上与布丰发生了争论，他在争论中主要采用的观点是人类物种的可变性；布丰在对其他物种的描述中均提到这一点，卢梭甚为赞同，但布丰却拒绝在对人类的研究中沿袭这一观点。根据布丰的观点，尤其在其《自然史》第二卷、第三卷和第四卷中，自然在动物和人类领域之间构建了不可逾越的鸿沟。这是生物链或者**伟大的存在**之链上一个质的突破，确保了人类比其他动物更具有优越性，因为人类拥有心灵或灵魂。1766年，主要在17世纪英国解剖学家爱德华·泰森之后，布丰针对黑猩猩研究了这一观点。他和泰森都称之为“**orang-utan**”（马来语，意为“森林里的 59
人”），作为大多数类人猿的统称，直到1770年代这些非洲和亚洲物种才各自被恰当地区分开。在接受猩猩与人类的外表非常相似的同时，泰森和布丰坚持认为它不可能是人类的一种，因为它明显缺乏人类的理性和语言能力。然而，卢梭即便同意人类的天性具有独一无二的精神性，但在“二论”中，卢梭对布丰的论点及

图13　爱德华·泰森《猩猩、森林人：或对俾格米人的解剖》中的第一幅插画（伦敦，1699年）

其对猩猩的运用进行了反驳，声称世界上人类的多样性表明，在经过长期发展后，人类物种可能经历了自“最初的胚胎”以来比天气或饮食造成的更为剧烈的变形（《作品全集》第三卷，第134、141—142、208页；《〈论文〉及其他早期政治著作》，第134、140—141、204—205页）。

由于语言对人类而言并不比它所表达的理性更自然，我们不能像泰森和布丰所做的那样，将文明民族的语言作为猩猩低于人类的证明。正如卢梭所设想的那样，这个错误与霍布斯、普芬多夫、洛克和孔狄亚克的错误是一样的，即错误地认定社会中复杂行为的显著特点是人性的证据。卢梭认为，猩猩究竟是原始人类还是其他物种，只能通过实验来证实；根据布丰自己对能繁衍的物种的定

义，这意味着要对猩猩繁殖后代的能力进行测试，如果有繁殖能力
的话，那就意味着一个男性或女性与该生物的性结合能产生后代
（《作品全集》第三卷，第211页；《〈论文〉及其他早期政治著作》，第
208页）。卢梭认为，猴子显然不是我们种族的成员，很大程度上是
因为它们缺乏人类所具有的趋于完善的能力。但是，正如他在回应
自然主义者查理·博内对他这一观点的批判时所清楚表述的那样，
他认为猩猩拥有这一能力至少是可能的（《作品全集》第三卷，第
211、234页；《〈论文〉及其他早期政治著作》，第208、227页）。

卢梭从来没有赞同过任何关于一个物种向另一个物种转
变的观点，在《论不平等》发表一个多世纪以后，这一观点成为 60
达尔文自然进化论的核心。他太过于相信上帝创造的存在之链
上物种的固定性，通过假设猩猩可能是原始人的一种，他认为这
一生物可以直立行走，形体像人一样，在动物学上有别于猿和猩
猩。卢梭关于这些动物的观点主要聚焦于语言方面，并且反对
布丰以及其他自然历史学家和解剖学家的观点。他只希望强调
的是，由于语言表达了社会习俗，并且需要习得，我们不能仅仅
因为它们不具备我们表达语言的能力，而把身体上跟我们相似
的动物归为完全不同的物种（《作品全集》第三卷，第209—212
页；《〈论文〉及其他早期政治著作》，第205—210页）。然而，在
卢梭对猩猩的思考中，他对身体人类学和进化生物学的早期历
史产生了一定的影响，他对于明显不同的物种可能在基因上是 61
相似的，甚至是相同的这一假设，开启了生物链上连续关联的可
能性；这最终代替了他自己提出的固定性的想法，取而代之的
是变形和转化。18世纪没有人认为人性在人类发展的过程中
容易发生改变，也没有人认为野蛮人在动物和文明人之间更接

近动物。在卢梭之前，没有人设想过人类历史是从猿进化而来的。他所推测的猩猩的形象是一种自然状态下不会说话的野蛮人。巧合的是，与接下来至少两百年内对动物行为的描述相比，卢梭的这一推测具有更强的实证的准确性，直到1960年代比卢特·葛莱迪卡斯、约翰·麦金农和彼得·罗德曼在东南亚进行的实地研究。在评论这些生物游牧式的生存方式、食素的饮食方式、不常发生的性关系以及大多数情况下孤独和懒惰的生活状态的同时，卢梭尤其强调了把人类和猿类区别开的社会地位；猿类的生物特征，尤其是基因组成跟人类的相似性，并没有掩盖其行为特点上的巨大差异。通过把从社会剥离出来的人性描述成与最独立的猿类类似，卢梭对人类物种的动物学界限的推测，既指向人类生活的社会层面的复杂性，也指向人类原始状态的简单性。

当然，原始人在自然条件下的完美性并不能保证他们的道德进步，因为这种特性的**真正**发展取决于个人在采用其各种社会和政治制度时所必须做出的实际选择。人类的可完善性只保证在一个或另一个方向上有累积的变化，这与人类退化和进步
62 的历史是一样的。卢梭认为，人类实际上错误地自由运用了他们与所有其他生物共有的特征，因此，在其发展的过程中，人类压制了自己的同情心和自爱，从而导致了自己的堕落。随着野蛮人逐渐减少对自然的依赖，他们也同样更加依赖彼此，由于每个人原初的可完善性的实现方式与其天赋自由是相冲突的，因此紧随其社会中的选择权而来的是成为他强加给自己的新的强制力的奴隶。卢梭总结道，个体的完善实际上导致了物种的衰老，因此，我们的可完善性的能力被证实是人类所有不幸的根

源（《作品全集》第三卷，第142、171页；《〈论文〉及其他早期政治著作》，第141、167页）。正是对这种自我改善能力的滥用，而非自然法则，才使得我们仅有的身体差异转变为非常强烈的道德差异成为可能，并因此对社会不平等的确立发挥了最主要的作用。

如果说自然首先创造了原始人之间最初的、无关紧要的差别，那么他们最初聚集在一起一定是一种偶然。在“二论”的几段文章中，以及在《论语言的起源》的第九章中，卢梭推测，一定是意外事故和自然灾害，如洪水、火山爆发、地震，将最初孤立的野蛮人聚集到一起，也许是通过岛屿的形成（《作品全集》第三卷，第162、168—169、402页；《〈论文〉及其他早期政治著作》，第159、165、274页）。卢梭提出，我们的祖先居住得更为聚集后，一定就不再以游牧的方式生活；他们使用自己发明的工具建造小屋和其他避难所，开始安顿下来并组建家庭，从而开创了人类历史上首次革命的新纪元，并且引出了财产的最初概念（《作品全集》第三卷，第167—169页；《〈论文〉及其他早期政治著作》，第164—165页）。后来，恩格斯在《家庭、私有制和国家的起源》一书中对此进行了详尽的论述。但是，假如情况确实如此，卢梭相信，这种野蛮人生活方式的革命，几乎不可能导致社会不平等自 63
身的出现。他在《论语言的起源》的第二章中提出，将我们推在一起的社会力量，与后来促使我们分开的不可能是同一种力量（《作品全集》第五卷，第380页；《〈论文〉及其他早期政治著作》，第253页）。社会中普遍存在的道德差异是由人类自身而非自然或偶然因素造成的，社会不平等不可能仅仅是由于我们彼此生活在一起而产生的。

卢梭认为，当野蛮人开始以不同于以往的频次互相见面以后，他们开始辨别将哪些人选作自己的同胞，这种选择的方式才是社会不平等产生的最可能的起因。当我们的祖先在他们的原始居住地安顿下来，日复一日地面对同样的人，一定就开始注意到他们当中一些人所具有的与众不同的品质，例如，最强壮的、最灵巧的、最雄辩的或最英俊的。一般而言，他们也会同时意识到自然赋予的不同造成了他们体质的差别。每个人也肯定开始根据别人认为能代表他自身行为的特质来表明自己的身份，开始将自己和那些对他越来越熟悉的人进行比较，并且开始重视他所觉察到的差异。这种将某些特征赋予比其他特征更高价值的过程，让我们的祖先将其自然差异转换为道德差异。他们会把注意力集中在同胞的才能上，也希望自己的才能受到钦佩。他们开始嫉妒或鄙视那些与他们拥有不同特质的人，因此，公众尊重的不平等分配会将他们在社会等级中区分开来。“野蛮人活在自己的内心中，而善于交际的人，总活在自己之外，只能活在别人的眼中。”（《作品全集》第三卷，第193页；《〈论文〉及其他早期政治著作》，第187页）他们在选择哪些人作为自己同胞时会根据特定的特征进行人际关系分类，原始人类肯定因此而将区分自然属性的基数
64 系统，变成了按照道德喜好排名的序数系统。卢梭写道，由于“这些新酵素引起的发酵，产生了对纯真和快乐致命的组合”（《作品全集》第三卷，第169—170页；《〈论文〉及其他早期政治著作》，第165—166页）。在孟德斯鸠或斯密看来，希望赢得别人尊重的欲望必定产生了相互的需求以及商业利益，从而缓和了原始人无尽的欲望，但卢梭认为模仿以及随之而来的通过商业来追求的自我完善，才是腐蚀人类原始状态下自给自足状态的罪魁祸首。

当然，我们野蛮祖先所推崇的各种人类特征不可能同时出现。我们的祖先一定是首先认出他们中拥有最强力量（生理属性）的人，然后再判断哪些人是最英俊或最雄辩的（明显的社会属性，取决于品位），从卢梭的叙述中很难看出为什么人类会觉得一些个人特质比其他特质更值得尊重。但是他坚信，一旦人们开始重视他们的差异，就已经开始建立他们的社会制度了。特别是原始人的灵巧和口才让私有财产的建立成为可能，卢梭在“二论”最开始几段文章中对此进行了阐述。公民社会的真正创始者如果想找到头脑足够简单的人去相信他所声称的他圈起来的那块地属于他，他们就一定要将自己的灵巧运用在土地上，将口才运用在同胞的身上，从而使合法性成为将我们联系在一起的所有确定关系之根本。

私有财产建立之后，冶金和农业的技艺必然得到了发展，从而在提高土地生产力的同时，增加了土地拥有者与没有土地的
人之间的道德差异。当诗人们讲是金子和银子首先将人类推向 65
文明时，在此描述了人类历史上第二次伟大革命的卢梭却追随了哲学家们的观点——他们认为私有财产推动了谷物种植和铁矿开采的转向，比如已经让欧洲人成为新需求的奴隶，但还没有毁掉野蛮的美洲（《作品全集》第三卷，第171—172页；《〈论文〉及其他早期政治著作》，第168页）。《论语言的起源》的第九章阐述了一个关于原始社会的不同观点，卢梭忽略了对人类早期历史中两次伟大革命的描述，而是以杜尔哥及当时苏格兰推测史学家（conjectural historians）的方式，提到我们经历的狩猎、田园生活以及耕种的发展阶段，分别和原始人、野蛮人和文明人相对应（《作品全集》第五卷，第399—400页；《〈论文〉及其他早期

政治著作》，第271—272页）。但文章中并没有特别提到普芬多夫、孔狄亚克或布丰，这篇文章也没有像“二论”中论述的重要观点一样，继续企图颠覆霍布斯和洛克的学说。他声称随着继承和人口的增长，可用土地在减少，所有显而易见的土地都具有所有权，没有人能够获得或增加自己的财产，除非以牺牲他人的财产为代价。文明社会的这种状况必然导致战争，使我们祖先中的富人比穷人处境更危险，因为他们不仅冒着生命危险，而且冒着财产危险。因此，他们有一种特别强烈的动机，努力获得表面上平静的和平，由法律规定并由警察权力强制执行。为了保护自己的生命，穷人不得不放弃分享任何富人财产的权利，社会中灵巧和雄辩的成员，类似于《政府论》第五章洛克所描述的勤奋和理性的人们，因此可以通过骗局从别人那里获取财富，将狡黠的篡夺转变成不变的权利（《作品全集》第三卷，第176—178页；《〈论文〉及其他早期政治著作》，第171—173页）。法理学哲学家对人类本性的判断有可能是错误的，但他们对于人类历

66 史的描述还是相当准确的，因此洛克关于私有财产的概念肯定在霍布斯之前，而且确实是霍布斯战争状态的主要原因。

卢梭认为，人们最初采用的不同政府形式——君主制、贵族制甚至民主制的根源，都归结于当时体制中存在的不同程度的不平等（《作品全集》第三卷，第186页；《〈论文〉及其他早期政治著作》，第181页）。但是，由于每种政府都是为了使我们的道德区分合法化并赋予其权威性，因此政府在任何情况下都必须遵循相似的发展模式。这必然会逐步扩大富人的统治范围，同时增加了穷人的义务，直到社会中人们之间的主要关系转变成主人和奴隶之间的关系。最初经过同意建立的制度最终将屈服

于专制权力，各个政府必然会在适当时候对其臣民造成过重的负担，以至于无法继续维系政府建立后想要维系的和平。公民社会也会因此屈服于革命性的变化，人们为了逃脱政治发展的周期性危机，只能转投新主，他们异于寻常的口才让这些人仍然遵守在混乱和革命中拟定的奴隶制和专制的原则（《作品全集》第三卷，第187、190—191页；《〈论文〉及其他早期政治著作》，第182、185—186页）。“因此，”卢梭在其作品的结尾部分写道，“不平等的最后一项出现了，这是一个形成闭环的极致点。”（《作品全集》第三卷，第191页；《〈论文〉及其他早期政治著作》，第185页）一个新的自然状态建立在最强大的人主宰的地方——然而，这个自然状态并非处于其最初的纯净状态，而是建立在过度腐败的基础上。

我们社会历史的革命阶段肯定是最初创造而随后又摧毁了专制君主，后来恩格斯在《反杜林论》中把这种概况描述为“否定之否定”，由此出现了针对人类历史的辩证阐述，并且成为马克思出现的征兆。可以肯定的是，马克思本人从来没有同意这种判断，并且他像黑格尔一样，将卢梭视为启蒙运动的哲学家， 67
认为卢梭致力于抽象的自然人权，这种权利在法国大革命期间的实现标志着资产阶级的政治胜利。但是，如果马克思在阅读《论不平等》时像恩格斯那样关注第二章，他可能会从中读到私有财产和社会不平等的理论；这与他自己定义的历史的概念是类似的，他认为历史就是一系列的阶级斗争，并被意识形态法治所调和。卢梭《论不平等》的最后几页是其社会解析中最具马克思主义特点的。

然而，我们应该记住的是，与马克思不同，卢梭论点的构想是对不平等起源的**推测**。他的思想并非为人类的历史提供一种关于人性的理论，他对过去的描述源于他对人类所处的道德状态的理解。他认为，人类本性的本质只有在剥离现代、多余的行为之后，才能被发现。这样，自然人必须被从公民身上剥离，而不是在野蛮人身上形成的文明人。由于卢梭是从人性现状的视角开始其研究，因此它尊崇了卢梭自己的假设，即对过去的重建与任何实际事件的编年史几乎没有任何联系。所有事实都必须放在一边，卢梭说道，因为它们并不影响问题（《作品全集》第三卷，第132—133、162页；《〈论文〉及其他早期政治著作》，第132、159页）。他的调查是假设性的，而非历史性的，目的是解释事物的本质，而不是查明事物的真正起源。因此，自然状态被构建成一个虚拟世界，在这个世界里，社会的腐败特征被去除了；卢梭的出发点并非遥远的过去，而是我们都知道的现在的世界，因为过去留存下来的信息很少，但现在的世界我们都很熟知。《论不平等》的构思与其说是人类的通史，不如说是以历史形式呈现出
68 来的人类本性；卢梭将孤独的野蛮人描述为现代人的祖先，无论是在遥远过去的原始民族中，还是在霍布斯、普芬多夫和洛克等一些彻底的现代人中，孤独的野蛮人可能同样常见。卢梭认为，从来就没有真正的自然人，但只有将这样一个人物作为参照，才能提供一个关于我们道德变化的理论体系（《作品全集》第三卷，第123页；《〈论文〉及其他早期政治著作》，第125页）。

当然，如果自然状态是虚构的，那么我们试图回到自然状态的努力是没有意义的，正如卢梭在其作品最长的脚注中所坚持的那样（《作品全集》第三卷，第202—208页；《〈论文〉及其他早期政治著作》，第197—204页）。“人性从来不会倒退”，卢梭之后

在《对话录》中坚持自己的这一观点(《作品全集》第一卷,第935页)。一旦被抛弃,我们失去的纯真就再也无法找回。甚至原始社会的形式,即卢梭所说的在“最幸福、最稳定的时代”(《作品全集》第三卷,第171页;《〈论文〉及其他早期政治著作》,第167页)所涌现的社会形式,也是文明人永远无法恢复的。在这样一种田园生活状态下,我们的祖先原本可以过着简单而和平的生活。这种状态处于想象的过去和真实的现实之间,同时包含了两者的一些元素。如果人类曾经生活在这样的条件下,那么留在那里或许对他们而言更有利,但是,已经失去的世界永远不可能重新恢复,一个从当下抽象出来的国家并没有为后世提供合适的道德准则。正如卢梭在回复斯坦尼斯瓦夫国王对其“一论”的攻击时明确表示的,如果试图恢复人类的自然状态,人类将陷入混乱和破坏之中。腐败社会的弊病不能通过假装无知而消除。

正是以这样的方式,卢梭运用了霍布斯、普芬多夫和洛克的一些政治要旨来讨论不平等的起源。他相信,他们的想法相当精准阐述的不是人类真正的义务,而是人类的过去。这些和其他思想家的理论中呈现的契约关系有助于解释,为什么人类会达成那些使他们道德腐败的协议。然而,卢梭认为,由于使人类 69
堕落的社会习俗是由个人强加给自己的,因此即便在腐败的社会中,人类仍然有可能建立完全不同的制度。如果说我们天生拥有的自由已经彻底丢失,而另一方面,我们自我完善的能力却完好无损,并且正如《社会契约论》中所声称的那样,就人类道德而言,可能发生的事情并没有像应该发生的事情那样得到明确的界定。人们在接受私有财产制度并从野蛮社会进入文明社会时,一定是滥用了人的可完善性,从而限制了自身的自由。但如果人天生是可完善的，那么人所犯的错误至少原则上是可以纠正和克服的。在卢梭所想象的古代共和国中，公民社会是在一个框架内形成的，这个框架使公民在法律下享有道德自由和政治平等。在《社会契约论》中，卢梭开始关注如何在现代世界中也可以建立起不同的制度，也同样将自由和平等奉为神圣，就
70 像曾经在日内瓦宪法下那样。

第四章

自由、美德和公民权

1750年代初，卢梭凭借“一论”“二论”和《论法国音乐的通信》成为蜚声欧洲启蒙运动和公民社会的批评家。他希望能在当时由杰出人物发起的反对宗教偶像崇拜和政治不公的运动中贡献自己的力量，然而，他关于这些主题的著作并没有让他受到那些杰出人物的青睐。伏尔泰在当时已经是世界性文化的主要倡导者，他谴责卢梭努力推广野蛮是明显倒退的行为。此外，在1756年的《爱丁堡评论》中，18世纪商业社会及与之相关的道德完善机构的主要倡导者亚当·斯密，也对卢梭尤其在“二论”中所表述的推崇野性、反对文明的观点不以为然。伏尔泰、斯密与其他哲学家一道，详细阐述了激励人类道德进步的教育、政治和经济计划，而卢梭煽动起针对这些人的反对意见，从而成了一切进步的敌人。然而，正如斯密在对“二论”的评论中所说的那样，卢梭把他的工作献给了日内瓦共和国，并获得了成为该国公民所赋予他的深刻荣誉感。卢梭在“一论”的标题页上也宣布了他的公民身份和共和党人身份，尽管他后来控诉他的同胞们

71 背叛了宪法原则。即使在他的学说被他的同胞们谴责为充满煽动性的情况下，他仍然对这座自己出生以及激发他最初热情的城市充满骄傲。

卢梭比18世纪的任何一位重要人物都更加认同经典古希腊学说里政治和道德之间的关联。他认为，如果将现代威尼斯人的恶习归因于国家的腐败，那么其他民族的堕落同样在很大程度上是由于政治犯罪和压迫。在他早期的作品中，他曾经试图在更早、更广阔的历史长河中，通过对当前罪恶进行哲学抽象，对这种堕落追本溯源。他深信，由于当代政府统治下大多数现代人的困境都是由政治制造出来的，因此，采用其他政治原则的国家反而能鼓励善行，从而产生美德而不是邪恶。卢梭在1762年春天出版的《社会契约论》中，相应地描绘了一个振奋人心的政治联盟的设想，其性质与其早期在“一论”和“二论”中所描述的民主社会的特征截然不同。的确，《社会契约论》一书似乎以相反的角度探讨了《论不平等》中的核心主题，描绘了一种团结而非分裂公民的联合契约，这一契约还捍卫公众所参与的平等主义理想，从而增强而非摧毁公民的自由。在描述了公民社会道德腐败的各个阶段之后，卢梭通过列出公民获得自由所需要的制度，提出了与他之前论点相反的观点。通过为合法政权制定多元化、普适性的宪法基础，这位日内瓦共和国最自豪的公民可以一边抨击当时独断的君主专制，一边为那些可以通
72 过臣民的集体自治而获得政治美德的国家提供了一个蓝图。

《社会契约论》中最为出名，或许也是卢梭所有作品中最经常被引用的论述出现在第一卷第一章。在前面三段简洁的介绍中，他建立了自己谈论正义、公平和效用的权威，不是因为他是

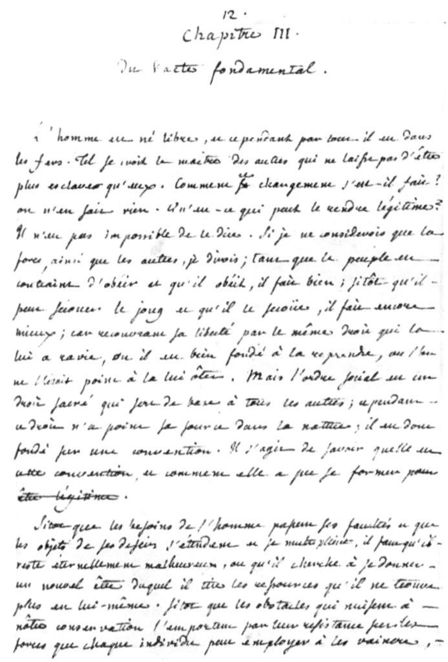
12.
Chapitre III.
Du Pacte fondamental.

L'homme est né libre, et cependant partout il est dans les fers. Tel se croit le maître des autres qui ne laisse pas d'être plus esclave qu'eux. Comment ce changement s'est-il fait? on n'en sait rien. Qu'est-ce qui peut le rendre légitime? Il n'est pas impossible de le dire. Si je ne considérois que la force, ainsi que les autres, je dirois; tant que le peuple est contraint d'obéir et qu'il obéit, il fait bien; sitôt qu'il peut secouer le joug et qu'il le secoüe, il fait encore mieux; car recouvrant sa liberté par le même droit qui la lui a ravie, ou il est bien fondé à la reprendre, ou l'on ne l'étoit point à la lui ôter. Mais l'ordre social est un droit sacré qui sert de base à tous les autres; cependant ce droit n'a point sa source dans la nature; il est donc fondé sur une convention. Il s'agit de savoir quelle est cette convention, et comment elle a pu se former pour ~~être légitime~~.

Sitôt que les besoins de l'homme passent ses facultés et que les objets de ses desirs s'étendent et se multiplient, il faut qu'il reste éternellement malheureux, ou qu'il cherche à se donner un nouvel être duquel il tire les ressources qu'il ne trouve plus en lui-même. Sitôt que les obstacles qui nuisent à notre conservation l'emportent par leur résistance sur les forces que chaque individu peut employer à les vaincre, —

图14　《日内瓦手稿》第一卷第三章书页，囊括了《社会契约论》第一卷第一章的开篇

君主或立法者，而是因为他是一个自由国度土生土长的孩子和公民，因此他是享有主权的一员。“人人生而自由，却无处不在枷锁之中”，卢梭评论道，几乎像是重述他在《论不平等》中阐述过的政治蜕变的可怕传奇。《社会契约论》前几章探讨的主题实际上和“二论”的核心思想非常类似，这几章再次试图说明，无论在家庭还是任何暴权中都不可能存在民主社会的自然基础。卢梭认为，正确的东西无法从暴力中诞生，就像他早先声称的那样，我们的生理差异不能为我们的道德不平等提供正当理由。73
如果武力能创造权力，那么权力就会像多次变化的武力配置一

样时效短暂，一旦获得足够的权力，违抗就会成为合法的。霍布斯在《论公民》的第五章和第六章、《利维坦》的第十八章及其他著作中都表明，势力和权力必须始终是相互伴随的。因为没有剑（执行法律的手段）的语言（法律），就不具有足够的约束力。但是在《社会契约论》中，卢梭重申了权力和权威（即拉丁语中的potestas和auctoritas）之间的区别。

卢梭重申了《社会契约论》中自然和道德的二分法，同时他也否认家庭关系是国家公民之间关系的模型。两千年前，亚里士多德在他的第一本著作《政治学》中就已经提到，将家人维系在一起的不平等的纽带，与国民和统治者之间基于政治性并因此自愿的关系中的根本性平等是完全不同的。卢梭无论是在《社会契约论》中，还是在《政治经济学》开篇中，都承认自己在这一论题上深受亚里士多德的影响，并在很大程度上重述了亚里士多德的论点。事实上，卢梭在《政治经济学》中对公共领域和私人领域的对比与洛克在《政府论（下篇）》中对政权和父权的区分非常相似。和洛克一样，卢梭起初发展了自己的二分法，以驳斥他所称的罗伯特·费尔默爵士的家长制这一“可憎”的体系，他声称，这一体系也首先遭到了亚里士多德的拒绝（《作品全集》第三卷，第244页；《〈社会契约论〉及其他晚期政治著作》，第5—6页）。与亚里士多德和洛克一样，卢梭也认为，道德上平等的人之间的合法政府是通过公众同意而建立的，而不是
74 自然获得的。正如在卢梭早期的政治著作中一样，他在《社会契约论》中态度坚定地认为，在公民社会中，无论正义还是邪恶，人对人的权威都是通过选择而非自然建立起来的，过去是，现在也应该如此。

在《社会契约论》的第二章和第三章中，卢梭通过颠覆性的尝试来驳斥他所理解的之前整个社会契约传统的逻辑，并将这些值得尊敬的思想以新的习语表述出来，从而给予其新的推动力。格劳秀斯的哲学思想当时尤为引发卢梭的愤怒，就像他在“二论”中针对霍布斯、普芬多夫和洛克的观点一样。格劳秀斯追随西塞罗和其他古代作家的观点，认同国民的共识是政权的适当基础，但早在1625年，格劳秀斯就在其《战争与和平法》中提出，全体人民都可以同意服从国王，就像个人可以自由地选择让自己被奴役一样，也就是把自己的自由永远地让渡给某个主人。除了格劳秀斯外，霍布斯和普芬多夫也提出了相似的论点：个人或民族自愿服从统治者标志着国家的合法建立，即通过不可逆转的权利转移，允许或授权其臣民服从绝对权力。格劳秀斯坚持认为，战败者通过向其征服者屈服，就可以放弃施予自己的权力，从而忽视了战争实际上是国家之间的关系而不是个人之间的关系这一事实。因此卢梭反对格劳秀斯之前社会契约传统的一个中心前提，根据这一前提，用霍布斯的术语来说，通过制度获得的主权和通过兼并或征服获得的主权之间没有根本的区别。霍布斯认为，尽管君主的权力是无限的，但君主或其权力始终只是人民意志的代理人、代理官员或代表，是扮演人民的演员，因此，人民才是每一场表演的真正作者（《利维坦》，第十六章）。

卢梭理解这种自愿服从的观点是现代法学的基石，他曾在《论不平等》中谴责其恶果和对人性的误解，随后在《社会契约论》中谴责其非法性，并提出了一个完全不同的观点：国家权力 75
的巩固是通过其成员的集体选择而实现的。他认为，格劳秀斯及其契约继承人在自愿服从的学说中犯了两个主要错误。第一个错误是混淆了国家的联合条约和服从条约，假设主权的建立和政府制度的建立是相同的，而它们的基础和责任也同样被误解。正如他在《社会契约论》第三卷第十六章中所论述的那样，政府不是由契约形成的，一个民族不可分割的主权可能永远不会移交给一个国王。在选择将他的巨著献给国王路易十三时，格劳秀斯并没有表现出对剥夺人民一切权利的内疚。他说，真理不会指向通往财富之路，人民永远不会让任何人成为大使或教授，也不会发放养老金。如果格劳秀斯不是将国家的合法建立定位于一个民族将自身交付给国王的行为，而是认定为使一个民族成为民族的行为，那样会更好。因为卢梭认为，“社会的真正基础”取决于第一个公约。

卢梭指出的格劳秀斯的第二个错误，霍布斯和普芬多夫也同样犯过，那就是认为人民无条件地服从统治者的意志可能会使个体或集体疏离自由。相反，卢梭宣称，我们放弃自由就是放弃人性，从而从我们的行为中去除所有的道德。一方面建立绝对的权威，另一方面建立无限服从的协议，是毫无意义且无效的，因为它从自由中产生奴役，使它的代理人在由于自己的意志造成的问题中自相矛盾。在这篇主要针对格劳秀斯对自愿奴役的批判中，
76 卢梭遵循了洛克《政府论（下篇）》第四章的论点，大意是一个人不能因为自己同意就使自己受他人奴役。但这个观点的主要来源可能不是洛克本人，而是著名的法国胡格诺派法学家以及格劳秀斯和普芬多夫的主要政治著作的编辑让·巴贝拉克。卢梭也在《社会契约论》中谴责过巴贝拉克，因为他把自己翻译的格劳秀斯的作品献给国王（乔治一世），并因此在阐述原则时显得犹豫和模棱两可，以免冒犯赞助人。普芬多夫于1706年首次发表

《论自然法和万民法八书》，巴贝拉克将其翻译成精妙的法文版，并附上了大量的笔记，这些笔记和第七卷第八章的内容均提及洛克先前的论点，即“任何人都不能放弃自己的自由而完全听命于一种专断的权力，因为这将意味着放弃自己的生命，不再是生命的主人”。在《论不平等》和《社会契约论》的批判性反思中，卢梭极大地获益于巴贝拉克对格劳秀斯和普芬多夫的评论，至少他初次得知洛克似乎是通过巴贝拉克对普芬多夫的注释而受到影响的。尤其在《社会契约论》中，卢梭进一步阐述了巴贝拉克所翻译的关于洛克对自愿奴役的批判，从而挑战17世纪所阐述的现代政治哲学的基础，并且使用其术语，这样才能保证不是人民刻意决心屈服于君主，而是他们自由的集体实现。卢梭许多关于自由、平等和主权的思想贯穿于整个《社会契约论》之中，这些思想都是围绕着他与格劳秀斯、普芬多夫和霍布斯的初次交锋而构建的。

正如卢梭所设想的那样，在思辨和唯意志论的传统核心中，存在着这样一种信念：无主之人自然需要一个国家的保护。他宣称：行使不受限制的自由只会危及个人的人身安全，因此，人们正确地认为安全高于自由，而为了获得安全，人们必须把他们的权利转让给这样一个由法律和武器授权的当局，以维持他们 77
之间的和平，并将外敌拒之门外。国家的成员资格不仅要求每个人自愿放弃自己的自由，而且在建立一个统治者对其他人的人为优势时，将所有人的自然平等转变成了政治上的掌控和服从。在《社会契约论》第一卷的第八章和第九章中，卢梭试图彻底地阐明这些观点。他主张，我们从自然状态到公民国家的合适过渡，绝不能压制真正的自由，而应通过将我们单纯的欲望冲动转化为对我们自己制定的法律的服从，从而实现真正的自由。卢梭将自由和平等这两项原则联系起来，构成了《社会契约论》的核心主题。

正如卢梭在第一卷第八章和第二卷第七章中所解释的那样，通过其臣民一致同意而建立的国家，在人类中产生了显著的变化——一种蜕变，这种蜕变被描述为：它产生了超越于个体独立的优越性，但在《论不平等》中，这一蜕变又被描述为走向罪恶的致命一步。卢梭声称，人们在新状态下的胡乱作为经常会导致他们进入比之前状态还要恶劣的困境，这也是在暗指他早期观点的关键点。但是，他在这里强调的是，当社会达成契约，并且公民社会因此得以正确建立时，这种变革会带来崇高的令人振奋的精神。人们放弃在没有公民社会时所拥有的天赋自由，获得了公民与道德的自由，但这种自由首先被共同意志所限制，同时约束人们遵守大家共同制定的法律，使他们成为自己真正的主人。在《论不平等》中，卢梭将人类的原始自由描述为缺
78 乏对自由意志和动物冲动的控制，这只会让关注的读者对其自然自由的新定义感到困惑，而如今这种自由被描述为欲望的奴隶。与“二论”不同的是，《社会契约论》几乎没有提及人类的自然状态，而且其中对动物的评论尤其少，完全没有像在先前的讨论中那样赞赏动物的善良品质。

但卢梭现在争论的目的不同了。他希望表明人类共同参与自治可以极大拓展其自由，超越他们在原始状态下作为野蛮人的身体独立。在这里他将其描述为被内部欲望所约束，而不是被对他人的依赖所制约，而在《论不平等》中，卢梭声称原始人不受其本能支配。与他之前的社会契约思想家相反，卢梭要描

述的是人类在实现野心方面相互联合的根本契约，如果没有它，他们甚至不会有野心。所以个人必须放弃那种脱离彼此控制的自由，而正是在这种自由丧失的行为中获得了另一个更强化的维度，因为公民从中获得了道德人格和合作利益，这些都是独立的野蛮人难以想象的。霍布斯主张国家中的自由寓于法律的**沉默**之中，主权者法律的颁布最终通过人们对法律的服从而限制了他们的自由。而卢梭与霍布斯的主张相反，卢梭认为法律和自由可以继续携手前行，前提是民众必须既是守法者也是立法者，没有君主可以凌驾于全体公民之上或者脱离全体公民。在霍布斯看来，人们通过将其自然权利移交给统治者来换取权利，而在卢梭看来，只要公民自治，自由可以在国家内部自然获得，而不需要刻意捍卫。古典共和主义认为，自由民族在**自由民主**中受到其自身法律的约束，卢梭通过呼吁古典共和主义，试图重新定义反对其自身的现代主权理论，以便它自己的术语可以让人能够准确地想起它旨在颠覆的东西。 79

卢梭尤其在《论不平等》的第一卷第九章和第二卷第十一章中指出：如果自由是其法治国家概念的核心，那么平等对于实现自由就是不可或缺的。就像他在“二论”中谴责了财产分配不均的潜在影响，在《社会契约论》中，他激烈反对极端的贫和富，认为哪种情况都会“对共同利益产生致命影响”。他哀叹道，在自由的拍卖会上，买家积累暴君的权力，卖家为了成为暴君的朋友而放弃自由。也许在卢梭所有的政治著作中，甚至在他个人生活中，最坚持不懈的主题都表现了他对避免或摆脱统治和奴性的渴望。支配和奴役把人束缚在各自的生活地位上，破坏了他们的自由。他在《爱弥儿》第二部（《作品全集》第四卷，第311页；《爱弥儿》，第85页）中声称，对人的依赖与对事物的依赖不同，会引发所有罪行，同时腐化主人和奴隶的关系。卢梭深信，要得到自由，平等是不可或缺的。但他仍然坚持认为，不应该单纯为了自由而追求平等。尽管他对私有财产的评论相当恶毒，但他从未像他之后几代社会主义者那样寻求废除私有财产，因为他认为一个没有私有财产的世界可能会使平等原则与自由原则发生冲突。如果阻止个人通过自己的劳动和主动性获得财产，那么对他们的奴役只会从富人那里转移到国家层面，而他们的自由会跟以往一样被扼杀。由于他认为小农场的土地所有权是男人自力更生的表现，他赞同农业共和国，甚至在《政治经济学》中指出“社会契约的基础是财产”，其首要条件要求每个人“保持和平拥有属于自己的东西”（《作品全集》第三卷，第269—270页；《〈社会契约论〉及其他晚期政治著作》，第29—30页）。在《社会契约论》中，他认为，只有极端的财富才必须受到政治控制，这样才能让任何公民都不会有足够的财富来购买另外一个人的财富，也不会有
80 人因为太穷而出卖自己。由于“环境的力量总是会破坏平等”，卢梭总结说，“立法的力量应该始终倾向于保护平等”。

卢梭现在强调平等在政治层面比在社会和经济层面更重要。他主张每一条律法都应该不加区别地约束所有公民，君主对其公民都必须一视同仁。他在《政治经济学》中已经提出，法律的第一条首先应该是尊重法律（《作品全集》第三卷，第249页；《〈社会契约论〉及其他晚期政治著作》，第11页），在《社会契约论》中又补充提出，每个公民都平等地受到这些法律的约束，因为法律在执行的过程中忽视了所有需要政府注意的特殊情况和个人差异，而这些特殊情况和个人差异从来就不适合为整个社会所考

虑。情况很可能是，正是由于排除了君主颁布的法令会对个人产生任何可能的利益或危害，卢梭在第一卷第七章里发表评论："主权者正是由于他是主权者，便永远都是他应该所是的那样。"尽管他在那篇经常被引用的文章中表述很模糊，但是，他对公民平等的执着最明显的表现是，他慷慨激昂地坚持公民应完全参与每个国家行使主权的立法议会并拥有平等的责任。参与式民主的近代倡导者经常向卢梭寻求灵感，和他们一起，卢梭认为，像格劳秀斯、霍布斯和普芬多夫一样，每一个君主拥有的权威都必须是绝对的，只有当每个公民都在其中充分发挥积极作用时，这种权威才是合法的。这就是他人民主权论的核心，这一核心尤其和理想国家的自由联系在一起，构成了卢梭政治学说的基石，这些学说在法国革命的进程中或被颂扬或被中伤，而卢梭也因此被世人铭记。

卢梭将自由和平等都与主权结合在一起，这成为他著作中引人注意的原创元素，使得他的哲学有别于柏拉图、马基雅维里、孟德斯鸠及其他和他一样关注政治自由而不仅仅是个人自由的学者所提出的学说。卢梭在《社会契约论》中赋予这一意义之前，主权的概念被诠释为与力量、权利或帝国紧密相连，并且通常涉及君主对其臣民的统治，而并非为了公民的自由。尤其对于博丹和霍布斯这些在卢梭之前最著名的绝对主权的倡导者而言，"**主权**"源于拉丁语"summa potestas"或"summum imperium"，定义了当时最盛行的学说，即统治者无与伦比的权力。相反，对卢梭而言，主权本质上代表着一种平等的原则，与被统治的要素或主体本身一起被确定为最高权威。正如卢梭所定义的那样，主权与意志或权利，而并非力量或权力的概念相关联——这再次说明了人类事务的道德和物质层面的巨大差异，卢梭在《论不平等》中已经转为对此聚焦阐述，虽然他现在在《社会契约论》中重新调整了其学说的优先性，却同样鲜明地表达了这一观点。

此外，卢梭和他之后的潘恩一样，将整个由公民组成的全体民众（虽然未必包括所有居民）作为主权，力求让每个国家的普通民众最终管理他们自己的事务。卢梭在《社会契约论》中从未将他所设想的公民大会称为**民主主义**，因为他认为民主不是一种直接主权的形式，而是直接政府的形式；这一形式要求民众留在常任理事会，以全职公务员或官僚的方式执行和管理公共政策，从而使国家非常容易发生腐败现象和内战。他承认，公民行使其人民主权的行为最有可能发生在地理位置上不易被入侵的小国家，在这些国家里财富大致是平均分配给那些珍惜自由
82 的人们的，他认为科西嘉可能是欧洲国家中仍然适合全新立法的国家。但即使在大国，也总是人民自己，而不是行政部门拥有最高权力。正如卢梭在为波兰未来的政府制定宪法时试图通过频繁选举国会议员代表，来确保人民拥有最高权力。人民主权的国家都定期举行不会被取消的人民大会，他在《社会契约论》中以最长的章节阐述罗马**公民会议**，以说明在这样的人民大会中，没有公民可以被排除在外，并且确认在这样的共和国，罗马人民在法律和现实中都是真正的主权所有者。他补充道，该国的保民官受人民委托行使其神圣职权，从来没有谋求篡夺人民本身的权利，人民在必要时可以通过公民投票直接行使管理权。
83 在人民出席的情况下，可以没有代表出席。因为人民作为主权合法集会时，政府的所有管辖权即停止。然而，除非公民在这种情况下热情地奔向集会，并且除非每个人都投入自我而不是钱包为国家服务，否则国家就完了。在卢梭之前，没有任何一位重

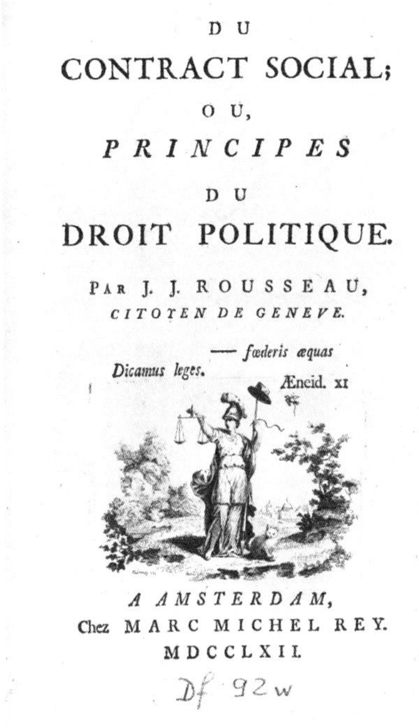
DU
CONTRACT SOCIAL;
OU,
PRINCIPES
DU
DROIT POLITIQUE.
PAR J. J. ROUSSEAU,
CITOYEN DE GENEVE.
— *fœderis æquas*
Dicamus leges. Æneid. XI
A AMSTERDAM,
Chez MARC MICHEL REY.
MDCCLXII.
Df 92w

图15 《社会契约论》的扉页(阿姆斯特丹,1762年)

要的政治思想家对集体自我表达和大众自治表现出如此大的热情。虽然他承认平民可能被欺骗或误导,但他认为反对专制的唯一可能的保障是人民主权本身。只有当所有人都参加立法时,他们才能制止一些人滥用权力。格劳秀斯、霍布斯、普芬多夫及其门徒所指定的主权当局,通过假装作为公民的代表,剥夺了每个国家真正统治者的自由;他们颠倒了国家的职能,使自己成为主人,从而成为人民臣服的作者。

卢梭已经在艺术范畴内提出了类似的论点。他在1758年《致达朗贝尔论戏剧的信》中回应日内瓦建立一家剧院的提议,认为这会破坏同胞的自由,并呼吁以人民的公共和友好的节日代替演员专业的表演，这样整个祖国都会充满戏剧性的游行和表演，而不仅局限于某个角落，就像他年轻时所目睹的那样。在古代世界，特别是在斯巴达人中，他主张（《作品全集》第五卷，第122页；《致达朗贝尔论戏剧的信》，第133页）“市民们频繁地聚集在一起，把他们的一生奉献给国家最重要的娱乐活动以及在战争时唯一能让他们放松下来的游戏”。在现代世界中，公众的参与精神已经丧失。他相信，在艺术、科学和宗教中，就像在政治中一样，人们已经麻木，变得被动，从文化生活的中心被驱逐，被赶进了文化生活的深渊。我们从经历者变成了自己经历的旁观者，
84 变成了沉默的观众；我们如今被教导作为情节的观众要顺从和胆怯，而曾经我们是这些情节的中心人物。那些扮演我们角色的演员，即我们的国王、议会及其他国家元首，都已经知道不同的主题必须区分对待。“这是现代政治的首要准则”，卢梭在其《论语言的起源》的最后一章中曾经评论过，并在其中详细阐述了这些思想（《作品全集》第五卷，第428页；《〈论文〉及其他早期政治著作》，第299页）。卢梭将公众参与视为一种古老的理想，毫无疑问，由于他对这种理想很感兴趣，他认为不应该鼓励公民把个人抱负放在首位。他认为，参与国家的主权集会应该是强制性的，这一观念可以说明他在《社会契约论》第一卷第七章中的观点，即“拒绝服从公共意志的人……将被迫自由”。针对卢梭的自由主义，批评家们恰如其分地嘲笑这一言论潜在的邪恶含义。而这一令人心寒的言论的含义是模棱两可的，尽管卢梭似乎认为法律迫使国家的臣民遵从其作为公民的良心和意志，因此也是遵从其个人的自由。然而，在他所有的政治著作中，他似乎从未如此忽视强力和权利之间的区别。

“**公共意志**”是卢梭特指行使人民主权的术语，他在1755年发表的《政治经济学》中首次使用了这一术语。这篇文章与狄德罗关于“自然权利”的文章共同发表在《百科全书》上，“自然权利”这一术语出现后，卢梭在手稿中看到他朋友的文字，也相应地对其进行引用（《作品全集》第三卷，第245页；《〈社会契约论〉及其他晚期政治著作》，第6—7页）。多亏了马勒伯朗士，这个词在17世纪中期的法国哲学和神学著作中有一定的流传。狄德罗在给《百科全书》供稿的文章中也使用了这个词，而他也是《百科全书》的编辑。但是与他之前或之后的任何人相比，卢梭真正拥有了这个词，并赋予它一种全新的，尤其具有政治意义的独特含义。在《政治经济学》中，卢梭将“公共意志” 85
定义为整个国家的意志，是其法律的来源和正义的标准。在《社会契约论》中，他将其归因于每个国家的主权都应该推广的“共同善”或共同利益，以及每个公民想要实现这种“善”的个人意志，而这种意志经常与同一个人作为个体或国家内其他组织成员的特殊权益不同。卢梭争辩说，派系对实现共和国的公共意志的威胁总是很大，并引用马基雅维里《佛罗伦萨史》（第二卷第三章）中的一段文字作为论据。因此，他坚持认为，公共意志关注的是共同利益，不应该与所有人的意志相混淆，所有人的意志仅是私人利益的综合，因此必然是相互冲突的利益，仅仅通过计算选票而获得的优势会产生不稳定的联盟、阴谋集团以及政治分歧。他曾经提议，要实现公共意志，在国家内部就不应该存在任何形式的部分群体联盟。但是他在多数情况下认为，这种联盟是必然的，而且的确应该大大增加，从而每个联盟都会尽可能变得无害，这样公共意志只是反对他们而并非彻底将其排挤。卢梭曾经提到德·阿尔让松侯爵关于法国政府的一部作品中的一段话，这部作品1764年才出版，但卢梭曾经看过其手稿。卢梭评论道："如果不存在不同的利益，我们就几乎不会意识到共同利益，因为不会遭遇反抗……这样，政治也将不再是一门艺术。"

既然统计投票是为了确定公共意志是所有人的意愿所必需的，不清楚的是，卢梭设想公民会如何区分公共意志和所有人之间的意愿，尤其鉴于他提出的论点：公共意志无法通过考虑所有人意愿的优劣而获得。但是，公共意志和特殊意志之间的冲突成了他的论点的核心，并且在他对于这种冲突在每个公民心中产生的紧张关系的描述中表现得最为明显，这种冲突促使公民
86 区分什么对自己有利，什么对群体有利。针对卢梭的自由主义批评家们经常谴责他提出的公共意志概念，因为这一概念带有明显的集体主义思想，但是在《社会契约论》中，公共意志似乎旨在避免而不是实现对个人的社会教化。因为我们丢失了那么多的公共精神，在当代世界中，每个人的公共意志远远弱于其特殊意志。卢梭认为，要对其进行强化和推动，并非通过每个公民在公共集会上对周围人轻率的回应，恰恰相反，是要通过所有人单独表达自己的观点；彼此间如果没有沟通，就可能致使单独的判断偏向于这个或那个团体的利益。约翰·密尔后来对无记名投票丧失了耐心，而卢梭很可能已经同意，在需要人民代表时，人民代表必须始终对其选民明确负责。但是在公民投票、公民表决或所有公民的公众机会中，为了确保投票数量和参与的人数一样多，他认为，主权的每个成员都应该不考虑其他人而采取行动，遵循其个体作为自主个体的公众意愿，从而服从自己的意

愿。关于国际政治，卢梭对于一个国家在国际法之下建立联邦和平中模糊感知的“真实利益”和在维护其绝对独立中坚定持有的“明显利益”之间的区别，曾在1756年起草的针对《圣皮埃尔神父的永久和平方案的判断》中有过类似的表达（《作品全集》第三卷，第592—593页；《卢梭论国际关系》，第89—91页）。

在第一卷和第二卷阐述了政治权利的原则（《社会契约论》的副标题）之后，他接着阐述了这些原则的应用，调整了国家物质和道德方面的优先级，以解决国家行政权取代立法权的问题；正如他在第三卷第一章中清楚表明的：是政府而不是主权，是强力而不是权利。与无法被代表的主权不同，卢梭将政府描述为主权国家公民与法律约束的“中介机构”，始终由人民代表组成。主权在制定法律时总是普遍的，而政府的行政权力只在特 87
定的情况下发生。主权只存在一种形式，而政府取决于具体情形并因此采取适应特殊需求的不同结构。政府的机构是本地化的、依情况而变的、特定的。

决定一个国家政府性质的最核心因素是国家的人口，人口最稠密的国家需要最集中的政府，人口最稀少的国家需要最分散的政府。正如卢梭在第三卷前两章中阐述的那样，它遵循政府权力和每个公民所占零碎主权之间的负相关关系。这条规则引导他重新审视基于官员或地方执政者数量而进行的古老政体分类，即一人统治、少数人统治和多数人统治，或称为君主制、贵族制和民主制（或政体）——亚里士多德在其《政治学》第三卷中对这种分类进行了阐述，从而为大多数人所熟知。在亚里士多德之后，卢梭也同样将其注意力集中在国家的阶级结构和最有利于每种政府形式的财富分配上，特别指向最适合民主政体，也最适合君主政体中，贵族以及介于君主和臣民之间的中间阶层的等级和财富平等。他认为，在大国中，这些制衡力量有助于削弱君权，否则其浓缩的活力在为公众利益服务时，可能会成为其主要优势，卢梭认为这种情况很少发生。

博丹、波舒哀和其他支持皇家专制主义的哲学家宣称，在一个人的独特卓越权威下，国家凝聚力可以得到最好的维持，但是
88 卢梭并不相信这种主张，他认为“国君就是一切”是一种谬误，而这与他的主权观念截然不同。他声称，君主政体在其选举形式和世袭形式中，不仅特别容易出现继承危机，而且由于野心勃勃却能力平庸的人玩弄阴谋，还会受到贪腐阴谋和无能的影响。对于《圣皮埃尔神父的永久和平方案的判断》，卢梭同样也蔑视为了追求君权和金钱的宏伟的领土扩张计划。相比之下，他称赞了法国曾经的新教徒亨利四世国王的智慧，因为他在16世纪不懈地努力谈判，为了实现国际基督教联邦。他认为，圣皮埃尔几乎不可能期望在两百年后再次重复这样的努力，部分原因是他的能力较差，但更主要是因为非洲大陆的外交和军事格局均已发生了巨大变化，以至于欧洲国家联盟现在已经无法不通过革命而建立起来（《作品全集》第三卷，第595—600页；《卢梭论国际关系》，第94—100页）。霍布斯认为，君主政体总体而言优于其他政体形式，因为它将公共利益和个体利益保持统一。然而，卢梭更相信马基雅维里的评价，即“人民比君主更审慎和稳定，有更好和更明智的判断”（《李维史论》，第1卷，第58章）。和马基雅维里一样，他相信共和政府优于君主政体，甚至在《社会契约论》中声称，马基雅维里的《君主论》描绘了真正可恨的统治，其隐秘意图是成为共和党人的手册，掩盖了马基雅维里和

卢梭一样怀有的对自由的深切热爱。

鉴于这样的严格规定，卢梭看起来似乎趋向于将民主视为最佳的政府形式，但他实际上坚持认为民主也同样危险，尤其因为其本质会引起国家主权和政府之间的混淆。他认为，制定法律的人一定不能自己执行法律，因为那将使君主具有特殊性，并且比君主专制政府更混淆个人和公共利益。“当这种情况发生时，”他声称，“国家的本质已经腐败，不可能进行任何改革。”由于贵族制具有“区分主权和政府的优势”，卢梭似乎更趋向于贵族制，或者更准确地说，倾向于由选举产生的贵族制，因为他认为自然贵族只适合原始民族，而世袭贵族是“所有政府中最糟糕的”。他认为，选举产生的贵族制并不依赖于每个公民的诚实和智慧，因此与民主政府相比，参与选举所需要的美德更少。虽然选举贵族制只能在财富分布具有一定的公平度和适度性时才能蓬勃发展，但严格的平等通常是无法实现的，而这一点也不坏，可以将公共事务的日常管理委托给具有合适才能的人，独立的财务让他们可以为财政平衡的国家奉献其所有时间。卢梭认为，在选举产生的贵族制度下，最正直、最聪明、最具有政治经验的公民可以作为国家的最高官员和公务员，从而确保国家的稳定。

他认为，关于所有政府形式最重要的事实是每个国家主权的本质区别。如果人民不能在民主国家中正确地管理自己国家的法律，那么无论是君主制还是贵族制的地方行政官，都无法代替他们进行管理。卢梭和洛克都强烈地认为，政府滥用权力仅对其人民产生威胁，而其最典型的特征是，政府过于频繁地倾向于以主权意志代替公共意志，他认为这就是专政。他在《社会契约论》第三卷第十五章和《论波兰政府》第七章中都指出，只有在议会成员选举期间，英国人民才享有自由，他们顽固地把他们作为立法主权的权利委托给一个本应只有行政权的法人团体，
90 这表明他们不应该被赋予有责任去直接运用的自由。

在日内瓦，执法机构（小议会）通过承担全体公民大会（全体会议）的职责，而逐渐变得更具有统治力，甚至阻碍了这个主权机构的集会。随着祖国行政力量取代民众意志，绝对权力沦为不受束缚的权力。卢梭在其《山中来信》中指出，“仅凭力量统治的地方”，“国家便已经瓦解。这……是所有民主国家最终灭亡的原因”（《作品全集》第三卷，第815页）。他在这里用**民主**一词指代主权。卢梭将《论不平等》献给日内瓦共和国，因为那里拥护人民主权的思想比其他任何现代国家的宪法都更为反对专制政府，卢梭一生目睹了那些定义自己身份的原则的腐败。日内瓦启蒙运动倡导的**和善商业**，只是把平等的民主制度变成了剥夺同胞公民权利的寡头政治。他在世界上居住的其他地方，没有哪里可以像他之前推演人类历史所描述的那样从政治角度清楚地体现出人性的巨大转变。

早期的评论家们常常通过援引自然法的原则来免受专制主义的威胁，因为统治者只有在其灵魂甚至生命受到威胁的情况下，冒着遭受杀害或革命的危险时，才有可能违反这些原则。在与卢梭同时代的人中，孟德斯鸠的学说阐述了法治原则，该学说在西方自由主义思想中被证明具有深远的影响，从而将君主的权威与暴君的任性区别开来，并巩固了他自己关于英格兰的司法独立的观点。但是，卢梭在发表《社会契约论》之后于英国短暂居住的一段时间里，试图证明自己的独立性，就像他认为议会对于英国当地人是独

立的一样，他发现孟德斯鸠的法律概念没有说服力。与后来那些害怕卢梭所描绘的主权被滥用的评论家相反，他相信人民自己警 91
惕地行使这些权力是反对专制的唯一保障。根据卢梭的政治哲学的原则，主权本身的性质限制其无法执行自己的意志，因此主权国家本身无法对任何人使用任何强力。这一职责只属于政府。因此，自由的保护不是依靠包罗万象的自然法，也不是依靠政府内部独立的司法机构，而是通过一种政府和统治权之间基础性的权力分立，这和孟德斯鸠构想的分立有所不同。

卢梭在《社会契约论》第一卷第二章中指控格劳秀斯以提出事实作为权利的证明，赋予奴隶制和暴政似是而非的合法性。在《爱弥儿》第五卷中（《作品全集》第四卷，第836页；《爱弥儿》，第458页），他又重申这一指控，声称孟德斯鸠同样没有论述政治权利的原则，而是满足于“讨论现存政府的积极权利”。卢梭坚持认为，在政治世界中，没有什么比事实与权利之间的差异更大的了，从而引发了哲学家与科学家之间的争论。这场争论使得他的崇拜者及其他人与格劳秀斯和孟德斯鸠的门徒区分开，直到今天。但在《社会契约论》中，卢梭也急于阐述政治生活中的事实，以及他对孟德斯鸠以自己的方式解释这些事实表示出极大的感激之情。像孟德斯鸠一样，他关注政府的自然历史和病理性，以及国家兴起、扩张和消亡的方式。卢梭声称，“身体政治”“跟人的身体一样”从诞生起就开始消亡，并有着自我毁灭的根源。继孟德斯鸠之后，卢梭也认识到物理因素对政府性质和国家宪法的影响，并参考《论法的精神》第十四卷指出，“并不是所有气候都能结出自由的果实”，因而并非每个民族都有能力获得自由。他强调，公民社会中公民的道德高低可以很

大程度上通过参考法律和政治因素得以解释，而他几乎也同样
92 强调了道德是如何决定法律的，描述了习惯、习俗和信仰这些影响因素。这些因素并非刻在大理石或黄铜上，而是作为第四种法律（除了政治、民事和刑事之外）印刻在公民的心中，而这是“最重要的”。在《爱弥儿》中，他称赞了《论法的精神》，因为其中描述了道德与政府之间的关系（《作品全集》第四卷，第850—851页；《爱弥儿》，第468页）。尽管卢梭和孟德斯鸠存在分歧，但孟德斯鸠论述的道德对立法的约束，即道德塑造了立法的方向并赋予其底层精神，对卢梭产生了极大的影响。在思考法律的可能性时，卢梭在《社会契约论》中进行了探讨，正如他在此书第一句话中清楚表述的那样，接受人本来的样子。他认为，尽管政治的事实和标准各不相同，但在他关注评估人类事务中的可能性以及正确性时，两者必须同时存在。和孟德斯鸠一样，他不仅自上而下审视宪法，同时也依据支撑宪法的社会习俗和流行的传统，从第一原则的角度，自下而上审视宪法。

卢梭在《社会契约论》中对当地习俗和民族传统表现出的敏感度，再加上他始终对正确标准的执着，使他在整个欧洲赢得了崇拜者，尤其是在那些苦苦挣扎对抗外国统治的国家，以及深受外部势力之害而通过内战寻求本土自由的国家。1764年，科西嘉的爱国者马蒂厄·塔福科邀请卢梭成为一个自由国家的立法者，而他先前就已经宣称这个国家尤为适合立法；1770年，米歇尔·威尔豪斯基伯爵拜访他，呼吁他对波兰律师协会为摆脱俄罗斯暴政的努力做出评论，卢梭在这两种情形下都表现出积极的热情。卢梭总是担心他的作品被认为不具有政治煽动性，在1760年代中期他的祖国陷入政治危机的时候，卢梭犹豫是否

要主动为同胞中充满失望的激进共和党人提供热心的支持，而 93
正是这些共和党人最终集结起来为他辩护，反对政府禁止他的作品。“我本质胆大，但性格羞怯”，他向他的弟子兼传记作家伯纳丁·德·圣皮埃尔承认道。卢梭从未敢像巴枯宁那样设置路障，也从未像马克思这样在委员会会议上驾驭革命政党的命运，他拒绝直接卷入那个时代的政治斗争，这主要是因为他曾经在致瓦滕斯莱本伯爵夫人的一封信中说过：“全人类的自由也不能成为任何人流血的理由。”（《卢梭书信全集》，第5450页）但对他而言，根据丰富的公民想象力制定宪法，而无须进行政治审判，总体而言确实是更令人信服的事情。

在卢梭代表科西嘉人撰写的《科西嘉制宪意见书》中，他建议科西嘉人促进占主导地位的农业经济，以自给自足，而不是为了过剩；建议其土地和农产品应尽可能公平地、节俭地共同享 94
用，公共收入以实物或人工的形式收取，不采用现金。波兰人对自由的热爱赢得了他的掌声，他向波兰人推荐了一个教育计划，包含游戏、国家助学金以及专门的波兰教师，从而使学生成为“国家的孩子”（《作品全集》第三卷，第967页；《〈社会契约论〉及其他晚期政治著作》，第190页）；他还推荐实施一项立法计划，要求一院制国会代表的选民承担严格的责任。每一篇文章都提到或暗示了卢梭在《社会契约论》中已经阐明的主题，尤其是《论波兰政府》就波兰人和英国人代表大会之间的几处差别进行了对比。这总是让下议院蒙羞，1764年下议院甚至驱逐了像约翰·威尔克斯这样的笨蛋（《作品全集》第三卷，第982页；《〈社会契约论〉及其他晚期政治著作》，第204页），再次表明英国人民对他们的议会几乎没有什么控制力。

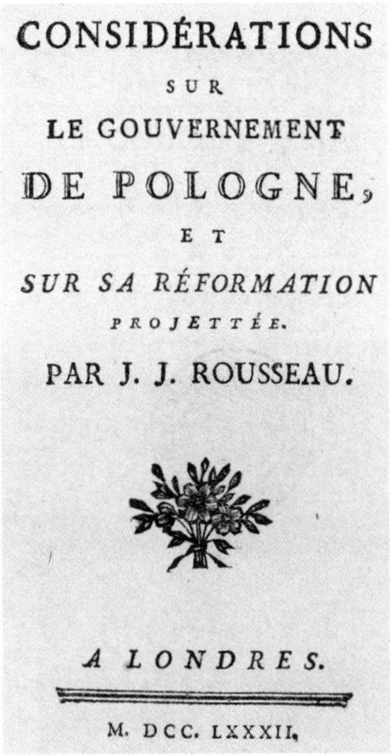
CONSIDÉRATIONS
SUR
LE GOUVERNEMENT
DE POLOGNE,
ET
SUR SA RÉFORMATION
PROJETTÉE.
PAR J. J. ROUSSEAU.

A LONDRES.

M. DCC. LXXXII.

图16 《论波兰政府》的扉页（1782年）

这些作品在卢梭有生之年都没有被出版或广泛传播，因此科西嘉岛不幸被法国吞并（于1769年，拿破仑于阿雅克修出生的那年），或波兰首次被列强瓜分（1772年），无论如何都不能归咎于卢梭。在这两个事件发生后不久，他都投身于通过宪法保护公民自由的倡导中。在某个特别黑暗的偏执时刻，他深信科西嘉被入侵是为了败坏他的名声，但他没有任何充分理由可以用来分享自己的这一信念。但是，也许他和他的一些同时代的崇拜者都错误地认为，新国家立法者的政治思想不会产生革命性的影响。他认为人必须始终被视为他们本来的样子，然而他在《社会契约论》中主张，正如他早先在《论不平等》中所提出的那样，人性是有可能改变的。他在关于立法者的章节中提出，这样一个非同寻常的人，一个国家或宗教的真正奠基人，其任务就是要把单独的人转变为更大的整体，从而使公民从中获得生命和存在。他认为，古人中的来库古和现代人当中的加尔文就是这样的立法者，并在《论波兰政府》的第二章中增加了犹太人 95
摩西和罗马人努玛。这些人物都在各自国家中占有特殊的地位，他们似乎受到了神的启示的触动，就像柏拉图这样的哲学家或黑格尔这样的世界历史人物一样，将愚昧无知或迷惑不解的人们指向他们无法自我感知的新曙光。一旦到达政治的应许之地，立法者当然不会再参与其事务，卢梭在1751年发表的《论英雄德性》(《作品全集》第二卷，第1267页；《〈社会契约论〉及其他晚期政治著作》，第310页）中就已经暗示了这一点。这是卢梭受西塞罗[1]《论恩惠》一书的启发，为科西嘉学院颁发的另一个文学奖所起草，但后来又放弃了。他声称，立法者的职责不是行使权力，而仅仅是通过一种崇高的憧憬来促进普通公民的智慧和公共精神的典范。他们装作是神圣世界的诠释者，他们进行说服却没有让人信服，他们的职务既不属于政府也不属于君主。但就像普罗米修斯一样，通过把火带给人类，他们使人类的道德转变成为可能。厌恶卢梭的尼采重新塑造了这些意象，它们不仅具有指导意义，而且具有创造力和影响，超越了文明中平淡无奇的善恶标准。

在《社会契约论》中，卢梭的论述启发了18世纪后期的准立法者。在第三卷第十五章中，他指出，**金融**和**代表制**这两种制度是古代人们所不知道的，他们甚至没有术语来表达这种思想。

① 原文如此。似应为塞内加。——编者

第一种思想，卢梭称之为“奴性的词”，他在《科西嘉制宪意见书》和《论波兰政府》中都将其谴责为现代创新。这种思想引发了导致商业社会祸害的禁令，在他的《论语言的起源》中也有类似的谴责，禁令促使公民缴税，从而能雇用军队和代表，使他们自己可以留在家里。第二种思想，源于封建政府的概念，发展为
96 三级会议中不同命令所实现的委托权的概念，再发展为格劳秀斯及其追随者构想的主权思想的核心——契约盟约。这种思想也同样使现代世界中的个人脱离了他们作为国家成员的公共职责，他在第一卷第六章和第二卷第四章中声称，“大我”或“团体身份”以“**法人**”的形式出现，这个“法人”不过是集体行动的公民本身。相比之下，仅受公共意志限制的公民自由，以及公民自治或公民遵守自己制定的法律所呈现的道德自由，是古代原则，首先是罗马的，其次是希腊的，卢梭在《社会契约论》第一卷第八章中对其所下的定义不包括金融和代表制。

古代立法者试图建立将公民与他们的国家紧密相连的关系，而现代国家的法律只要求服从权威，把我们对自由的追求从公共领域转移到私人领域。卢梭在《致达朗贝尔论戏剧的信》中问道：如今公民间的和谐在哪里？“公共的兄弟情谊”在哪里？（《作品全集》第五卷，第121页；《致达朗贝尔论戏剧的信》，第133页）在《论波兰政府》一书中，他也同样呼吁波兰青年重燃古代制度的精神（本书第二章的标题），从而让他们作为真正自由国家的公民，熟悉“平等”和“博爱”（《作品全集》第三卷，第966、968页；《〈社会契约论〉及其他晚期政治著作》，第189、191页）。他认为，虽然自由曾经与平等和博爱联系在一起，但代表制破坏了博爱，而金融破坏了平等。因此，在现代世界里，去除与古代世界的关联，

自由实际上只意味着追求个人利益。

通过将自由、平等和博爱的思想联系在一起，卢梭似乎已预见到即将来临的法国大革命，即便他将目光投向了过去的世界。马基雅维里的《李维史论》激起了他对古代共和自由的崇高敬意，但是在他自己的作品中，这种敬意被全新的激情点燃，因为与马基雅维里不同，他认为人性永远受制于变化，虽然已经堕落，但至少在原则上仍然可以改进。他在《日内瓦手稿》（《作品全集》第三卷，第288页；《〈社会契约论〉及其他晚期政治著作》，第159页）中宣称，让我们“从罪恶本身获取可以治愈它的解药”，并在几年后在《爱弥儿》第三卷中补充道：“我们将进入危机状态和革命时代。”“我认为欧洲大君主国不可能存活太久。”（《作品全集》第四卷，第468页；《爱弥儿》，第194页）这一主张无意进行政治劝诫，与他同时期的其他人物也以类似的热情表达过同样的观点。他们希望文明世界仍然能够避免动乱。但如果卢梭自己渴望彻底改变全人类的政治未来，同时抱有些许希望的话，他的《社会契约论》所阐述的原则或许会在法国大革命的进程中受到尊重，就像它们构成了新法兰西共和国的十诫一样。

路易斯·塞巴斯蒂安·梅西埃认可了这一点，他所著的《卢梭：法国大革命的先驱作家之一》可追溯到1791年。伯克在同年发表了《致国民议会成员的信》，在文中谴责了“疯狂的苏格拉底”，他激发了人们道德构成的完全破坏性重生，而且为了对其表示纪念，巴黎的铸造厂随后用“穷人的水壶和教堂的钟”铸造雕像。1789年6月推出的国民议会的革命性辩论在很大程度上围绕着公共责任问题，卢梭在《论波兰政府》中对其表示坚持，从而确保波兰议会议员能承担得起选民的授权，忠于国家的意志（《作品全集》第三卷，第980页；《〈社会契约论〉及其他晚期政治著作》，第202页）。虽然西耶斯及其他主张不受约束的代表制的人比支持代表制的人数量更为众多，但卢梭主张的原则的吸引力在法国大革命期间颇为强烈，以至于在1801年，在经历了十二年现代世界最大的政治动荡后，《法国公报》报道说，《社会契约论》是
98 生命之书，引发且预见了这些事件。拿破仑·波拿巴并没有注意到卢梭对科西嘉的贡献，但即便如此，拿破仑的出现也引发了该作品新版本的出现。卢梭还将其献给成为法国第一公民的拿破仑，仿佛文中提到的“公共意志”实际指的是“将军的意志”。无论在古代，还是在现代，没有哪位政治思想家比卢梭更加受人敬仰。1794年，在恐怖统治时期之后，卢梭的遗体被从埃默农维尔的杨树岛迁葬到巴黎的先贤祠，伴随着庆祝盛典，他被誉为这个民族的英雄，而这个国家的政治、文化和宗教却是他最为憎恶的。

图17　位于杨树岛的卢梭的墓（莫罗雕刻）

此外，他被再次安葬在伏尔泰的对面，这对他而言无疑是永恒的折磨。

1762年，卢梭几乎没有预料到自己会成为典范。从表面上看，他的《社会契约论》一经面世立即引发了一场丑闻：书在法国的发行被禁止，他被迫逃离法国以避免牢狱之灾，结果却因为同样的公愤而被禁止前往日内瓦。然而，引起真正不安的并不
是他关于自由或主权的思想。他被视为社会秩序的威胁，主要 99
是因为《社会契约论》倒数第二章关于公民信仰的内容，以及几乎在同一时间发表的《爱弥儿》中表述的被视为亵渎神明的类似思想。因为对基督教不敬，他的政治体系被认为是不道德的、
具有煽动性的。 100

第五章

宗教、教育和性

在古代，每个国家都有各自信奉的神。卢梭在《社会契约论》第四卷第八章中评论道，神的权威被政治疆界所限制。首先是犹太人，然后是基督徒，他们向上帝表达了敬意，但地球并不是上帝的天国，人的世俗地位和精神主导权有时候不能相互匹配，从而导致宗教与政治的分裂。罗马人在他们的帝国传播信仰，他们质疑其他国家的基督徒所宣称的对政治的冷漠，担心他们最终会反叛，并迫害罗马人。卢梭适时地观察到，当时部分基督徒确实放弃了他们的谦卑，宣称对上帝的属地拥有主权，建立了现代世界最残暴的专制统治制度。在卢梭所处的时代，政治和神学的身份在任何地方都是混乱的，甚至在当时的穆斯林中也是如此，因此“基督教精神完全赢得了胜利”。牧师行使社团权力，他们凭借圣职所要求的起居制度和将人驱逐出教会的权利，实现对君王的控制。相比之下，在英国和俄罗斯，君王自己成了教会的领导人，同样有可能造成宗教和世俗主权之间产生分裂的风险。在基督教作家中，霍布斯是唯一认识到这种情

形会对国内和平产生威胁的人，他正确地提出，世俗和宗教的权力应该归于同一个人手中。但是他没有考虑到基督教带来的危 101
险，也忽略了这样一个事实：无论权力集中在什么地方，君主的特殊利益总是比国家的共同利益更能得到政府的有力支持。

对基督教颠覆人民主权的神圣基础进行反思之后，卢梭从社会维度将宗教信仰分为三种主要类型：人类的宗教、公民的宗教和牧师的宗教。第一种是对《福音书》的简单信仰，它消解了人对国家所有的忠诚；第二种，把神圣的崇拜与对法律的热爱结合起来，使人容易相信，也使人缺少宽容；第三种，使个人承担宗教制度和君主政府下两种对立的义务，使个人与自己及其同胞产生矛盾。卢梭认为，这三种类型的宗教信仰都对国家有害，第一种最为有害，而人们会错误地认为第一种是想象中最好的，因为它要求信徒们具有共同的信仰和深信不疑的虔诚。事实上，一个由真正的基督徒组成的社会在精神上可能会非常完美，它的公民完全不关心世俗的成功或失败。公民只有在尊崇宗教的意识下才会履行他们的职责，并且决心确保他们的灵魂得到救赎。卢梭质问道：信仰基督教的国家怎么可能对抗“被对荣誉和国家的强烈热爱吞噬”的斯巴达或罗马的爱国战士呢？真正的基督徒是被奴役的，比起追求公共的善，他们的信仰更容易屈服于暴政。

国家要从其公民身上汲取真正的力量，就必须培育公民信仰一种宗教，使每个公民热爱自己的职责，而不是通过教规、圣礼和教条来侵犯公民的信仰。国家必须要求它的公民有一种纯粹的公民信仰，君主的规定仅仅是为了激发公众社会性的情感，
其信条应该是只接受全能、智慧、仁慈的神性唯一存在，接受社 102

会契约和法律的神圣性，以及对不宽容者的放逐。由于信仰本身无法强制要求，主权者只能把所有不可避免会对社会结构产生威胁的不宽容者驱逐出其领土，甚至可能将那些背叛公民效忠宣誓内容的个人（在法律面前撒谎，暴露出违反法律并犯下罪行的）处以死刑，而他们的这些行为并非为了亵渎神明，而是为了煽动暴乱。卢梭在其评论中尤其强调相同的主题，他从《社会契约论》开始便预见，并且在1756年给伏尔泰的《天命书简》（《卢梭书信全集》，第424页）中进行了阐述。卢梭提出，神学上的不宽容一定会带来险恶的政治后果。他在文章倒数第二章的附注中提到，也许由于他想要竭力克制让他颇为不习惯的谨慎，在他的著作付印之际他还在抱怨，对公职和私人遗产的监管及牧师对民事婚姻契约的控制对国家的根基构成了威胁。在1685年废除《南特敕令》和1724年颁布规定天主教对新教婚姻和洗礼进行赐福祈祷的法令之后，卢梭在《日内瓦手稿》相应的段落中更明确地抨击了法国对新教徒的不宽容。卢梭认为，法国的新教徒只有在脱离自己的宗教信仰后才能结婚，他们在被禁止的同时又被容忍，就好像官方政策规定，他们应该以非法婚姻的方式生活和死去，生下无依无靠的私生子。卢梭总结道：“在所有的基督教教派中，新教徒是最明智、最温和、最和平、最合群的。”这是唯一允许法治和公民权利的权威占上风的基督教会（《作品全集》第三卷，第344页）。

卢梭强调罗马天主教不适合作为国教，他在《社会契约论》中对宽容的呼吁与洛克1689年写的《关于宽容的一封信》有相似之处，尽管卢梭强调古代共和国立法者所建立的政治巩固关
103 系的章节更多地归功于柏拉图的《法律篇》及更重要的马基雅

维里的《李维史论》，马基雅维里也同样认为罗马的民间宗教比罗马基督教对上帝之城的崇拜更有吸引力。在所有现代思想家中，马基雅维里给卢梭留下了最深刻的印象，不仅因为他对自由的热爱，还因为他对宗教在公共事务中所处地位的深刻理解。然而，尽管他们之间存在明显的相似性，他们在宗教哲学上的区别也同样明显。因为马基雅维里赞成宗教信仰，认为宗教信仰促进了公民的爱国精神，卢梭也热切地关注宗教信仰的本质，但与马基雅维里不同的是，他的启发源自耶稣的生平和事例、《福音书》，以及一些使徒的教义。他曾为自己在上帝宇宙中所处的位置而感到困惑和惊奇，这一点也曾经对圣奥古斯丁造成困扰，他的自传《忏悔录》用全新的表述呼应了这一点。如果说卢梭对宗教政治影响的理解是受到了马基雅维里的影响，那么他对宗教信仰本身，以及他对牧师圣职和教堂的看法也同样是宗教改革的产物。在西欧已经相对世俗的文学界，卢梭强烈的宗教信仰几乎是独一无二的。虽然他不相信人类最初失去了上帝的恩典，他在《论不平等》《论语言的起源》及几部短篇作品中描绘了整个人类历史中罪恶的产生，显然是以现代的笔触对《创世记》中人类离开伊甸园、建造巴别塔进行了重述。他在《社会契约论》《论波兰政府》及其他地方对立法者和建立新国家的评论，是对《出埃及记》的再现。像基督教神学家贝拉基一样，他相信人性的本质是善良的，是由上帝塑造的；像阿伯拉尔一样，他对爱洛伊丝的禁忌之爱塑造了18世纪最成功的法国小说，他深信理性的力量能够理解上帝的启示；像帕斯卡尔一样，他在动荡世界的沧桑中所坚持的信念被一种深刻的内心之光所照亮。 104

除非是音乐，其他任何主题都无法像对上帝的爱那样深刻地打动卢梭。音乐成为他作品中一个永恒的主题，从1739年左右受华伦夫人信仰天主教的影响起草早期祈祷文，到1764年在《山中来信》中回应他的批评者以辩护他的宗教信仰，再到他生命最后阶段创作的《一个孤独漫步者的遐想》（主要创作于1777年）中所阐述的自然宗教，在其中他描述道，就像上帝那样，他对自己的存在完全找到了一种自足感（《作品全集》第一卷，第1047页；《一个孤独漫步者的遐想》，第89页）。在他的大量信件中，尤其是1762年1月26日写给出版负责人马勒泽布（《卢梭书信全集》，第1650页）的信，以及在1769年1月15日写给洛朗·艾蒙·德·弗兰基耶尔（《卢梭书信全集》，第6529页）的信中，卢梭赞美了真挚信仰所带来的喜悦：首先，他为神的存在而欣喜，对自然奇迹的无限拥抱使他狂喜；其次，他对个人自发被上帝和真理吸引的内在情感，以及对滥用才能而导致的罪恶进行了思考，他的这些观点获得了史无前例的大量评论。但最重要的是，在《爱弥儿》的一篇长篇文章《萨瓦牧师的信仰告白》中，卢梭对上帝的信仰得到了最充分、最雄辩的阐述。1761年，在《新爱洛伊丝》的结尾部分，卢梭小说中的女主人公朱莉把她意外溺水的儿子救出来后，在临终前说出了一个新教女人的信条：“在新教团体中，《圣经》和理性是唯一准则。”（《作品全集》第二卷，第714页；《新爱洛伊丝》，第586页）朱莉的身份只是虚构的，然而，她的创作者让她说出了自己的想法。在《爱弥儿》里，朱莉最终要成为一个流放的修道院院长（以卢梭年轻时认识的两个牧师为原型），离开能看得见阿尔卑斯山的一座小镇外的山坡，成为一个年轻的流放者。卢梭以第一人称的形式呈现于自己面前，为作品中描绘的弟子
105 及所有读者树立了榜样，这就好像是作者的登山宝训。

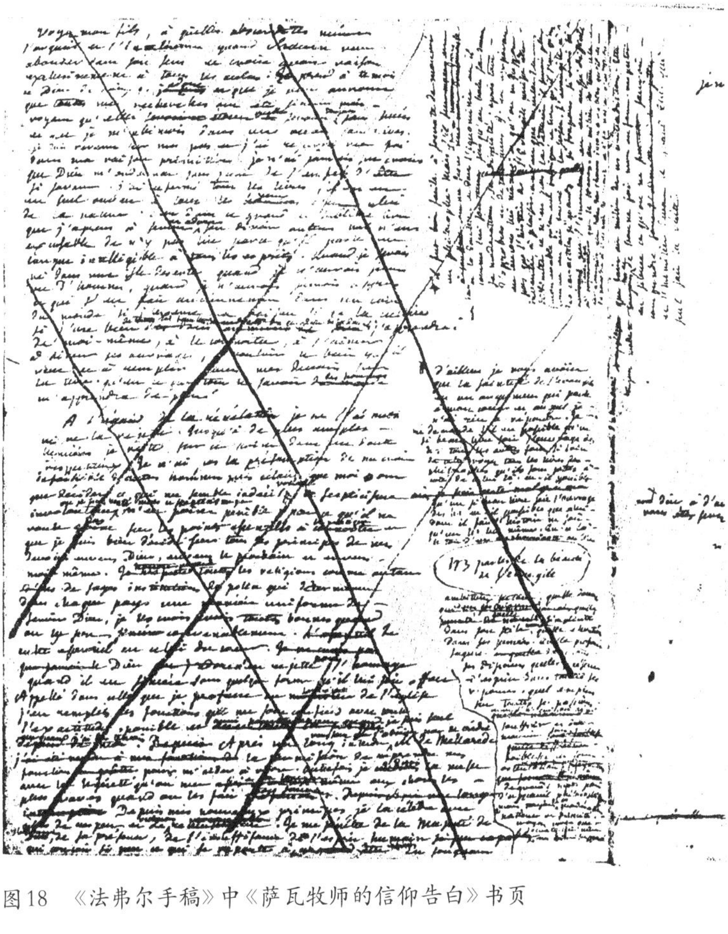

图18 《法弗尔手稿》中《萨瓦牧师的信仰告白》书页

卢梭将《萨瓦神父的信仰告白》分为两个部分，并且以讲述者和爱弥儿的家庭教师身份出现，采用一种虚构的方式回忆起曾经稚嫩的他沉迷于对牧师的崇高顿悟；他看到了另一个宇宙，就像他在现实中拜访在文森监狱里的狄德罗时所看到的。在第一部分中，他描述了人性的二元性：一方面是感觉的惰性，上帝是让所有事物运动的外部和最终的煽动者，也是最高智慧，罪恶的责任应该由人类独自承担，另一方面人类又有获得幸福和美德的能力。在第二部分中，他谴责了人对奇迹和教条的信仰，以及教会通过违背理性的《圣经》和神秘主义对普世权威不容异己的自命不凡。卢梭在第一部分旨在反驳当时一些主要**哲学家**的怀疑论和唯物主义，提供了他关于宗教与自然相一致的论述；第二部分通过抨击罗马天主教的偏执和迷信，阐述了他对被视为启示录的宗教观念的批判。

洛克在《人类理解论》第四卷的第三章和第六章中声称，至少可以想象，如果上帝愿意给物质增加思考的能力，就可以用思想的力量使感觉迟钝的粒子活跃起来。在随后专门论述“我们对上帝存在的认知”这一章中，实际上他预见了卢梭的一些观点，他坚持认为，物质本身是不可能思考的。他在这个问题上的大部分言论都是为了反对当时的唯物主义者，主要是斯宾诺莎主义者，他们所主张的是他所否认的观点。但是，他所提出的上帝可能让物质思考的观点引发了18世纪早期神学家和哲学家的众多反驳，他们当中大多数人将这一论断与洛克在其著作同一部分中进一步提出的观点联系起来，即道德和宗教的真理并不
107 取决于灵魂的非物质性。伏尔泰在1734年《哲学通信》中评论了洛克的观点，法国18世纪中期的唯物主义者，包括莫佩尔蒂和

拉美特利，从中获取了灵感；其中一些人（如狄德罗）强调了有机物固有的应激性和生命力，另一些人（如霍尔巴赫）认为所有现实都仅存在于物理世界里，从而认为精神实体、灵魂，甚至上帝都是虚幻的。孔狄亚克在其1754年《感觉论》中，试图从纯粹的感官经验中构建一个关于人类智力形成的理论；发表在1756年出版的《百科全书》第六卷中的《证据》一文，其作者可能是弗朗索瓦·魁奈，这篇文章也提出了相似的论点，认为感觉能引起判断；1758年，《论精神》震惊了教会，比后来《爱弥儿》激起了更多的官方愤慨，爱尔维修将这种判断与感觉的关联作为他整个作品的基石。洛克关于物质可能进行思考的主张和爱尔维修关于判断就是感觉的推论，共同构成了卢梭进行批判的主要焦点，这也是卢梭在《萨瓦牧师的信仰告白》中证明上帝存在的主要出发点。

在《萨瓦牧师的信仰告白》（《作品全集》第四卷，第584页；《爱弥儿》，第279页），以及卢梭后来给德·弗兰基耶尔先生的信中（《作品全集》第四卷，第1136页），“无论洛克怎么说”，他都认为物质可以进行思考是“完全荒谬”的假设，并对其进行了谴责。牧师说，要使物质进行思考是不可能的，因为物质所遵循的任何运动都不会引起思考。尤其和爱尔维修相反，他断言，人所做的判断并不来自他们的感觉，因为虽然物体可能会通过被动的感觉留下印象，我们不可能对事物之间的关系有自动的印象。除非我们积极地解读我们的经历，从而形成自己的判断，否则我们永远不会犯错误或者被欺骗，因为我们的感觉将永远代表事实。因此，爱尔维修的哲学并未能赋予我们“思考的光荣”（《作品全集》第四卷，第571—573页；《爱弥儿》，第270—272

108 页)。唯物主义者之所以会犯错是因为他们对内心的声音充耳不闻,这种声音让卢梭确信我们对自身存在的感觉无法由无组织的物质产生,因为无组织的物质本身就缺乏产生思想的能力,而思想必须产生于某种自我驱动的动因,一种意志的自发行动或自发表达。这是卢梭的**第二**(他自认为这是第一)**信条**(《作品全集》第四卷,第576、585页;《爱弥儿》,第273、280页)。

他坦言,他最初处于笛卡尔为追求真理所要求的那种怀疑状态,在意见的汪洋大海中漂泊,没有舵,没有罗盘,汹涌的激情和哲学家指导的缺乏让他左右摇摆缺乏方向;哲学家们都一致认为,他们之间应该彼此不同,甚至连自称是怀疑论者的人,在他们的破坏性批评中也坚持教条主义(《作品全集》第四卷,第567—568页;《爱弥儿》,第267—268页)。他在哲学中找到了更多的理由来忍受折磨,而未能从这种怀疑中解脱出来;他转向自己内心的光明,转而愿意让自己的心引导自己拥抱对真理的纯朴之爱。这样,他很快找到了自己的存在感,并发现有些感觉一定是源自外部,因为他并没有靠自己的意志将其唤醒。他能从他的感觉本身感知到,感知的对象和来源都独立于他本身之外,从而见证了他之外的其他实体的存在。看到宇宙形成的物质运动,他明白了没有方向就没有运动,没有目标就没有方向。确定的运动引发意志,而意志引发智慧。牧师说,这是他的第二信条。他认为,这种意志显然是明智而富有力量的,它弥漫在旋转的天空中、落下的石头中、随风飘动的树叶上。"我在上帝创造的万物中看到了上帝无处不在,"他声称,"我能感觉他在我体内。"(《作品全集》第四卷,第578、581页;《爱弥儿》,第275、277页)

除了知道宇宙存在的必要性外,牧师对宇宙的秩序一无所知，尽管如此，他仍然对造物主的技艺表示赞叹。而且，在对自己的思想进行反思后，他可以看到他的意志独立于他的感官之外，允许他人同样拥有独立的意志让他看到了，“地球上罪恶”的 109
混乱与自然的和谐完全不同。牧师声称，由此出发，即认识并接受人的行动自由，形成了他的第三信条（《作品全集》第四卷，第583、586—587页；《爱弥儿》，第278、281页）。他断言，人类的行为不当源于自由选择，不能归咎于上帝，因为上帝是善良和公正的（《作品全集》第四卷，第593页；《爱弥儿》，第285页）。抱怨上帝未能阻止我们作恶，这是在抗议上帝将道德赋予人类，正像卢梭在1756年给伏尔泰的信中所说的那样，上帝赋予了我们自由，我们可以选择善，拒绝恶。上帝使我们有能力做出选择，就意味着上帝不会为我们做出选择。当我们滥用我们的能力作恶时，我们的行为并不代表上帝，而是代表我们自己。“人啊，不要再寻找邪恶的始作俑者了。就是你自己！”牧师高呼（《作品全集》第四卷，第588页；《爱弥儿》，第282页），仿佛是在概括撒旦在弥尔顿《失乐园》中说过的话，卢梭把这些话抄写在《新爱洛伊丝》第十章的铭文上：“你想逃到哪里去？”“灵魂在你心中。”（《作品全集》第二卷，第770页；《新爱洛伊丝》，第504页）

与洛克相反，萨瓦牧师坚持灵魂的非物质性和它的不朽性，尽管他声称不知道恶人是否会遭受永恒的诅咒，甚至对他们的命运表示漠不关心。完全遵从内心的情感，他发现自己至少可以做出决定自己命运的道德判断。“我一生中所犯下的所有罪恶都是因为缺少反思”，卢梭后来在给米拉博侯爵（《卢梭书信全集》，第5792页）的一封未写完的信中哀叹道，回忆从奥维德、保罗到罗马人的著名诗句，“我做的那点好事是出于一时冲动”。

图19　格拉沃洛画的《新爱洛伊丝》中的整页插图“你想逃到哪里去？”（阿姆斯特丹，1761年）

尤其受到英国哲学家和神学家萨缪尔·克拉克《关于上帝的存在和属性的论述》的启发后，他在《萨瓦牧师的信仰告白》、在写给德·弗兰基耶尔先生的信中，以及其他作品中，把这种本性的冲动称为**良心**，称为“一种天生的正义原则”（《作品全集》第四卷，第570、598、1135页；《爱弥儿》，第269、289页）或灵魂内在的声音，它们之间的关系正如本能与肉体的关系一样。良心！
110 这个不朽的声音是美德的万无一失的向导，牧师声称，他为上帝的恩赐而祝福上帝，却不向上帝祈祷。他能要什么呢？不用索求行善的能力，因为他生来就已经有这种能力。也不能要求上帝替他干活，而他自己收工资。上帝不是已经赐予了他爱善的良心、识善的理性和择善的自由吗？（《作品全集》第四卷，第605页；《爱弥儿》，第294页）

在《萨瓦牧师的信仰告白》第二部分的最后，牧师讲述他想继续担任教区牧师的抱负饱受挫折；他请求年轻的卢梭要真诚，要在不宽容的人中弘扬人道主义精神，并将自己信奉的自然宗教与教条主义的信仰、神迹和启示对立起来。他说，面对大自然给我们的眼睛、心灵、判断力和良心带来的巨大震撼，竟然还需要其他宗教，这似乎很奇怪。然而，我们被告知，需要通过启示来教导 111
人类如何侍奉上帝（《作品全集》第四卷，第607—608页；《爱弥儿》，第295页）。仅在欧洲，我们就有三种主要的宗教。第一种只接受一种启示，第二种接受两种启示，第三种接受三种启示，每种宗教都厌恶并诅咒其他两种；它们的书甚至对于识字的人而言都几乎无法理解，犹太人无法理解希伯来语，基督徒无法理解希伯来语或希腊语，土耳其人无法理解阿拉伯语。在每种情况下，每个人仅需要知道书本中的内容。总是书！欧洲到处都是书（《作品全集》第四卷，第619—620页；《爱弥儿》，第303页）。在每种情况下，上帝的使者各自诠释上帝的意图，设法让上帝说出他们想要传达的内容，通过使用对其他人而言是神秘的符号和奇迹，来为迫害异教徒进行辩护。一个没有奇迹的世界将是最伟大的奇迹（《作品全集》第四卷，第612页；《爱弥儿》，第298页）。

当使者们不在国内追捕异教徒的时候，上帝启示的传播者就会派遣传教士到国外传教，威胁所有不理会他们的人将面临永久的诅咒。他们几乎不敢走得太远。被奴役在后宫的东方妻子的灵魂会等来什么样的命运？会因为隐居而下地狱吗？（《作品全集》第四卷，第622页；《爱弥儿》，第304—305页）牧师承认，圣洁的福音当然是在向牧师的心灵诉说。当然，耶稣的教导中有一种崇高的恩典，就像苏格拉底的智慧一样崇高。耶稣的生与死表明耶稣是神。但同一福音中有太多的东西是不可思议的，是与理性相抵触的，是任何一个明智的人都不可能接受的（《作品全集》第四卷，第625—627页；《爱弥儿》，第307—308页）。让神的话语少一些神秘。难道他赋予我们理性的能力，只是为了禁止我们使用它吗？我们独立侍奉他不行吗？“我所崇拜的上帝并不是影子之神。”牧师坚称（《作品全集》第四卷，第614页；《爱弥儿》，第300页）。让我们合上所有的书本，拥抱他朴素的真理，因为它是用各种语言记录的，所有人都可以接触
112 到，就在打开的自然之书中（《作品全集》第四卷，第624—625页；《爱弥儿》，第306—307页）。启示之神使用太多语言了。“我宁愿听上帝自己说……上帝和我之间隔着太多人了！”（《作品全集》第四卷，第610页；《爱弥儿》，第297页）

卢梭在《社会契约论》和《爱弥儿》中对宗教和基督教本质的这种思考，在法国的教会中根本不受欢迎，卢梭对此应该不会感到过于惊讶。伏尔泰采取了足够的谨慎措施，从法国边境比较安全的一侧宣传他对罗马天主教最严厉的谴责。但是卢梭在荷兰和法国同时出版了《社会契约论》和《爱弥儿》之后，却恣意写作，颠覆了他原有的尊贵形象，他对当时居住国家的官方反应毫无准备。他的作品在日内瓦被禁，他无法逃回祖国，这使他更加沮丧。1762年8月，巴黎大主教发布命令，谴责《爱弥儿》有害的教义。在此之前索邦神学院已经正式谴责了这篇文章，

而巴黎市议会下令让刽子手将其焚毁。此时，卢梭已经逃离了法国。“你唯一能证明我有罪的证据就是原罪”，他在回信中提出了抗议——《致博蒙书》也是他关于神学的著作中篇幅最长的一部，发表于1763年初。上帝让我们清白无辜怎么会只是为了证明我们是有罪的，从而把我们扔进地狱呢？他问道。难道严厉的原罪教义主要不是圣奥古斯丁和神学家的发明，而是《圣经》的精髓吗？我们不是都认为人性本善的吗？你说人性是恶的，因为他本来就是恶的，而我现在却告诉你人性是如何变恶的。我们中谁最接近第一原理？卢梭坚持认为，《爱弥儿》是写给基督徒的，通过洗礼洗净了原罪，就像亚当最初被上帝创造时一样纯洁（《作品全集》第四卷，第937—940页）。

卢梭本想在日内瓦避难，但1762年6月，日内瓦政府小议会烧毁了《爱弥儿》和《社会契约论》，因为它们被认为亵渎神明，威胁公共秩序和宗教。卢梭被迫逃亡，先是逃到伯尔尼境内的伊弗顿，然后逃到附近的莫蒂耶，后来村民用石头砸他的房子将他赶了出来。起初，他热切地希望他的同胞在代表他提交的意见书中，让他重新回到他们中间。但他发现政府的支持者，即反面派（Négatifs），对这些代表的反对极为有力，很快他就对恢复他的政治公民权不抱任何希望，他也放弃了他的同胞们。1763年9月，日内瓦总检察长让·罗伯特·特龙金把对他的指控放进了该国的一批信件中，他在第二年写了《山中来信》进行回应，但他在其中只寻求自我辩护。既然新教在原则上是宽容的，而且像《社会契约论》中的公民宗教一样，只是在对不宽容的谴责上是武断的，他想知道，一个新教国家的小议会怎么能采用圣保罗的残酷迫害手段和宗教法庭的严格审判呢？（《作品全集》第三卷，第

702、716、781页）他还详细回想了大议会集会的历史，大议会集会是在面临饥荒、暴君和战争威胁时“对共和国的救赎”（《作品全集》第三卷，第856页），他现在出于爱国精神谴责一个国家政体的堕落，他认为这个国家政体曾经为欧洲其他国家树立了光辉的榜样，是他的《社会契约论》维护了这样一个出色的典范。当然，正如他自己已经表明的那样，阻止政治腐败是不可能的。他评论说，由于“自然发展”，日内瓦政府改变了其形态，“从多到少逐渐改变”，似乎要用一个具体的例子来预示罗伯特·米歇尔斯的寡头政治铁律（《作品全集》第三卷，第808—810页）。“没有什么比你们合法的国家更自由；没有什么比你们现在的国家更具有奴性的了。”卢梭总结道（《作品全集》第三卷，第813页）。

一个忠诚公民出于真诚信念的这些抗议，受到日内瓦各地及
其他许多地方的赞扬，这些抗议后来启发了年轻的黑格尔和其他
热爱自由的人，让他们同样被在自然中显现的非神秘的上帝所吸
114 引。但是，这很难使卢梭受到当时主权者的喜爱，巴黎大主教和
日内瓦小议会都认为《爱弥儿》和《社会契约论》是对一切现存
权威的威胁。所有基督教的教会都阻隔在卢梭和上帝之间，所有
现代国家的政府都阻隔在人民和主权之间。制度替代个人意志
和集体行动的力量，剥夺了民族的精神和公民的身份，这是当代
文明的主要道德灾难。卢梭认为，良心的自由需要直接来自上帝
的话语，正如立法的集会自由需要一个无代表的主权。反启蒙主
义神学和专制的权力一起使人依赖于他人的意志，因此，正是这
些力量的代理人最渴望压制它们，这些代理人据以理解自身的视
角是，卢梭对自由的吁求挑战了他的哲学思想。

为了克服对他人的依赖，实现自力更生，卢梭在《爱弥儿》一

书中提出了一项教育计划，其核心目标是将儿童从成人期望的暴政中解放出来，这样他们的能力就可以在适当的时候不受约束地发展。在第一本书的开头，他根据不同来源将教育分成三种类型：自然、事物和人。他提出，只有同时接受这些管教形式的孩子才能得到很好的培养。但他接着又指出这种全面的教育必然非常困难，因为自然人完全为自己而活，而为整个社会而活的公民则必须改变天性，其独立身份转变为一种相对的存在，使其成为更大整体的一部分。然而卢梭认为，如果自然教育或家庭教育能够以某种方式与公民教育相结合，那么人类的矛盾就可能被消除，这是人类幸福的主要障碍（《作品全集》第四卷，第247—251页；《爱弥儿》，第38—41页）。一些解读卢梭理论的人认为，这种和解是《爱弥儿》的主要目标。因此，《爱弥儿》可以被理解为儿童走向公民身份的发展手册，而公民的责任在后面的文章中得到了概述，并在《社会契约论》中得到了详细论述。但是《爱弥儿》中有一小段是专门讲政治的，大约有二十页，直到第五卷的结尾（《作品全集》第四卷，第833—852页；《爱弥儿》，第455—469页），卢梭似乎并不是想要用对公众生活的崇高教育来为他精心制定的家庭教育计划加冕。虽然它概括了《论不平等》和《社会契约论》中的一些主题，但它更多的是勾勒了《爱弥儿》以后的研究课题，而不是对政治教育进行充分考量，因为他在当时还尚未准备好。这位导师承认，如果他的学生抱怨他用木头而不是用人来建造自己的大厦，他也不会感到奇怪（《作品全集》第四卷，第849页；《爱弥儿》，第467页）。《爱弥儿》大部分结构分散，内容过多，还包含一些关于政治的晦涩段落，这可能是由于卢梭在1750年代后期经历了一段身体不适以后，担心这可能是他最后的主要著作。《爱弥儿》出版后，卢梭开始起草一部续作，在他去世后以《爱弥儿和索菲》或《一个孤独漫步者的遐想》(《作品全集》第四卷，第879—924页）为名出版。他所描绘的爱弥儿不是一个积极参加公共事务的公民，而是一个绝望地给他的导师写信的成年人，诉说他的世界已经崩塌，他的妻子抛弃了他，他接受的教育并不能解决他的人性弱点。

虽然爱弥儿的智力和道德的发展是为了拥有男人和女人的陪伴，但卢梭特意采取了一种不加强迫的方式，旨在适合他的天性。文中从未重新塑造爱弥儿的性格，或者为了让他成为比他个体重要的某个整体的一部分而准备接受全新身份，就像卢梭在《社会契约论》中所描述的公民身份和民主主权那样。相反，他仍然忠实于他在1757年为德皮奈夫人的嫂子索菲·德·乌德托所写的《道德书简》中的核心主题。当时卢梭对她一片痴情，他充当了她精神上的忏悔师和心灵上的导师。卢梭只为索菲写
116 了六封《道德书简》，主要论述了笛卡尔在《方法论》中所追寻的精神追求的模式。但是这些《道德书简》被扩展和重新组合后，就成为《爱弥儿》中的部分章节。它们描写了一个女人和她对幸福的追求，与公民身份的考验和吸引力几乎没有关系，而是聚焦在孤独个体自力更生和自给自足的主题上。“让我们从重新成为自己开始，只关注我们自身。”卢梭在第六封信中这样评论。让我们努力认识我们自己，剥离那些和我们无关的东西，因为对人类自我和个体自身存在之本质的把握，是通往人类认知的道路（《作品全集》第四卷，第1112—1113页）。

这也是《爱弥儿》的核心教育主线，尊崇其天性，却不是《社会契约论》的中心主题。对于卢梭的公民教育计划，读者必须转

向他的其他作品，特别是他的《政治经济学》和《论波兰政府》，这两部作品都深受柏拉图《理想国》的影响。在《爱弥儿》中，他称赞《理想国》是有史以来最出色的教育专著（《作品全集》第四卷，第250页；《爱弥儿》，第40页），尽管他清楚地表明了他头脑中有公共教育的思想，并认为《理想国》中“公民滥交”是“高贵天才”的过错，他们在不分性别的体育锻炼中混淆了两性，并要求女人变得像男人一样，因为在让她们脱离了家庭生活后，柏拉图不知道她们应该充当什么角色（《作品全集》第四卷，第699—700页；《爱弥儿》，第362—363页）。与《爱弥儿》相反，《政治经济学》和《论波兰政府》对公共教育问题尤为关注，因此，这两部作品呈现出很多《理想国》的影子。在《政治经济学》中，卢梭谈到了使人热爱其职责及法律的艺术，以及通过树立公民美德和爱国主义的榜样来教育公民行善的艺术（《作品全集》第三卷，第251—252、254—255页；《〈社会契约论〉及其他晚期政治著作》，第13、15—16页）。卢梭提出在政府规定的公民教育的名义下，在平等的怀抱中养育年轻人被认为是国家最重要的职能之一，因为公民不是一天就能形成的，为了拥有他们，必须从小教育他们（《作品全集》第三卷，第259—261页；《〈社会契约论〉及其他晚期政治著作》，第20—21页）。在《论波兰政府》第四章中，卢梭描述了婴儿从出生那刻起就需要凝视自己的祖国，这样他们母亲的乳汁中就会渗入对祖国不可磨灭的爱，直到死前，他们都不会割断这种连接（《作品全集》第三卷，第966页；《〈社会契约论〉及其他晚期政治著作》，第189页）。在文中，卢梭谈到了公开表演的体操运动，并根据观众的掌声决定是否颁发优秀奖（《作品全集》第三卷，第968页；《〈社会契约论〉

117

及其他晚期政治著作》，第191页）。在卢梭的所有作品中，都有对柏拉图的大量引用，除了普鲁塔克的作品和《圣经》之外，柏拉图是卢梭引用最多的权威，而在专门论述公民教育的段落中，以及《致达朗贝尔论戏剧的信》中，柏拉图的《理想国》对卢梭哲学的影响最为明显。

也正是这些文字以及《山中来信》，最清楚地显示了柏拉图的《法律篇》对卢梭的影响。在《山中来信》的第八封信中，他评论道：一个自由的民族服从明智的法律的过程中，可能会有领袖，但是没有控制者（《作品全集》第三卷，第842页）。在《政治经济学》中，卢梭谈到了带给人们正义和自由的神圣而奇妙的法律（《作品全集》第三卷，第248—249页；《〈社会契约论〉及其他晚期政治著作》，第9—10页）。卢梭最为感激的是柏拉图的法律概念。在他的哲学中，法治对于公民的意义，就像上帝对于爱他的人、君主对于臣民的意义一样，是一种精神上崇高的存在；法治的权威公认是外在施加的，但同时却在人的灵魂中感受最深。对于本质上是柏拉图式的，以及后来基督教式的具有内在约束力的神圣秩序原则的观念，卢梭增加了自由这一维度和意志这一关键要素，从而构成了他的公共意志理论的核心，康德的自治思想和整体道德哲学都从中获得了极大的启发。但是《爱弥儿》中只描绘了家庭教育的谱系，这些公共生活和公民参与的
118 特征在卢梭的论述中无足轻重。

像他的许多主要作品一样，《爱弥儿》在很大程度上被认为是对同一主题的不同观点的反驳。如果《萨瓦牧师的信仰告白》这部分内容试图反驳洛克和爱尔维修，那么整部作品中关于教育的更广泛的论述，同样也驳斥了这两位作者的学说。对爱尔

维修而言，这是再次针对他的《论精神》，而对洛克而言，是针对他1693年写的《教育漫话》。《爱弥儿》序言的第一页揭示了在洛克作品（《作品全集》第四卷，第241页；《爱弥儿》，第33页）之后，卢梭所论述的主题的原创性。后来他的文章对洛克的作品进行了大量的直接和间接引用，最重要的是他在第二卷中的评论——“培养儿童的推理能力是洛克的至理名言”。他在《教育漫话》中提出这一主张，并提出这种教育需要和儿童的能力相匹配。但是卢梭认为洛克整体培养儿童推理能力的体系是荒谬的，没有什么比不成熟思想的形成更危险，尤其是从出生到青春期，也没有什么比让儿童经受理性话语的扭曲逻辑更愚蠢（《作

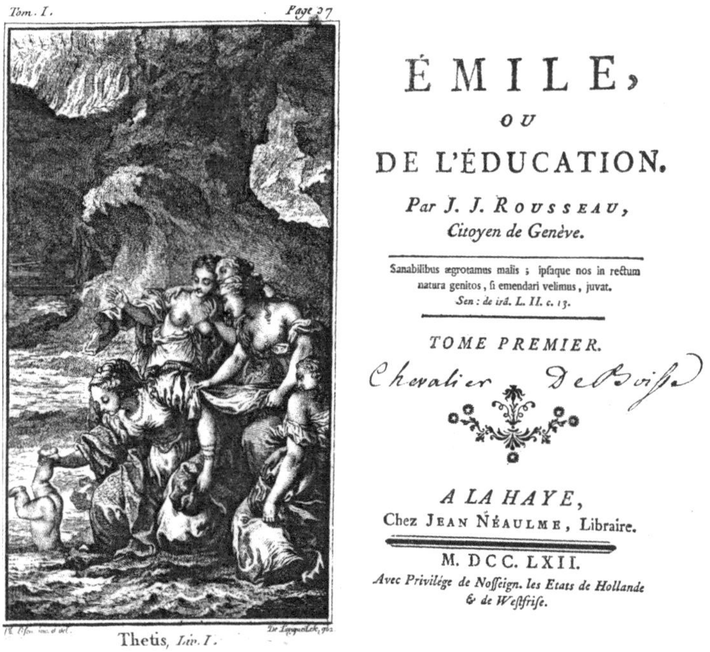

图20 《爱弥儿》卷首图和扉页（1762年）

品全集》第四卷，第317、323页；《爱弥儿》，第89、93页）。

“大自然希望孩子们在长大成人之前度过童年”，卢梭在《爱弥儿》和《新爱洛伊丝》中都坚持这一观点，“知道善恶，明白人的职责，这与孩子无关”（《作品全集》第二卷，第562页；《作品全集》第四卷，第318—319页；《爱弥儿》，第90页；《新爱洛伊丝》，第461页）。洛克曾说过，可以通过让孩子们进行分享来培养他们慷慨的习惯，以实际经验使他们相信最慷慨的人总是最富有的（《作品全集》第四卷，第338页；《爱弥儿》，第103页）。然而，在《爱弥儿》中，卢梭清楚地表明，通过直接了解才能知道得更清楚。1735—1742年在尚贝里、里昂和巴黎，卢梭曾经给难以管教的小暴君们做家庭教师，他们的反复无常让他的生活相当悲惨。结合他在三种不同情形下的经历，他痛苦地认识到，让孩子听从我们的意愿的唯一方法就是不给任何建议，什么都不要禁止，什么都不要劝诫，避免用无用的训教让其感到厌烦（《作品全集》
119 第四卷，第364—369页；《爱弥儿》，第121—124页）。这些训教与他在年轻时给让·博诺·德·马布利所写的两份回忆录初稿中所提出的认真仔细、自觉关心他人的准则大相径庭，让·博诺·德·马布利是他一个可怕的学生的父亲，也是历史学家马布利以及孔狄亚克的兄弟（《作品全集》第四卷，第1—51页）。到了中年，由于抛弃了自己的孩子，也脱离了让人焦虑的责任，他也可以更自由地发表言论了。洛克认为，在孩子的房间里放满小物件是明智的，这些小物件可以在孩子认为自己只是在玩的时候教他识字，比如把字母粘到骰子上。卢梭惊叹道：真可惜，他忘记了孩子的求知欲，这种求知欲一旦被激发，就可以不再借用骰子了（《作品全集》第四卷，第358页；《爱弥儿》，第117页）。他在第二卷中补充道："我绝不认为孩子们根本没有逻辑能力。"相反，他们在与他们有直接和明显的利益关系的问题上推理得很 120
好。但是，让他们以洛克的方式去思考他们不能理解或不能影响他们的事物是错误的，比如他们未来的幸福，他们成年后的幸福，或者他们未来受到的尊重。对于没有远见、心智不成熟的孩子来说，这些担忧是陌生的、无关紧要的、不值得关注的（《作品全集》第四卷，第345—346页；《爱弥儿》，第108页）。

和其他教师们一起，洛克认为儿童的身体应该得到锻炼，且儿童的身体不应该因为紧身的衣服、腰带，尤其是法国人的服装而产生变形，法国人的服装不仅对孩子是极为不健康的约束，甚至对成年人也是如此——这些观点当然是正确的。他曾经引用一位塞西亚哲学家说过的一句令人信服的话："你可以认为我全身都是脸。"这位塞西亚哲学家赤身裸体地行走在雪天，当一个雅典人问他怎么能把脸以外的东西暴露在寒冷中，他就是这样回答的。但是，为什么洛克不让孩子们的脚去经受高温的自然灾害呢？卢梭认为他在反驳洛克的时候可以说："如果你希望人类的全身都是脸，你为什么要责怪我希望他全身是脚呢？"（《作品全集》第四卷，第371、374页；《爱弥儿》，第126、128页）"聪明的洛克"学过医学，他建议儿童只能少量服用药物，这也是正确的。但是他应该进一步遵循他自己的逻辑，并且认识到，除非病人的生命处于危险中，否则不应该传唤医生，只有这样除了杀死病人治疗师才不会对其造成其他伤害（《作品全集》第四卷，第271页；《爱弥儿》，第55页）。

卢梭认为，洛克的教育哲学虽然在某些细节上令人钦佩，但整体上却是错误的，因为他把孩子们看作在学徒的岗位上成长的不成熟的成年人，接受技能培养，学习手艺，尤其是记账的能力，为他们日后成为绅士做准备。在这一点上，洛克的成就在西方文明的主要思想家中可能是无与伦比的。但卢梭认为，做一个真正的绅士就是成为舆论的玩物，要不断地讨好奉承。他在
121 第五卷开篇补充道，他“没有培养绅士的荣幸”，因此他很谨慎地知道他不应在这一点上模仿洛克。卢梭仿佛预见了马克思在《德意志意识形态》中的观点，马克思在其中抱怨说，人只是猎人、渔夫、牧羊人或者批评家。而卢梭反对洛克并提出，他不希望他的学生成为绣花工、镀金工或画匠，也不希望他们成为音乐家、演员或作家，尽管他的目的主要是将有用的、有促进作用的行业和腐败的、有损人格的行当区分开，而不是像马克思那样抗议强制的劳动分工（《作品全集》第四卷，第471—473、692页；《爱弥儿》，第196—197、357页）。卢梭提出，洛克的整体方法论充满迷信、偏见和错误，其首先构思了教育的终极目的，从上帝的概念、《圣经》的历史、人性普遍的精神层面开始，然后触及身体层面。要形成正确的精神概念，必须从身体开始，但是在他过于空灵的教育哲学中，洛克只是设法奠定了唯物主义的基础（《作品全集》第四卷，第551—552页；《爱弥儿》，第255页）。

此外，卢梭还深信，在国内教育这个主题上，爱尔维修的《论精神》构成了唯物主义最险恶的当代例证。在1762年9月写给让·安托万·孔帕雷的一封信中（《卢梭书信全集》，第2147页），以及《山中来信》最初的一些信件的注释中（《作品全集》第三卷，第693、1585页），卢梭声称，他原本打算抨击这部著名的作品，但后来放弃了对他的批评，从而让自己跟《论精神》所激起的“扒粪者”划清界限。现存的《爱弥儿》手稿表明，他对

爱尔维修的敌意可能更多是他在1759—1760年的秋冬重读其作品时产生的，而不是他在一年前第一次读到这些作品时。但是，除了在《萨瓦牧师的信仰告白》中明显提及《论精神》之外，他在1759年初《爱弥儿》的手稿（即《法弗尔手稿》）中，也明确表达了对爱尔维修感觉主义哲学的反对，而在最终完稿中却没有这些内容，在他阅读的爱尔维修的书中，他也删除了大量为了表达相似观点的边注，这些书现在存放于巴黎国家图书馆（《作 122
品全集》第四卷，第113、344、1121—1130、1283—1284页；《爱弥儿》，第107页）。从《论精神》第一论的开篇开始，所有段落都集中在“判断从来就只是感觉”这一格言及其衍生观点上。卢梭认为，把客体的直接和被动的印象与对客体关系的主动理解混为一谈，是完全错误的。

除了《爱弥儿》之外，卢梭在《新爱洛伊丝》的第五部分中，以其成熟的笔触对教育主题进行了最全面的论述。他抨击《论精神》及其提出的天才仅仅是环境的产物这一论点，因为这就是假设我们的头脑只不过是柔软的黏土。卢梭通过交换圣普乐和朱莉以及朱莉的丈夫沃尔马的观点，把自己的教育哲学和他所理解的爱尔维修的教育哲学作了最鲜明的对比。沃尔马在很大程度上代表爱尔维修，他坚持认为，在没有罪恶或错误的自然中，人的任何性格畸形只有可能是因为教养不当。针对这一点，卢梭附加了一份手稿，对《论精神》的作者表示质疑。如果他真的对这个问题进行了认真的思考，他是否还会认为所有人在出生时在精神上都是毫无区别的，只会在成长过程中产生不同。圣普乐断言，如果我们之间的差异总是完全由于教育的影响，那么只需要向孩子们灌输他们的老师希望他们拥有的品质（《作品全集》第二卷，第563—565、1672页；《新爱洛伊丝》，第461—463页）。圣普乐同意朱莉的观点，即人在婴儿期有其独特的特点及感受，不能过早地加速其成长；与沃尔马不同的是，圣普乐认为每个婴儿都有自己独特的性格和天赋。“教育是万能的”这一格言成为爱尔维修去世后发表的《论人》中一章的标题，这也促使狄德罗的反对理由略有不同。在卢梭看来，这与对人类发
123 展、个性和自由本质的任何正确理解都是格格不入的。

在《爱弥儿》中，至少通过《新爱洛伊丝》虚构的交换，他提出了一个艰难的艺术手段：没有戒律的管理及以无为成就有为（《作品全集》第四卷，第362页；《爱弥儿》，第119页），这与训练心智或改善性格正好相反。卢梭告诉他的读者，所有教育中最重要的规则不是赢得时间，而是失去时间，走一条不同寻常的道路，以确保对孩子的初次教育不会留下印记，“纯粹是消极的”（《作品全集》第四卷，第323—324页；《爱弥儿》，第93—94页）。在《致博蒙书》中，他谴责爱尔维修那种积极教育是企图过早地让年轻人形成思想，让孩子被成人的特点所拖累。相反，他在书中再次把“消极教育”描述为让儿童能够自己发展，因此这也是一种唯一有益的教育（《作品全集》第四卷，第945页）。甚至在其《论波兰政府》所提出的公共教育计划中，他又一次提出了完全相同的主张。他声称，只有符合儿童天性的消极教育才能避免恶习的产生（《作品全集》第三卷，第968页；《〈社会契约论〉及其他晚期政治著作》，第191页）。因此，他对爱尔维修的驳斥使他在《爱弥儿》和其他作品中倾向于一种人的自然属性的概念，在某些方面没有他在《论不平等》中所描述的那样具有适应性和可塑性。

在追求消极教育的过程中，卢梭建议教师们把书本放在一

边，提供孩子们可以通过亲身体验来学习的课程。有时，在事先精心策划的情况下，人们感觉会模糊，并认为他们是依赖于事物而不是人，从而保留了自己的自由，正如卢梭在《爱弥儿》中所定义的那样。他提出，阅读总的来说是童年的诅咒，甚至拉封丹的动人寓言故事都不应该阅读；这些富有诗意的故事，其背后的道德目的对于孩子而言毫无意义，因为孩子很有可能不理解它们的意思，甚至可能对其中错误的性格产生认同感（《作品全集》第四卷，第351—357页；《爱弥儿》，第112—116页）。既然我们生来在身体和精神上都是不完整的，我们应该被允许自然地经历我们自然成长的各个阶段，从婴儿期到童年，到青春期，到青年期， 124
然后到成年期，而作为一部自然教育的著作，《爱弥儿》本身大致符合这一点。卢梭在《爱弥儿》第一卷（《作品全集》第四卷，第272页；《爱弥儿》，第56页）提出，需求伴随生活而来，但这与孩子的渴望不同。孩子的渴望是由想象力激发的，是永远无法被满足的，从而使其变得暴虐，使他在挫折中变得暴躁。弗洛伊德学派后来将其原因描述为婴儿多形性反常。孩子不是在他能力的无限扩展中，也不是在他欲望的减少中找到满足，而是在对能力过度渴望的减少中获得满足，从而让他的意志和力量获得平衡（《作品全集》第四卷，第304、312页；《爱弥儿》，第80、86页）。

随着孩子身心的发展，初生的激情也逐渐扎根。爱弥儿生来并不是孤独的，而是像他的所有同类一样进入道德秩序或社会生活的领域（《作品全集》第四卷，第522、654页；《爱弥儿》，第235、327页）。卢梭当时以普芬多夫的方式指出，我们的弱点使我们开始社交，我们共同的苦难使我们因情感而走到一起，正如我们共同的需要使我们因兴趣而走到一起一样（《作品全集》第四卷，第503页；《爱弥儿》，第221页）。怜悯的本能反应，是最初形成的相对情感，会由于孩子对他人苦难的认同并想象其存在而产生（《作品全集》第四卷，第505—506页；《爱弥儿》，第222—223页）。因此，卢梭在第四卷中提出了他关于怜悯的三条箴言：第一，我们不把自己放在比我们更幸福的人的位置上，而是放在比我们更悲惨的人的位置上；第二，我们同情别人只是因为我们怀疑自己也会不幸经历这样的痛苦；第三，我们感到同情，不是因为别人的困境有多少，而是因为他们的不幸有多深（《作品全集》第四卷，第506—509页；《爱弥儿》，第223—225页）。经历了先是成年人的陪伴，然后是与他们一样的孩子的陪伴后，年轻人也会发现，通过那些滋养他们迅速提升的自尊的人们对自己的影响，以及后来对别人如何看待自己的了解，他们的渴望也得到了满足。卢梭提出：让我们把**自尊**扩展到他人身上，

125 从而使我们感知到自己的能力对周围人的重要性；只有把我们天生的**自尊**变成一种道德美德，并得到认同，我们才能做到这一点。这些论点与他在《论不平等》中提出的论点截然不同的是，**自尊**与骄傲和虚荣不同，是有益的，而现在看来，**自尊**和骄傲本身就是腐败，而不是腐败的表现（《作品全集》第四卷，第494、534、536、547页；《爱弥儿》，第215、243—245、252页）。

此外，大自然也同样规定了孩子会离开童年。在身体发育过程中，人从天真的、没有欲望的阶段，逐渐过渡到青春期初期的激情阶段；这一阶段更明显地表现出性别差异，并在心理上认为性别差异很重要，这标志着孩子的第二次出生（《作品全集》第四卷，第489—490、498页；《爱弥儿》，第211—212、217页）。新激情的激发也意味着，如果要得到充分的享受，就必须

接受适当的引导；这样，为了被爱，年轻人发现必须使自己可爱，因而他对性的需要本身就培养了对友谊的兴趣（《作品全集》第四卷，第494页；《爱弥儿》，第214—215页）。尤其是在这部分，但实际上在整部作品中，读者都能看到人类激情的内在转化，在没有爱弥儿老师的帮助下，也能轻松地得以实现。卢梭认为，性爱的私欲在爱情的相互作用下得到升华，从而得以丰富。相反，洛克在评论前往其他国家航行的好处后，在《教育漫话》结尾部分让其青年绅士步入婚姻殿堂，而这后来也使得他未来的妻子关注到他。卢梭也在《爱弥儿》结尾讲述了一部分关于旅行的内容，并提出：只见过一个民族的人，无法真正了解人类（《作

图21　莫罗为《新爱洛伊丝》所作插图《爱的初吻》

品全集》第四卷，第827页；《爱弥儿》，第451页）。但是他并没
126 有像洛克那样在性爱问题上遮遮掩掩，而是在第四卷和第五卷描写了爱情中性爱的圆满，以及男人和女人从彼此身上获得的满足。

卢梭在《爱弥儿》第五卷中评论道，“女人是专门用来取悦男人的”，同时把爱弥儿介绍给索菲，他的导师把她许给了他，就好像上帝答应了亚当对夏娃的需要一样。索菲在身体上和道德上都具有符合她的种族和性别条件的所有特征（《作品全集》第四卷，第692—693页；《爱弥儿》，第357—358页），她性情反复无常，通过简单的学习也变得虔诚。但是，她虽然意识到自己的天赋，却很少有机会去培养这些天赋，而只是满足于训练自己优美的嗓音去唱出优美的调子，训练自己美丽的双脚去优美地走路（《作品全集》第四卷，第747、750—751页；《爱弥儿》，第394、
127 396页）。虽然像其他女人一样，索菲在气质上比男性更早熟，判断力也形成得更早，她却不像男人那样天生适合追求抽象和思辨的真理，而是如她的名字所暗示的那样，更善于诡辩。卢梭认为，女人不应该探究逻辑科学的深度，而应该对其进行泛读，运用她们更强的观察力来代替男人更强的天赋；少花时间阅读，更多地注意整个世界，世界才是“女性的书”（《作品全集》第四卷，第736—737、752、791页；《爱弥儿》，第386—387、397、426页）。女性绝不是有残缺的，因为在出生时，女性和男性是平等的，在青春期之前，女孩和男孩几乎没有区别。但是，女人和男人在本质上是不同的，在她们的性发展过程中，她们在某种意义上似乎总是保留着她们的童年，虽然不是永远保持天真，但是始终保持着一种自然的状态，生孩子才是她们正当的目的（《作品全集》

第四卷，第698—700页；《爱弥儿》，第362—363页）。在卢梭作品的最后一段中，爱弥儿跟他的老师宣布索菲怀孕，这不仅预示着父亲的喜悦，更预示着索菲自己生活的圆满。爱弥儿自己，甚至包括卢梭，认为这个孕育的新生命是一个男孩，一个和他本人相似的家庭教师将会受委托来照顾这个孩子（《作品全集》第四卷，第867—868页；《爱弥儿》，第480页）。索菲讨人喜欢却并不聪明，可靠但并不深邃，爱弥儿鼓励她去进一步完善她最了解的女性分内之事（《作品全集》第四卷，第747—748页；《爱弥儿》，第394—395页）。卢梭认为，女性在气质和性格上与男性不同，她们不应该接受同样的教育（《作品全集》第四卷，第700页；《爱弥儿》，第363页）。

对于主张将妇女从男人的暴政中解放出来的人来说，事实上他们对这些想法的接受程度，就像巴黎大主教对《萨瓦牧师的信仰告白》的态度一样。在法国大革命的过程中，在1789年《人权宣言》之后，玛丽·沃斯通克拉夫特指责卢梭错误的性别二分法，导致男人对女人享有同样权利的否定；在她1792年的著作
《为女权辩护》中，她表达了作为卢梭教育哲学的狂热崇拜者的 128
失望，认为卢梭在《爱弥儿》中对妇女的评论与他在《论不平等》中对那些混淆了文明人和野蛮人的抱怨是不一致的。她带着明显的正义感提出，卢梭将女人陷入可悲的境地作为她们本性的证据，使她们成为可怜甚至近乎蔑视的对象，从而用对索菲娇嫩双脚微不足道的评论，诋毁他对人类的强烈感情。

但是沃斯通克拉夫特错误地认为，卢梭因为女性的性别而同情或轻视女性。相反，卢梭崇拜女人，为女人们的陪伴而着迷，为卢森堡夫人的愉快谈话和她在蒙莫朗西对他表示的种种

友好而倾倒，被威尼斯的妓女祖利埃塔深深吸引。他在第一次欢愉时，发现祖利埃塔两边乳房不一样大，激情受挫，当他无法进行下去的时候，她曾经轻蔑地劝告他“杰克，别泡女人了，学数学吧”。卢梭在《忏悔录》中把这描述为他一生中最生动的事件，这也揭示了他的性格（《作品全集》第一卷，第320—322页；《忏悔录》，第300—302页）。《爱弥儿》在一定程度上是出于他对另一个索菲（索菲·德·乌德托）的爱，她与他文中所描述的索菲有着截然不同的性情和性格。在现实中，这个人比其他所有使他激动的女人都更加难以接近，除非通过文字。卢梭对女人的态度通常是敬畏而不是嘲弄，认为女人对男人的影响力是如此之大，以至于当她们的天性被贬低时，比如当她们成为女演员时，她们要为男人的堕落负责。他在1758年11月8日给图桑·皮埃尔·莱涅普的信中曾经坦言，这也是《致达朗贝尔论戏剧的信》中的主要内容（《卢梭书信全集》，第730页）。他在书中写道，“在任何地方，男人都是女人造就的”，他认为女性对男性的道德生活有影响。在《忏悔录》中，他对政府的描述也大致相同。他坚持认为，永远不能把两性分开，因为双方都依赖于对
129 方——这是他在《致达朗贝尔论戏剧的信》中明确提出的另一个观点。他断言：“一个没有女主人的家庭是一个没有灵魂的躯体，很快就会堕落。”（《作品全集》第五卷，第80页；《致达朗贝尔论戏剧的信》，第88页）

《新爱洛伊丝》第三部分的第十八封信，围绕着朱莉和沃尔马的婚姻，构成了整部小说中浪漫、圆满和最具吸引力的部分。同样，在《爱弥儿》中，关于索菲和女性的段落主要是描述一个人的身份形成，从一个独立的胚胎到由性别差异产生的夫妻关

系。卢梭的主要目的不是否定索菲的公民权利或她丈夫的解放教育。相反，它是要以“爱人的真正哲学家”柏拉图的方式表明，人类的灵魂是如何被爱所占有的，就像卢梭在《新爱洛伊丝》中对自己的描述那样（《作品全集》第二卷，第223页；《新爱洛伊丝》第183页）。这是为了向他的读者说明“物质的东西是如何不知不觉把我们引向道德的，以及最甜蜜的爱的法则是如何从两性的粗野结合中一点一点地产生出来的”（《作品全集》第四卷，第697页；《爱弥儿》，第360页）；丈夫和妻子的互补属性形成了一种充分发展的道德存在或**道德人**，如果一个女人的角色是独立确定的，就无法实现其凝聚力。这种婚姻的结合是在家庭环境中实现的，是由身体和精神上的**自尊**的需要所促成的，完全不同于《社会契约论》中所描述的那种政治团体中的公民的公开集会。爱让伴侣彼此联系在一起，而不是跟国家联系在一起。卢梭在《爱弥儿》第一卷的开头提出，在被迫与自然或社会制度做斗争的情况下，一个人必须在成为一个人或成为一个公民之间做出选择。他用类似的措辞，在一些支离破碎的笔记中对公共幸福的主题进行了评述。“将人完全交给国家，或者完全留给自己，但如果你把他的心分开，你就把它撕碎了。”（《作品全集》第三卷，第510页；《作品全集》第四卷，第248页；《爱弥儿》，第39页）必须把自然的学生从社会中解救出来，把他还给他自己，就好像他是孤儿一样（《作品全集》第四卷，第267页；《爱弥尔》，第52页）。唯一尤为适合他的一本书，而且在很长一段时间里都将是他的唯一藏书的是笛福的《鲁滨孙漂流记》
（《作品全集》第四卷，第454—455页；《爱弥儿》，第184页）。 130

第六章

流浪者的梦想

《新爱洛伊丝》对主人公的事件描述大约从1732年起跨越了几十年，其中的迹象表明，卢梭虚构了一个与自己年龄相仿的主人公——圣普乐。卢梭的自白清楚地表明，他特意赋予其故事中心人物细腻的情感和性格的弱点，这些都源于他的本性（《作品全集》第一卷，第430页；《忏悔录》，第400—401页）。同时，通过将圣普乐设定为一个居无定所的家庭教师，因而朱莉的父亲认为他的社会地位比朱莉低、不值得朱莉爱，卢梭塑造了一个被社会排斥的浪漫主义英雄，注定一生不幸。读者可以很容易地从主人公身上看到作者的影子。这种相似性，再加上小说中其他人物和现实生活人物之间许多其他表面上的相似之处，让世人不禁猜疑：卢梭18世纪的所有作品中最受欢迎的这部小说，是由他亲身经历的事件改编而成，以书信体——当时流行的情感小说的形式——用理想化的方式书写了其自传。对于小说中圣普乐、朱莉和沃尔马偶尔发生的三人姘居，以及引发他们之间关系发展的事件，更为准确的理解是，这些表达了卢梭在生活

中极难表述且无法满足的深切渴望。有点像其同时代的狄德罗，他经常通过一种替代的方式来表达自己最强烈的情感，在表 131
述自己想法的时候就好像在表述别人提出的主张一样。卢梭凭借他独具特点的生动想象力为他所在的世界，以及他只有在幻想中才可以控制的情绪，赋予了更加具体的形式。

当他开始构思他的小说时，他说这主要是因为他沉湎于爱的时间已然逝去，泰蕾兹无法激发他的欲望，而对于满足欲望的希望在他中年逝去时已然枯萎。他让自己的想象带他进入“幻想之地”，一个九天世界，居住着最完美的生物，美德和美貌如神仙一般，而且忠实、完全可信赖，这是他在凡间的朋友所不具有的。正是由于他对这一“梦幻世界”的着迷，才使《新爱洛伊丝》得以面世（《作品全集》第一卷，第427—428页；《忏悔录》，第398页）。这部小说讲述了狂热爱情的秘密，卢梭后来希望这种爱情能成为打开索菲·德·乌德托内心的钥匙。有关卢梭迷恋索菲的本质的谣言——由心怀嫉妒的德皮奈夫人策划的——再加上其他一些因素的影响，很快激发了他生活中最大的危机之一，包括他与狄德罗的决裂，以及最终与大多数巴黎朋友们的疏远。但不管怎么样，卢梭最终未能征服索菲，因而他通过想象，让圣普乐和朱莉相互勾引。他在《忏悔录》中声称，是索菲唤醒了他体内的“情欲”和“恋爱的狂热”，激发他创作了小说中最深刻的两封信（《作品全集》第一卷，第438页；《忏悔录》，第408页）：一封是关于沃尔马和朱莉隐居的隐秘果园，朱莉称其为“极乐世界”，另一封是关于圣普乐在沃尔马不在的时候与朱莉在水中及日内瓦湖岸共度一天（分别是第四章第11封信和17封信）。到1756年冬天，卢梭已经被他在6月创造的人物深深吸引住了，就像他在《忏悔录》

中所说的，他对朱莉及其表妹克莱尔极为喜欢，就像第二个茶花女（《作品全集》第一卷，第436页；《忏悔录》，第406页）。次年，
132 在一次并不重要的短暂会面后，索菲进入了他的生活并带来了颠覆性的影响，也激发了他将朱莉的所有吸引力附着于他新伴侣的身上。他满心只想着索菲，因为他开始感觉到自己对一个真实的对象产生了强烈的震颤和倾泻而出的激情。

就索菲而言，尽管她也像卢梭一样为彼此的亲密陪伴所感动，但她却没有表现出同样的激情。卢梭写道：他们的叹息和眼泪交融在一起，因为两人都陶醉在爱情中，卢梭是为了索菲，而索菲却是为了她在外的爱人圣兰伯特；卢梭曾经单独见过圣兰伯特，并在那个时候已经与他结下友谊。因此，他对索菲无法得到回应的爱总是伴随着第三个人的身影，而这个人让索菲满腹心酸，她便将卢梭作为知己吐露自己的心事，这同时也让卢梭在心怀深深敬意爱着她的同时，无法追求以拥有她。索菲对圣兰伯特的全部渴望如病毒般在卢梭心头蔓延，他现在只能将加倍的激情倾注到朱莉身上，一个他全心塑造且可以占有的女人。他这样写道：索菲对他真正的爱是一杯有毒的甘露，他大口大口地饮用着（《作品全集》第四卷，第440页；《忏悔录》，第410页）。卢梭说，他们亲密相处的四个月，是他跟其他任何女人从未经历过的。他尽职尽责地度过了这四个月，其自我否定的良方让他自己的灵魂置于光芒四射的强迫纯真的审慎之中。他在1757年10月给索菲写了一封不同寻常的信向她告白（《卢梭书信全集》，第533页），后来《忏悔录》中的一段文章便是以此为雏形。然而，当卢梭沿着安迪利山坡走向索菲的位于奥伯尼、距离他隐居地三英里的家时，他的感官被一个预料之中的亲吻

图22 柯罗画的乌德托夫人画像

画面所激发，他的双膝颤抖，身体蜷缩在一起，并且无法转移注意力去想别的事情；他激动地喊叫着，来到他无法赢得的爱人的家，其想象力所激发的狂喜消退后的一丝气力，只有在见到她时才会被他“总是无用的活力”再次唤醒（《作品全集》第一卷，第445页；《忏悔录》，第414—415页）。 133

如果说卢梭在他的小说中能够塑造一个消除了焦虑和挫折的世界，那么在他的其他作品中，他也同样通过清理那些他认为阻碍人类自我实现的难以对付的体系和令人费解的信仰所造成的道德观，来寻求幸福快乐。他在《新爱洛伊丝》中所构建的幻想世界，既因戏剧性的冲突而脆弱，又因朴实的优雅而熠熠生辉，与之一致的是他在其他作品中对不透明的、压抑的世界的解构，代之以他的小说中的理想化世界。在与《新爱洛伊丝》同时期的作品《致达朗贝尔论戏剧的信》中，卢梭表达了很多相似的主题，他将像日内瓦那样的共和国所举行的健康宜人的娱乐活动（在户外、天空下举行欢乐的庆祝活动）与像巴黎那样的大城市居民进行的有害的娱乐活动（人们心怀不轨、无所事事、懒惰消沉，却转向关注舞台上所上演的虚伪消遣来企图寻求快乐）进
134 行了对比。他说，让观众成为他们自己的娱乐主角，每个人都被赋予一个投入演出的角色，而不仅仅是一个被动的目击者，去热爱他人中的自己；这样所有人都会更好地团结在一起（《作品全集》第五卷，第53—54、114—115页；《致达朗贝尔论戏剧的信》，第58、125—126页）。莎士比亚的《皆大欢喜》中忧郁的贾克斯也许会为“整个世界是一个舞台”而感到遗憾，但让-雅克却会因此而感到高兴。

在卢梭的《论不平等》中，他曾经塑造了一个野蛮人的形象，异想天开地清除了他身上的社会杂质和污浊，就像他清除了朱莉身上关于女性的世俗缺陷一样。在《爱弥儿》一书中，他随后通过对真实人物的抽象化，创造了一个同样虚构的牧师，牧师对自然中一个并不神秘的上帝的升华，被作为一种把真正的宗教信仰从世俗教堂的所有仪式的虚饰中解脱出来的精神净化。为了回应那些认为他只住在幻想世界中从而认为世人“总处于偏见之地”的读者们，卢梭在《爱弥儿》第二卷中补充提出，“现实世界有其局限性，而想象的世界是无限的”（《作品全集》第四卷，第305、549页；《爱弥儿》，第81、253页）。他的大多数主要著作，无论是小说还是非小说，都见证了詹姆士·波斯威尔在1766年10月15日写给亚历山大·德莱尔一封信中的评论，即卢梭的想法是“完全有远见的，不像是他这个地位的人应该有的”（《卢梭书信全集》，第5477

页）。“不由自主的兴奋”“吞噬一切的激情”“极端的狂热”“神圣之火”“崇高的谵妄”“圣洁的热情”，这些截取自他第四封《写给索菲的信》（《作品全集》第四卷，第1101页）中一段文字的表述，引发我们的心智脱离了尘世。他观察到，当我们的理性缓慢爬行时，我们的精神在翱翔。没有任何一位18世纪的作家能像他那样，通过强烈的感情、令人痴迷的梦想和天马行空的想象，在启蒙时代的黄昏，掀起一场浪漫主义运动，尤其在德国和英国。

甚至在卢梭还没有全心倾注于他那些最负盛名的主要作品之前，卢梭的流浪者的梦想就已经吸引他向音乐方向发展，这是 135
他生来就感兴趣的题材。他在《忏悔录》和《对话录》中都坚持对这一主题进行探讨（《作品全集》第一卷，第181、872页；《忏悔录》，第175页）。在他对法语不适合音乐表达的反思中，以及在他对拉莫关于和声高于旋律的主张中，他认为音乐曾经是人类的自然语言所采取的充满热情的形式，毫不做作、朴实自然；他沉醉在其表达之中，就仿佛朱莉可爱的样子浮现在他心头。卢梭用抑扬顿挫的词句自信地歌唱，没有管弦乐的粉饰和歌剧的宣叙调，清晰的音乐声线在某些方面是最平民主义的幻想画面，让他想起人类最古老的自我表达方式和已然失传的未被改造的原始语言。除去假装西方音阶的主音和下属音都存在于各种音乐形式中，其最初的本质在他的哲学中可以从根本上追溯到诗意的根源；它从一种古老的艺术向现代科学的逐渐演变，可以根据他在其他方面对待人类自我驯化的方式得到重建。

但是，现代音乐和西方音乐的起源并不像不平等的起源那样久远，因此卢梭能够用远没有那么多推测意味的措辞来评估其发展过程。在对《百科全书》的贡献中，他已经在音乐和音乐流派，特别是当代音乐理论领域表现出了真正的掌控力，并在他的文章中持续探讨这些主题。他的文章《伴奏》《不和谐音》和《基础低音》，在很大程度上阐述了拉莫关于和声转调和单个音符的泛音共振的看法，这促使狄德罗和达朗贝尔在《百科全书》第六卷提出反对，认为拉莫恶意诽谤了一个很大程度上忠实于自己原则的人。即使在《音乐辞典》中收录的那些文章的加长版中，卢梭仍
136 然承认拉莫1722年出版的《和声学》对他产生了深远的影响。但是为了赶上狄德罗最初的交稿期，他只用三个月就完成了最初的文章，并一直在寻求机会对这些文章进行补充，从而能够详细阐述他与拉莫观点上的差异，并进一步阐述他之前未能思考的一些主题。

《音乐辞典》被认为是一部参考性著作，但它并没有像卢梭离开巴黎后在艾米特从事的其他大多数项目那样，激发他的幻想。出于这个原因，他在《忏悔录》中写道：他每天散步进行遐想时都把它放在一边，除非在下雨天，他才会坐在屋里，思考关于《音乐辞典》的内容（《作品全集》第四卷，第410页；《忏悔录》，第382页）。然而，它仍然是他详细探讨历史、技术和理论主题的主要作品之一，不仅让基础的读者更容易理解拉莫的复杂学说，就像达朗贝尔之前的尝试一样；而且还在他的关于“乐符”的文章中针对古代、中世纪和现代的乐谱实践提供了完全修正过的、更为翔实的评论；在关于“歌剧”的文章中针对抒情剧历史做了新的尝试（在《百科全书》中标题被改为“抒情诗”，被归在格林那部分）；在关于“系统”的文章里针对塔蒂尼音乐理论进行了分析。查尔斯·柏尼曾将卢梭的歌剧《乡村卜者》翻译成英文作品《狡猾的人》，他在自己的作品《音乐通史》中为

卢梭辩护，反对《论法国音乐的通信》和《音乐辞典》的批评者。而卢梭本人针对格鲁克的歌剧《阿尔切斯特》（1767年）曾给出了明确的混合评价；据报道，他曾建议格鲁克异常出色的《伊菲吉妮娅在奥利斯》（1774年）用法语唱词，这也许最终掩盖了他的论点：用法语歌词创作音乐是不可能的。

然而，即使是在《音乐辞典》中，他也对那些在1740年代末和1750年代初首先激发其想象力的思想进行了重申和补充。在关于“素歌”的新文章中，卢梭评论称，当基督徒开始建立教堂
唱赞美诗时，古代生机勃勃的音乐便失去了所有的活力。他受 137
《圣经》和其他古典资料，尤其是毕达哥拉斯学派的影响，在关于“音乐”的文章中补充道：我们知道天地间一切法律及对美德的倡导曾经被唱诗班用诗歌吟唱过，没有比这个更有效地教授人们爱与美德的方法了。这篇文章回顾了柏拉图的《法律篇》，并重复了他在《百科全书》中发出的评论。他在关于“模仿”和“歌剧”的文章中声称，一切可以引发想象的东西都源于诗歌，而诗歌也是音乐的起源。在这两篇文章中，他都对绘画的情感表现力表现出缺乏欣赏和辨识力，与他对音乐的敏感度形成鲜明的对比，这也许是他与狄德罗在审美判断上最大的差异。卢梭指出，绘画只激发我们的视觉感受力，音乐唤醒耳朵的觉察，描绘出甚至无法用眼睛看到的对象，例如夜晚、睡眠、孤独和寂静。噪声有时会产生完美的宁静，而无声却会产生噪声的效果，就像人们会在单调的演讲中入睡，却能清楚地感知到演讲停止的那一刻并醒过来。卢梭一生中持续保持着对音乐的兴趣，原因尤其在于，卢梭在大约1750年的时候决定开始将音乐记录成乐谱，从而获得一些固定收入；直到他生命结束前，这都一直是支撑他

作为一个作家的为数不多的谋生手段，可以使他下定决心拒绝所有恩惠或养老金，从而避免可以夺取其自由的债务。在极端心烦意乱的状态下，他最终在1767年春天逃离了英国。不过，他被休谟说服，接受了比他更为疯狂的国王乔治三世的礼物，并在适当的时候违背其原则，白白接受了五十英镑。其在《音乐辞典》中转录的改编自让·巴普蒂斯特·杜赫德于1735年所写的《中华帝国志》的“中国曲调”，也出现在韦伯的《图兰朵序曲》和亨德米特的《主题交响变形曲》中。

138 在接下来的三年里，卢梭再次在法国成了流浪者，一个命运的人质。他以“雷诺”先生的名义，在管家的陪同下，匿名旅行，据说管家是他的妹妹。启蒙运动时期最直率的真理爱好者，长期以来一直致力于揭露虚伪，现在自己却乔装打扮，从诺曼底边界的特莱，到多菲内的布尔冈和蒙昆，再到里昂，最后到巴黎，沿途参观华伦夫人位于尚贝里的坟墓，随后不久就与泰蕾兹结婚。他当时的主要资助人孔蒂亲王——一个实际上伪装成保护者的监视者，让他的旅途更为隐蔽。而卢梭却被他试图逃避的当局忽视，因为他们认为他是一个荒谬的人物，而并非危险人物。正是在这一时期，他把心思转到植物学上，这是他晚年最大的爱好。从蒙特默伦西出发后，他在牟特耶结识了著名的植物学家让·安托万·德伊维诺瓦，并在那里与匈牙利的男爵伊格纳兹·德·萨特斯海姆一起在周围的乡村进行了长时间的远足来研究植物。伊格纳兹·德·萨特斯海姆是他那个时代的皮埃尔·洛蒂，他的一生比卢梭在《新爱洛伊丝》中幻想的还要虚幻。卢梭在斯塔福德郡收集了蕨类植物和苔藓。但在1760年代末，在特里、里昂、格勒诺布尔、布尔金和蒙昆等腹地，卢梭要么

图23 《音乐辞典》中的“中国曲调”(巴黎,1767年)

独自一人,要么和各种各样的同伴一起,把大部分时间投入对植物的研究中,偶尔还会让人怀疑他是个巫师。 139

1770年夏天,他一回到巴黎,就恢复了每天早晨抄录音乐的工作,下午他会出城进行长途散步并采集植物。在1771—1773年间的不同时期,他起草了八封关于植物主题的长信给马德莱娜·德莱赛尔夫人。早前他在里昂见过她并对其产生好感,而马德莱娜·德莱赛尔夫人希望激发她四岁女儿天生的好奇心,鼓励她对植物感兴趣。在接下来的四年中,卢梭又给其他许多不同的通信者写了十六封关于相似主题的信件。这些信件和先前的八封信件(在1782年与卢梭的全部著作一起出版)引起了剑桥大学植物学教授托马斯·马丁的兴趣,他担任教席达六十三年时间,至少在那段时间内,他对这些信件进行了翻译并使用在自己的课程中。画家皮埃尔-约瑟夫·雷杜德也使用了
这些信件,并为卢梭在19世纪初出版的植物学著作豪华版作了 140
配图。大约在那个时候,卢梭还想编纂一本植物学术语辞典,但最终未完成。他还在继续之前就已经开始的植物标本收集,尽管其中最大的一部分,共十一册,在第二次世界大战中与柏林的植物博物馆一起被销毁,但其中的一些得以保留下来。

图24　马耶尔作品《采集植物的卢梭》

卢梭对植物学的兴趣，对一个在行走时才能最为活跃的人而言似乎是一个明智的职业选择，正如他在《忏悔录》中（《作品全集》第一卷，第410页；《忏悔录》，第382页）所说的那样，他的大脑在他双腿行进的时候才能运作。大自然的这个上了年纪的孩子，终于可以在这里与创造的伟大景象进行直接交流。在这之前，他一直怀着敬畏的心情，就像一个更年轻的爱弥儿，心满意足地站在那里，他的力量和意志处于平衡状态。这个拥有明快的色彩和芳香的主题，可以填满他的想象。那是一种植物爱情的田园牧歌式的乐园，一个世纪以前，诗人安德鲁·马维尔也曾为其着迷。在《一个孤独漫步者的遐想》漫步之二中，卢梭回想起在巴黎附近的梅尼蒙当和夏罗内之间的草地上，数着那些开花的植物时所感到的甜蜜愉悦，这些地方现在一部分已经成为拉雪兹神父公墓（《作品全集》第一卷，第1003—1004页；《一个孤独漫步者的遐想》，第36—38页）。漫步之七主要描述了“大地衣着”的树木和植被，他品味着山间峡谷的记忆，在那里发现了海甘蓝和仙客来，并在地球上如此隐蔽的一个角落听到了大角猫头鹰和雄鹰的叫声，以至于当他坐在犹如枕头般的**石松植物**上时，他梦想着自己偶然发现了宇宙中最原始、最遥远的避难所。就像是第二个孤独的哥伦布，他来到了一个就连迫害他的那些人也无法找到的隐蔽所（《作品全集》第一卷，第1062、1070—1071页；《一个孤独漫步者的遐想》，第108、117—118页）。现在，回忆起1764年左右在牟特耶附近的植物考察，这里是卢梭自己的极乐世界，最初是在1757年春由索菲·德·乌德托进入他的生活所鼓舞，后来在《新爱洛伊丝》中以极为相似的文字被描述为朱莉的秘密果园，“最荒凉的、最孤独的自然角落”（《作品全集》第二卷，第471页；《新爱洛伊丝》，第387页）。他 141
对索菲的爱从一颗迷人的黑暗之心转向另一颗，通过模仿自己的艺术来倒推自己的生活。从对肉欲的唤起，到小说，到变换画面的记忆，卢梭在这方面及其他许多方面都是18世纪的普鲁斯特，使得他的植物学和遐想在一个声音中产生共鸣。

卢梭并非一直喜欢研究植物。他提到，如果他屈从于内心的诱惑，追随克洛德·阿奈——华伦夫人在尚贝里雇用的年轻草药医生，和他一起分享她的爱，他自己就可能成为一个伟大的植物学家。但是，当时他对植物学的魅力一无所知。他在《忏悔录》《一个孤独漫步者的遐想》，甚至在植物学术语辞典的序

图25　勒鲁于19世纪雕刻的华伦夫人像

言中提到，他受到大众偏见的影响，以为这是一门像化学或解剖
142 学一样的与医学或药理学有关的科学，只适合药剂师研究（《作品全集》第一卷，第180—181、1063—1064页；《作品全集》第四卷，第1201页；《忏悔录》，第175页；《一个孤独漫步者的遐想》，第109—110页）。他后来才知道，事实并非如此。他还能在其他什么科学领域里消磨时光呢？他怎么可能追逐动物，只是为了用武力制服它们，如果他能抓住它们，然后为了了解它们如何奔跑而解剖它们？如果太虚弱的话，他无疑会选择制作蝴蝶标本；如果太慢，他可以选择研究蜗牛和蠕虫；然而，那些臭气熏天的尸体、可怕的骷髅和令人厌恶的气味都不适合他。他也不希望借助仪器和机器来研究星星。但是明亮的花朵、凉爽的树

荫、小溪、树林、草地和绿色的林间空地净化了他的想象——他在《一个孤独漫步者的遐想》漫步之七中写道。植物本来就应该自然放置在人类能够触及的范围之内，它们在人的脚下拔地而起，而人的思想早已扎根于此（《作品全集》第一卷，第1068—1069页；《一个孤独漫步者的遐想》，第114—115页）。

卢梭在他的植物学辞典中承认，对植物细致而严谨的研究当然不能与激发它的愉悦感相混淆（《作品全集》第四卷，第1220—1221页）。按照他的理解，植物学本质上是一门分类学。他在《一个孤独漫步者的遐想》中评论道，植物学虽然不一定要解剖它所研究的对象，但要设法对它们进行分类，并确立它们内部组织的用途。因而他在辞典和植物学通信中都特别关注水果和鲜花的组成部分——花蕊、花萼和植物的圆锥花序。他从几位专家那里学习了这些部位的功用，尤其是18世纪杰出植物学家林奈的《自然系统》《植物学哲学》《植物界》，卢梭曾经与他有书信往来；还有林奈的主编之一约翰·安德斯·穆雷的一篇文章。卢梭有时候会把一种植物或器官的描述与其他植物或器官混淆，有时他也会误解他所借用的原理。也许是因为，与动物研究相比，他更喜欢研究植物。此外，他从未想过植物也可以针对其自然或人工种植的历史进行研究，正如布丰在关于物种退化的评论中所追寻的那样。这让他颇为钦佩，并在《论不平等》中对人类的发展进行了论述。在植物学研究中，如果不是为了研究人类本性，卢梭的典范应该是林奈，而不是布丰。然而，他的灵感属于这样一个人，当他独自在户外徒步跋涉赞叹大自然神奇之时，他的思想和情感是最为活跃的。他在《植物学》（《作品全集》第一卷，第1069页；《一个孤独漫步者的遐想》，第115

页）一书中写道：对于无所事事、孤独寂寞的人来说，这是最为理想的研究课题。

由于与社会的疏远，独处给卢梭带来了自由遐想的自由，从而让他乐此不疲，但植物并非他独处时所专注的唯一领域。在他生命的最后几年里，还有另外一个主题对他的吸引力更大，因为这是不可逃避的，而且为其反思和研究的一切提供了一个批判性视角，这就是他自己。卢梭声称，在1760年左右，他首次考虑撰写自传。到1765年，他停止了几乎十年前在艾米特开始创作的所有主要作品，无论是在印刷、准备出版，还是已经停止创作的；他转而潜心创作《忏悔录》并汇集了他过往的大量信件，包括信件的副本或他保留下来的信件草稿。他之前的一些朋友了解他的态度、他的口才及他的偏见，知道自己一定会被他中伤，因而先发制人开始对其进行伤害。德皮奈夫人或许是其中的第一个，此后也没有人像她那样，在给卢梭提供最初的保护之后，她的关爱换回的却是卢梭对她不公平的指责，说她表里不一、背信弃义。她最初抨击卢梭对索菲的迷恋所采取的不明智行为，并没有让她免受卢梭对其进行恶毒的指控，但是她对卢梭
144 的失礼和侮辱进行了有力回击。在狄德罗的陪同下，她要求并得到官方同意，禁止卢梭在回到巴黎后向公众朗读《忏悔录》的手稿。她去世前在文章里写道，在格林和狄德罗的协助下，她重新结集甚至重写了她跟卢梭分开期间的信件，以使卢梭在她们的整段关系中显得背信弃义。她的伪回忆录在1818年出版，名为《梦特朗夫人的故事》，对此有所讲述。卢梭的敌人采取了各种各样的策略来诋毁他，一方面是为了竭力保护自己免受其恶意诽谤中伤，另一方面也是出于对他真正的、越来越强烈的蔑

视，因为他们震惊地发现卢梭的虚荣毫无底线。这不仅让卢梭确认了最初对他们品性的怀疑，还确认了他们对自己阴谋诽谤的怀疑。在西方文明史上，没有哪个重要人物像卢梭那样将轻率和邪恶意图如此混淆，导致了不断恶化的可怕后果。

在主要起草于1772—1774年间的《卢梭：让-雅克的法官》中，其副标题《对话录》更为人熟知，卢梭完全放任了自己真正可怕的偏执。他是一只熊，必须被锁链铐牢，以免把农民吃掉。卢梭说，他自己有一个对话者叫"法国人"（《作品全集》第一卷，第716页）。既然他恶毒的文字如此让人害怕，那些对这个可怕的厌世者如此忧虑的先生们，又怎么会如此孜孜不倦地密谋不断纠缠他呢？（《作品全集》第一卷，第725页）在试图从外部对

图26　拉姆齐画的卢梭画像

自我进行探讨时，卢梭构造了一个陌生人的形象。他既无法恢复其自发的感情，也无法建立他曾经真实的动机，因为作为作者
145 将自身排除在外，也就无法了解其个性，而他现在又不可避免地被自己作品主题的差异性所区分。《对话录》计划于1780年在塞缪尔·约翰逊的出生地利奇菲尔德出版。与卢梭的其他作品相比，《对话录》的构想更为疯狂地凸显理性不同寻常的一面，卢梭试图通过毫无阻碍的方式将文字传递给人类，试图通过将原稿放置在巴黎圣母院的圣坛上，来将其交给上帝，却发现唱诗班的铁丝架已经被锁，他对世界的呼吁因而胎死腹中，甚至上帝自己也来反对他。近年来，《对话录》尤其引起了米歇尔·福柯的注意，福柯在后续出版的现代版中为其作序。但是时至今日，很少有人阅读这本书，而且更少有人能不带痛苦地阅读它。

卢梭的最后一部重要著作《一个孤独漫步者的遐想》开始创作于1776年，直到他去世仍未完成。这部作品却有着完全不同的性质。它的开篇是他所写过的最凄美的一段话，捕捉了清除所有焦虑后的生活中的苦难，看上去像是全书的结尾：回想起以前的一切，“我就这样在世上落得孑然一身，除了我自己，再
146 没有兄弟、邻里、朋友，再没有任何人际往来。最合群、最富爱心的人啊，竟然被众口一词地排斥在人类之外”（《作品全集》第一卷，第995页；《一个孤独漫步者的遐想》，第27页）。在一系列十次漫步中，最后回归他挚爱的**妈妈**以及年轻时与他的母亲共同享受的田园般的平静。卢梭一一列举了他在其他作品中涉及的关于他与社会疏远的主题，描绘了一个老人游荡的思想，现在他所有的能力恢复了，永远螺旋式向后行进。这些漫步中的第七次、第九次，尤其是第五次构成了作品的精神中心：第七次漫

步展现了他那植物极乐世界的荒野，第九次漫步表达了他对幸福反复无常的哀痛，第五次漫步回忆了他在隐世岛屿上的水般幸福——实际上包含了卢梭遐想的田园、英雄及唱诗班的交响曲。在第九次漫步中，他试图找借口遗弃自己的孩子们，并描述了他性格中的少年冲动，以及他一看到幸福面孔就无法抗拒的喜悦。但在整个漫步中，他对自己的命运采取了一种悲观的听天由命的态度，坚持认为我们所有的幸福计划都是幻想，没有什么方式能令人永远保持满足。

在第五次漫步中，他以更强烈的信念提出了类似的感想。他说："这个地球上的一切都在不断变化"，我们的感情被附着到我们外部的事物上，不可避免地跟随着这些事物改变或消失，我们世俗的快乐不过是转瞬即逝的产物（《作品全集》第一卷，第1046页；《一个孤独漫步者的遐想》，第88页）。然而，在同一次漫步中，他回忆起1765年9月从莫蒂耶出发，当时他在比安湖中间的圣皮埃尔岛上找到了避难所。那里让他脑海里浮现出一个庇护天堂的画面，那么美丽，他可以描写草地上的每片草叶和覆盖岩石的每一块青苔。他在那里度过下午的时间，探索各种柳属植物、春蓼属植物以及各种各样的灌木丛，或者伸展着躺在船上，随意漂流到水流带他去的任何地方，"沉浸在一千个朦胧却又令人愉悦的遐想中"——一个有着如此美妙幸福的胜地，他愿意一辈子住在那里，"一刻也不想去别的地方"（《作品全集》第一卷，第1042—1044页；《一个孤独漫步者的遐想》，第83—85页）。正如他的第七次漫步将朱莉的极乐世界转移到他认为曾 147
经是他自己的过去一样，他的第五次漫步也如此将虚构的日内瓦湖畔一日游——圣普乐也以同样惊人相似的细节将其描述为

图27　卢梭作品布贝尔版本中的《爱弥儿》插图，由穆罗·勒热纳绘制的《自然向我们展示万物的宏伟》

"他一生中经历过的最生动情感的一天"(《作品全集》第二卷，第521页；《新爱洛伊丝》，第428页）——转移到一个天堂般的岛屿，大自然将其与当代文明制造的混乱完全隔离。通过遐想来逃避生活中的世俗危机，卢梭能够化解回忆与创作之间的一切差异。想象力承载着他，并带他进入一个纯粹的极乐的天国，正如他在给马勒塞尔伯的第三封信中所描述的那样，他可以居住在另一种完全宁静，尤为适合他的世界。

在卢梭的主要著作及其所涉及的各个学科中，他试图通过消除阻碍理想实现的所有体系来使这些理想得以实质化。通过触动人心的否定过程，他能点亮以下领域：平淡无奇的言语、未经修饰的音乐、去除社会的人性、没有老师的教育、没有剧院的城市、没有统治者的国家、没有教堂的神圣存在。通过这样的回归，卢梭不仅在人类自由不受束缚的情况下对人类的自我实现提出了不同的观点，也更戏剧性地从他自己的启蒙时代中解脱出来，似乎不像他那个时代的其他主要思想家那样，受到那个时代话语的预设和惯例的限制。在一些记载中，在卢梭死后的二百多年后，他那毫不妥协的批判的声音仍然铿锵有力。现代及后现代的哲学家和作家，都从他的作品中获益良多，他们有时对此不愿承认，而更多时候，他们仍然支持卢梭在早期形成时就已经自我否定的那些观点。例如，在卢梭对纯粹真诚语言的追求中，在其理想化的专注于言语行为，充分参与公共选择表达的真正沟通行动者中，可以发现于尔根·哈贝马斯的政治哲学的 149
预见。在卢梭对现代商业社会令人窒息、残缺不全、没有人性的专制的看法中——他将其描绘成一个关着普洛克路斯忒斯式怪物的圆形监狱，这个怪物是由伪装成边沁的还未出生的弗兰肯斯坦博士组装起来的——他还指出了通向福柯的某些路径。然而，与大多数后现代主义思想家及其批评家不同，卢梭即使在个人和政治世界不断动荡的情况下，仍然想要寻求庇护并获得安宁。从内省和美德来看，这位18世纪最令人敬畏的针对文明装饰品的批判家，以及将其绝望和不满的纹理描绘得最为生动的插画家，在其一生中都相信，就像安妮·弗兰克在现代历史最黑
150 暗的时刻一样相信，人性仍然本善。

索　引

（条目后的数字为原书页码，见本书边码）

C

D

E

F

G

H

I

J

K

L

M

N

O

P

Q

R

S

T

U

V

W

Y

Z

Robert Wokler

ROUSSEAU

A Very Short Introduction

In memory of Isaiah Berlin

Contents

Acknowledgements

This work required not very much longer to complete than the eight weeks originally anticipated, but those weeks were assembled over a period of not much less than eight years. I have adapted a few pages from earlier publications, as follows: from 'Rousseau', in *Political Thought from Plato to Nato* (London, 1984), in chapter 1; from 'The *Discours sur les sciences et les arts* and its Offspring', in *Reappraisals of Rousseau*, ed. S. Harvey, M. Hobson, *et al.* (Manchester, 1980), and 'Rousseau on Rameau and Revolution', in *Studies in the Eighteenth Century*, vol. iv, ed. R. F. Brissenden and J. C. Eade (Canberra, 1979), in chapter 2; and from 'Rousseau's Two Concepts of Liberty' in *Lives, Liberties and the Public Good*, ed. G. Feaver and F. Rosen (London, 1987), in chapter 4. Wherever possible, I have tried to incorporate corrections or improvements kindly drawn to my notice by John Hope Mason and Quentin Skinner. For his unimaginably patient forbearance in permitting me to attend to other publishing crises as they arose, and for his meticulous refinements of my style, I am indebted to Sir Keith Thomas. For their unstinting encouragement beyond all reasonable call of duty, my thanks are also due to my editors, Susie Casement and Catherine Clarke, at the Oxford University Press. For preparing a presentable typescript in the format required, I am grateful to Marilyn Dunn and Karen Hall.

November 1993

I have taken the opportunity afforded by the addition of illustrations to this text to alter a few details, some for the sake of clarity, as well as to correct two errors drawn to my notice by my Japanese translator, Shuji Yamamoto. The appearance in recent years of new editions of Rousseau's writings in both French and English has encouraged me to revise or append numerous references. Certain themes, particularly in chapters 1, 3, and 4, have been enlarged. Chapter 6, as close to emulating Rousseau's own style as was in my power, subject also to the constraints of another language and the requirements of a work of contextual interpretation, includes fractionally more material on music.

March 2001

List of illustrations

Abbreviations

A Rousseau, *Politics and the Arts: Letter to M. d'Alembert on the Theatre*, trans. with notes and an introduction by Allan Bloom (Ithaca, NY: Cornell University Press, 1977) (first published in this format in 1960)

C Rousseau, *The Confessions*, trans. and with an introduction by J. M. Cohen (London: Penguin Books, 1953)

E Rousseau, *Emile, or On Education*, introduction, trans., and notes by Allan Bloom (New York: Basic Books, 1979)

G Rousseau, *Discourses and Other Early Political Writings*, ed., trans., and annotated by Victor Gourevitch (Cambridge: Cambridge University Press, 1997)

H *Rousseau on International Relations*, ed. Stanley Hoffmann and David Fidler (Oxford: Clarendon Press, 1991)

J Rousseau, *Julie, or the New Héloïse*, trans. and annotated by Philip Stewart and Jean Vaché (Hanover, NH: University Press of New England, 1997)

L Rousseau, *Correspondance complète*, ed. and annotated by R. A. Leigh (Geneva and Oxford: The Voltaire Foundation, 1965–98)

P Rousseau, *Œuvres complètes*, ed. B. Gagnebin, M. Raymond, *et al.* (Paris: Gallimard, Bibliothèque de la Pléiade, 1959–95)

R Rousseau, *Reveries of the Solitary Walker*, trans. with an introduction by Peter France (London: Penguin Books, 1979)

S Rousseau, *The Social Contract and Other Later Political Writings*, ed., trans., and annotated by Victor Gourevitch (Cambridge: Cambridge University Press, 1997)

Only the most accessible English editions of Rousseau's works are cited, and I have often preferred my own translation while nevertheless pointing to the location of another. All references to the *Social Contract* are to its internal books and chapters only. All references to the *Correspondance complète* are to a letter number.

Chapter 1
The life and times of a citizen of Geneva

Together with Montesquieu, Hume, Smith, and Kant among his contemporaries, Rousseau has exerted the most profound influence on modern European intellectual history, perhaps even surpassing anyone else of his day. No other eighteenth-century thinker contributed more major writings in so wide a range of subjects and forms, nor wrote with such sustained passion and eloquence. No one else managed through both his works and his life to excite or disturb public imagination so deeply. Almost alone among the seminal figures of the Enlightenment, he subjected the main currents of the world he inhabited to the most inspired censure, even while channelling their direction, and when French Revolutionary leaders later seized their opportunity to ignite the unity of political practice and theory, it was to his doctrines above all that they professed their allegiance.

Like most distinguished men in his world's republic of letters, Rousseau of course had many interests apart from politics. He was a much-admired composer and the author of a substantial and learned dictionary of music, a subject which perhaps claimed more of his attention throughout his life than any other. While a number of his most important early writings dealt with the arts and sciences and the philosophy of history, the main enthusiasm of his later years proved to be botany, to which he devoted a collection of letters that in translation was to prove a popular textbook in England. His *Reveries of the Solitary*

Walker were to spark an explosion of Romantic naturalism throughout Europe in the late eighteenth century, while his *New Héloïse* was the most widely read novel of his age. His *Confessions*, moreover, comprise the most important work of autobiography since that of St Augustine, and his *Emile* the most significant work on education after Plato's *Republic*. Yet it is as a moralist and political thinker that he achieved his greatest distinction.

His birthplace and early childhood were to leave deep impressions upon his life and the development of his thought. He was born in 1712, in Geneva, a small Calvinist country surrounded by large, predominantly Catholic, nations; a mountainous state protected from invasion by natural barriers and the political culture of its citizens; above all, a republic in the midst of duchies and monarchies. When Rousseau would later describe the Savoyard vicar of *Emile* as professing his faith to a benign god of Nature rather than Scriptures, on a hill overlooking a city, he conceived an image of man's direct communion with his maker such as could be shared by few of the inhabitants of the other cities he knew. In their opposition to arbitrary government and the privileges of a venal aristocracy, many of the *philosophes* of the eighteenth century regarded progressive monarchs as allies in the cause of reform. Rousseau, however, showed none of the confidence of his contemporaries in the prospects of enlightened absolutism. Whereas a radical commitment, tempered by fear of censorship, inspired Diderot, Voltaire, and others to publish their writings anonymously, he took every opportunity to sign his works 'Citizen of Geneva', and ceased to do so only after he was convinced that his compatriots had irredeemably lost their way. No other figure of the Enlightenment was more hostile to the course that political civilization had taken and at the same time so proud of his political identity.

Rousseau's mother died just after giving birth to him, and responsibility for his upbringing thus fell to his father, a watchmaker of romantic and irascible temperament, who inspired in him a love of Nature and books,

1. A view of Geneva around 1720 by Robert Gardelle.

especially the classics and history. He never received a formal education, and he occasionally appeared to compensate for that deficiency by annotating his writings with lengthy footnotes which acknowledged sources that his better-schooled contemporaries scarcely troubled to cite. But his mother had inherited a large library, and his well-read father encouraged the young Rousseau's own fascination with literature, in a cultivated manner which in his *Confessions* Rousseau later judged distinctive of Genevan artisans by contrast with those of other countries. It was from his father that he also inherited much of his zealous devotion to his birthplace, where, as he would be told, 'all men are brothers' and 'joy and heaven reign'. At least two of his principal works, the *Letter to d'Alembert on the Theatre* of 1758 and his *Letters from the Mountain* of 1764, were to be devoted mainly to the culture or political system of his native city, and he was to remark that his *Social Contract* itself had been designed to portray the noble principles of that state. Nowhere in his writings is his conception of political fraternity more richly drawn than in his *Letter to d'Alembert*, when he recalls the convivial celebrations in the open air of a Genevan military regiment which had fired his imagination as a boy (P v 123–4 n; A 135–6 n).

His attachment to his father and to the city of his birth did not, however, overcome the loss of his mother. When only fifteen, he was introduced to a Swiss baroness, Madame de Warens, who lived at Annecy in the Duchy of Savoy, just west of Geneva. Madame de Warens had by the still tender age of twenty-nine already made something of a career of converting Protestant refugees to Catholicism, and she brought Rousseau into her home and her bosom with an intimate hospitality that accorded well with his own rapturous enthusiasm. For the next ten years, first at Annecy and then Chambéry and finally in the idyllic retreat of the valley of Les Charmettes, he was to become both her lover and pupil. With her guidance and some assistance from her own patrons and religious confessors, he completed his education, especially in philosophy and modern literature, of which he had had little knowledge before, and began to contemplate a career as a writer. Partly inspired by Madame de Warens' pietist enthusiasms, furthermore, Rousseau formed an attachment to the Deity and to the marvels of His Creation which was to distinguish his religious beliefs from those of most of his contemporaries among the *philosophes*, who were either atheists or sceptics and suspicious of his zealotry, regarding it as akin to the mystical superstitions of a clerical Church that they aimed to bring down. Throughout their time as lovers, and for the rest of his life, Rousseau was to call Madame de Warens his *maman*, ascribing to her those qualities of sweetness, grace, and beauty which, as a motherless child, he longed to find in all the women under whose spell he was later to fall.

Thérèse Levasseur, with whom he lived from about 1745 until his death, and whom he was eventually to marry, was a somewhat less attractive and far less educated woman, who despite her originally compelling unspoiled freshness never came to command his affections in the same way. Rather in need of maternal care as well as sexual gratification from both of the leading women in his life, he could never tolerate a family of his own, and he abandoned the five children he had by Thérèse to the uncertain fate of a public orphanage. Rousseau would later claim that he had been too impoverished to care for his children properly, but his own conduct towards them filled him with remorse and shame. It certainly made readers wonder how he could write so sublime a treatise on the education of children as *Emile*, which may in some respects be read as a work of personal atonement. To this day, his abandonment of his children has coloured the popular image of his character far more than any of his other traits.

He was also to prove less solicitous than he might have been of the needs of Madame de Warens, when in the 1750s she fell into a condition of extreme financial hardship and was even forced to register as a pauper. She was to die, with no relief from her poverty, and no contact with Rousseau, in the summer of 1762, when he was absorbed with anxieties for his own safety following the denunciation of his writings by

2. Silhouette of Thérèse Levasseur.

religious or secular authorities in both France and Switzerland. On Palm Sunday, or 12 April, 1778, a few weeks away from death himself, he penned one of his most eloquent pages, the Tenth Walk of his *Reveries*, where he reflects that it was then fifty years to the day since he had first met Madame de Warens, with whom his destiny had been intertwined and in whose arms he had enjoyed a brief and tender period of his life in which he had been utterly himself, 'without obstacle or mixed emotion and when [he] could truly say that [he] had lived' (P i 1098–9; R 153).

When in his late twenties Rousseau finally began to make his independent way in the world, he earned a modest livelihood mainly from private tuition and from the transcription of music, resolving to conquer Paris with a comic play, *Narcissus*, and a new system of musical notation. Soon after his arrival there in 1742 he was befriended by Diderot, who was of similar age, background, and ambition and was to become his most intimate companion over the next fifteen years. The two men did not really possess the same temperament, with Diderot rather more urbane and affable, and Rousseau more sensitive and earnest, but they shared common interests in the theatre, the sciences, and especially music. On Diderot's appointment with d'Alembert as joint editors of the *Encyclopédie*, Rousseau was commissioned to write most of the articles on musical subjects and another on political economy. In 1749, following the publication of his *Letter on the Blind*, Diderot suffered a brief period of detention in the prison of Vincennes, and Rousseau came to see him almost daily, imploring the authorities to release his companion. It was on his way there one day from his lodgings in Paris that he came across the notice of a prize essay competition on the subject of the arts and sciences and their moral impact on mankind, which was to alter the course of his life. Diderot at first shared Rousseau's enthusiasm for the argument against civilization that forms the first *Discourse*, but only because he warmed to the provocative idea that a principal contributor to his dictionary of the arts and sciences should also undertake to discredit them. He was later to espouse radical moral ideas of his own, some of which were to bear a striking resemblance to those of Rousseau himself, although he always remained convinced of what Rousseau had denied – that the progress of knowledge and culture leads to the improvement of human conduct and behaviour, whenever it springs from such genuine curiosity as is compatible with man's nature.

Rousseau's stay in Paris had been interrupted briefly by his appointment in 1743–4 as Secretary to the French Ambassador in Venice. As a youth he had already visited Turin and learned Italian there, relishing Italian music, which he heard frequently, with an ardent enthusiasm for its spontaneity and directness that would never be tempered by any similar appreciation of the refinement of French musical textures. In Turin he had found the splendid orchestral performances which accompanied the liturgy of the mass more appealing than the austere psalms that passed for music in the churches of Geneva, and in Venice he enthused as well over secular and vernacular music, which suffused his senses with popular tunes drawn from the streets and taverns no less than from the stage. Later, on his return to Paris, he was to contrast Italian opera favourably with that of France, on the grounds that the French language was less amenable to musical expression and that the French style of vocal music characteristically lacked a clear melodic line and was too much encumbered by superficial ornamentation and harmonic embellishments.

His mid-century quarrel with Rameau, France's leading composer and musical theorist of the day, was to turn on just such themes, and his *Letter on French Music* of 1753, for which he was to be hanged in effigy because its reflections on music were thought seditious, was to prove one of his most combustible works, and the only one which, as he claims in his *Confessions* (P i 384; C 358), ever put a halt to a political uprising in France. The monarchy's expulsion of the magistrates of the Paris *Parlement* in November of that year, in a national crisis which also turned upon the conflict between Jansenists and Jesuits, had caused great turmoil, but not, he maintains, so much as had been stirred by his

LE DEVIN

DU VILLAGE

INTERMÉDE

RÉPRÉSENTÉ A FONTAINEBLEAU

Devant leurs Majestés

les 18. et 24. Octobre 1752.

ET A PARIS PAR

l'Académie Royale de Musique

le 1er. Mars 1753.

PAR

J. J. ROUSSEAU.

Prix 10 lt. 4 s.

Avec l'Ariette ajoutée par Mr. Philidor, chantée par Mr. Caillot.

A PARIS

Chez Le Clerc, Ruë St. Honoré, entre la Ruë des Prouvaires, et la ruë Dufour à Sainte Cecile.

Et Aux Adresses Ordinaires.

AVEC PRIVILEGE DU ROY. Imprimé par C.

3. Engraved title-page of *Le Devin du village* (Paris, 1753).

work on music, which had averted a potential revolution against the state by turning it into a revolution against him. Paradoxically, the *Letter on French Music* proved to be his sole composition to win the almost universal endorsement of the *philosophes*, who took up the cause of Italian music with scarcely less enthusiasm. In 1752 Rousseau composed an opera, *Le Devin du village* or *Village Soothsayer*, which he produced in the Italian style and which came to be admired and even imitated, as well as surpassed in quality, by Gluck and Mozart. When he published his *Dictionary of Music* in 1767, largely developed from his articles for the *Encyclopédie*, he was to pursue his earlier ideas on music and opera in more detail than ever before, while in the *Essay on the Origin of Languages*, dating mainly from the early 1760s, he managed to join those ideas with his philosophy of history, ascribing greater musical vitality to classical Latin over contemporary French, and more virtue and liberty to the citizens of ancient republics, who had, he suggests, expressed their fraternal feelings in open-textured song of a kind no longer prevalent among the modern subjects of monarchical rule.

In his *Confessions* Rousseau remarks on his having also discovered, in Venice, that 'Everything depends entirely upon politics', and that therefore 'a people is everywhere nothing but what its government makes of it' (P i 404; C 377). Mankind was not naturally evil, he was convinced, but all too frequently became so under poor governments which generated vice. If everything depends upon politics then the upright character of his Genevan compatriots, on the one hand, and the moral corruption of a once-illustrious Venetian Republic, on the other, could both be traced to a similar source. Following his stay in Venice and his return to Paris, the capital of the greatest monarchy of the day, Rousseau was thus in a position to compare the contributions of three very distinct regimes, each having responsibility for shaping the character of its people. His first opportunity to draw together his ideas about the decline of culture and the political roots of vice arose in 1749, when he drafted his *Discourse on the Arts and Sciences*. While our forebears had been robust, the excess of luxury upon which enlightenment feeds has sapped us of our vitality and made us slaves to the trappings of culture, he contends there. Sparta had formed a durable nation so long as it was unadorned by the arts and sciences, but Athens, the most civilized state of antiquity, had been unable to arrest its decay into despotism, and the increasing grandeur of Rome and other empires had been accompanied by the decline of their military and political strength. Everywhere, Rousseau remarks, 'the arts, letters, and sciences are spread like garlands of flowers round the iron chains by which [men] are weighed down' (P iii 7; G 6). As much as any other theme in his later writings, this principle – in effect, that *savoir* springs from *pouvoir* – was henceforth to remain the cornerstone of his philosophy. Inspired by ancient Sophists and reformulated by Marx and Nietzsche, it was also to become a central tenet of the post-modernist critique of the age of Enlightenment in general.

This first of Rousseau's two *Discourses* won the literary prize for which he entered it, and almost overnight the fuss it excited transformed him from an obscure man of letters approaching his middle age to the most celebrated scourge of modern civilization. One of the main factors underlying its notoriety was its manner of reversing a stock-in-trade eighteenth-century perspective of the epic struggle between virtue and vice. Voltaire spoke on behalf of many men of enlightened opinion in his day when, in his *Philosophical Letters* and elsewhere, he joined virtue to the advancement of learning and science and portrayed the progressive improvement of human conduct in the light of modern Europe's slow awakening from dark centuries of superstition and ignorance. Diderot and d'Alembert conceived their *Encyclopédie* along much the same lines. Rousseau, by contrast, appeared to extol the merits of a barbarous golden age, from which mankind had fallen and lost grace because of an idolatrous lust for learning. Not only did he thus give the impression of favouring savagery over culture; to his enlightened contemporaries he seemed also to have forgotten that the principal source of misery and despair in the contemporary world, the Christian Church, drew its power from much the same mysticism reinforced by ignorance which in the ancient world he applauded. Voltaire and his followers denounced this vision of our uncultivated innocence, and they accused Rousseau of having abandoned the causes of political and religious reform to which he ought to have subscribed in order to return instead to an uncouth state of stupidity. That assessment of his theory of man's nature was in many ways wide of the mark, but it did place due weight upon one of the central tenets of his philosophy – which he often avowed to be the guiding thread of his works – that while our Creator had made everything good, all that had been forged by man was corrupt and depraved. Evil, Rousseau believed, was the characteristic outcome of human enterprise, if not always the object of human design.

In the early 1750s he was absorbed mainly with his writings on music and with meeting the objections of some of the critics of his *Discourse on the Arts and Sciences*. To those who directed his attention away from the depravity of culture and towards the pernicious influence of political and economic factors instead, he owed a certain debt, since they reiterated the truth, as he saw it, of his Venetian discovery. By the autumn of 1753 he was to embark on a new and more subtle version of his philosophy of history, in which the pursuit of inequality rather than of luxury would be held responsible for our moral corruption, and in which he would take the relations of authority built round the institution of private property as the principal cause of humanity's decline. The publicly authorized appropriation of the earth by some men at the expense of others must have led to the establishment of civil society through guile and injustice, Rousseau contends in his *Discourse on Inequality* of 1755, where he pursues that thesis in terms of a conjectural history of the human race, in which he also attempts to explain the social genesis of the family and of agriculture, and depicts the origins of different types of government in terms of the unequal distributions of private property that must have underpinned them.

In this hypothetical reconstruction of the past, he makes several observations of importance to his political and social theory which he had not articulated before. His fresh emphasis upon the institution of private property, rather than the pursuit of culture and learning, as the main source of our moral corruption was designed to challenge what Rousseau had come to understand as the foundations of modern jurisprudence from Grotius and Hobbes to Pufendorf and Locke. No other thinker of the Enlightenment was to confront that tradition so directly as Rousseau in his second *Discourse*, and no other eighteenth-century critique of earlier views of human nature was to offer such a dramatic conception of the evolutionary metamorphosis of our societal traits. Rousseau's abstraction of primitive from civilized man in this work, moreover, came to be drawn around a dichotomy between our physical and moral attributes which he had not previously addressed. Morality, he now insisted, did not stem from human nature but rather from the denaturation of man in society, with the striking inequalities that shaped our lives utterly different in kind from the insignificant natural variations between us. So far from expressing the best of what was latent in human nature, the establishment of private property, he argues in the *Discourse on Inequality*, had deformed it, turning the pursuit of honour and public esteem into an ignoble and dispiriting kind of competition. The hypothetical portrait of our original traits which he offers here for the first time actually drew savage man closer to other animals than to civilized man, giving Rousseau scope to speculate on zoological themes and on our differences from apes and other primates. Mankind, he had come to believe, was for better or worse the only species in the natural world which could make its own history, and the abuse of our capacities had ensured that in society we lived more anxious and miserable lives than all other creatures.

The second *Discourse* was in time to exercise a profound influence upon the development of European thought in a variety of disciplines, but initially it had a less dramatic impact on its readers than his *Discourse on the Arts and Sciences* or his *Letter on French Music*. For the *philosophes* with whom he had been previously allied, however, it confirmed and compounded their fears that his first *Discourse* was a statement of genuine belief and that he could no longer be regarded as an ally of enlightenment or progress. The need for him to part company with some of his former friends had certainly become apparent to Rousseau himself, who had always felt uneasy among atheists and sceptics. His unfashionable zeal, masked only by a certain timidity in public, had no doubt been inspired partly by Madame de Warens, and, in turn, it struck some of his Parisian friends, eventually Diderot himself, as evidence of insufferable self-righteousness and vanity.

When he began to quarrel with his companions in the mid-1750s, he claimed that he could no longer tolerate their moral complacency. At first he planned to return to Geneva but was dissuaded from that move mainly by Voltaire's decision to settle there himself. Already twice imprisoned in the Bastille, Voltaire had merely sought a haven from which he might pursue his interests with less risk to his safety and in a milieu more congenial than the world of King Frederick the Great of Prussia, where bayonets had been preferred to books; but Rousseau perceived sinister motives in this encroachment of his native city. Voltaire would transform the simple manners of his compatriots into those of corrupt Parisians, he feared, so that in returning to his birthplace he would confront the same vices as had made him flee from France. He therefore decided instead to accept a country retreat called *L'Ermitage*, just north of Paris in the forest of Montmorency, offered to him by a friend of Diderot, Madame d'Épinay, who for a brief period was his benefactress and closest confidante, though she later proved the fiercest of all his adversaries who had known him well. With his arrival at *L'Ermitage* on 9 April 1756 began his disengagement from nearly all the *philosophes* with whom he had been allied since the early 1740s. He was soon to quarrel with Diderot, who had written a play in this period, *The Natural Son*, dealing in part with the evils of solitude, which he read as a personal gesture of contempt. When in 1756 Voltaire produced his poems on Natural Law and on the Lisbon earthquake of the previous year, in which he mocked the folly of blind faith in Providence that all was as it should be, Rousseau replied with his so-called 'Letter on Providence' that God was not responsible for evil and that the world of human suffering of which Voltaire complained had been manufactured only by man. Voltaire's sarcastic response to Rousseau (as well as to Leibniz and Pope) was to take the form of a moral tale, which he entitled *Candide*.

By 1758 Rousseau had effectively come to break off all relations with his former associates. A year earlier d'Alembert had produced a substantial article on Geneva for volume vii of the *Encyclopédie*, in which he put the case for the establishment of a theatre in that city, which would enhance its culture and thereby promote the moral sophistication of its citizens. Rousseau was convinced that Voltaire had conspired with d'Alembert in writing this essay, and he conceived his *Letter to d'Alembert on the Theatre* as much to refute that usurper of his birthright as to confront d'Alembert himself. He decried the art of stagecraft as unsuited to the spirit of fraternal love which had once prevailed, and was now in need of restoration, in his native city. Just as Plato had

4. View of *L'Ermitage* engraved by Désiré after Gautier.

chosen to expel the captivating but factitious beauties of Homeric myth from his virtuous republic, so Rousseau, in his *Letter to d'Alembert*, attempted to preserve Geneva from the all-too-subtle irony of Molière, who could wonderfully transform pious integrity into hypocritical mischief through entertainments of gnarled subterfuge, making his compatriots rapt spectators of devious intent and thereby sap the nation of the unreflective and unmediated ardour of its own strength.

It was also in the period immediately following his flight from Paris that Rousseau drafted his *Julie, or The New Héloïse*, the most popular work of fiction in late eighteenth-century France. This epistolary tale about the tribulations of frustrated love in its conflict with duty was partly inspired by the novels of Richardson and Prévost, and it contains some of Rousseau's most lyrical passages on romantic affection, tender sexuality, and rustic simplicity. If *Candide* was, in part, Voltaire's fictional response to his 'Letter on Providence', then the preface to the *New Héloïse* may be regarded as the postscript to the *Letter to d'Alembert* which Rousseau had really meant to address to Voltaire. 'Theatre is required in great cities', Rousseau writes, 'and a corrupt people needs its novels. I have witnessed the morals of my times and have published these letters. If only I could have lived in a century when I should have been obliged to throw them away!' (P ii 5; J 3).

In the same period, Rousseau completed his *Emile*, a work of almost equal length to *The New Héloïse* and which bears some relation to it, not least because it also concludes as a novel, although it begins as a treatise on education. The first book of the text opens with the statement of a principle which Rousseau had come by the mid-1750s to regard as the mainspring of his philosophy in general: 'Everything is good when it springs from the hands of our Creator; everything degenerates when shaped by the hands of man' (P iv 245; E 37). He conceived *Emile*'s central theme as a plan of education according to Nature rather than art, in which the impulses of the child are allowed to develop, each in its good time, rather than be forced, shaped

5. Henry Fuseli's frontispiece to his own *Remarks on the Writings and Conduct of J. J. Rousseau* (London, 1767), depicting Rousseau pointing at Voltaire, astride humanity, with justice and liberty on the gibbet.

prematurely, or subjected to exogenous control, by precept or instruction. Rousseau here maps out a genetic account of the spiritual growth of the individual along lines which reflect his evolutionary perspective, in the second *Discourse*, of our passage from a savage to a civilized state, albeit in *Emile* around images of sentiment and sexuality rather than of reason and authority. But in the blossoming of the child's faculties, the rule that he must initally depend only on things and not upon men offers him the prospect of an education entirely distinct from that which must have led to the corruption of the human race in the past. *Emile* was the first of Rousseau's works to point the way to a form of independence which might still be achieved by individuals even in corrupt society, from whose grip escape might now be contemplated, by the cultivation of self-reliance. To that extent the work displays a cautious, if unfulfilled, optimism about the prospects of humanity's conceivable development which was not apparent in his earlier writings. No doubt this significant change of tone was partly inspired by Rousseau's own success in emancipating himself from the trappings of Parisian society.

According to his *Confessions*, however, the first work to which he turned in his new home was the *Social Contract*, a composition which he had already begun to plan while in Venice, and which he was now resolved to assemble into the finest of all his writings. The principles of the true social contract are perhaps best understood in contradiction with the sinister formula of agreement recounted in the second *Discourse* – such a contract, when properly construed, attaining rather than destroying the true liberty of citizens, by rendering them equal under law instead of subservient to their appointed political masters. Liberty and equality together are the two principles that ought to be the main objects of every system of legislation, Rousseau proclaims here, and much of the *Social Contract* is devoted to explaining why that should be so. Having already differentiated the moral and political from the natural and physical spheres of our lives, Rousseau contends that distinct forms of liberty or freedom are appropriate to each. Without government, he argues, persons can be naturally free in the sense of not being subject to the will of others, but their freedom is attached merely to the satisfaction of their organic impulses. Only in political society, whose establishment requires that our natural liberty be abandoned, can we realize either civil or moral liberty, of which the first makes us dependent upon the whole community and the second obedient to laws that express our own collective will. In the *Social Contract* he claims that the state could serve as the instrument of freedom just if all its subjects were at the same time sovereign, for then alone can the people be truly said to rule themselves. Only when each of the state's citizens takes direct part in legislation can they jointly check the abuse of power which some of them might seek to wield, he observes. While a number of his contemporaries, such as Montesquieu and Voltaire, had praised the liberal principles enshrined in the British Constitution, he instead, on these grounds, judged the English system of parliamentary rule incompatible with the electorate's freedom, in delegating the people's sovereignty to their representatives.

After the publication of his *Social Contract*, Rousseau drafted a *Constitution for Corsica* in 1765 and an essay on *The Government of Poland* around 1771, in both instances on the invitation of leading citizens of those fledgling regimes, who invited him to serve as their legislator. If Corsica had escaped invasion, and Poland its partitions, it might have been possible, in the late eighteenth century, to witness how the principles of the *Social Contract* could be applied to the constitutions of actual states. He had always intended that this should be the case, Rousseau claimed, in seeking the conjunction of political theory and practice, as much as his French Revolutionary admirers later, albeit in a different way. Contrasting his philosophy with that of Plato and also More, he maintained that he had not put forward an unworldly utopian ideal. On the contrary, his *Social Contract* had been intended to elucidate the theoretical foundations of an object close to home, in particular the constitution of Geneva, and it was just because that constitution had been forsaken, he believed, that he had incurred the wrath of the current authorities of his native state (P iii 810). This was one of the main arguments of his third major work devoted largely to politics, his *Letters from the Mountain* of 1764.

The feature of his *Social Contract* which, in his lifetime, aroused the deepest public fury, however, was its penultimate chapter on the civil religion. Rousseau there stresses the significance of a religious as well as political foundation for our civic responsibilities, according to which citizens perform and love their duty as a matter of patriotic faith, joining them together in common devotion to an almighty, benign, and tolerant Divinity. That aspect of his thought, partly inspired by his beloved Machiavelli, brought Rousseau into conflict both with the religious and political establishment of his day and with many of its leading critics. To *philosophes* intent upon reforming the *ancien régime*, his religious zealotry seemed yet again a betrayal of the Enlightenment and a dark reinvocation of blind faith in a dawning age of reason. On the other hand, his express condemnation of Christianity, which he described as best suited to tyrannical government, outraged the Church and political authorities alike. His 'Profession of Faith of the Savoyard Vicar' in *Emile*, moreover, published at almost the same time as the *Social Contract*, set forth the fullest and most eloquent statement of his philosophy of natural as opposed to revealed religion, which dismayed those authorities even more.

From their censure, Rousseau was never really to recover. Both *Emile* and the *Social Contract* were banned or confiscated in Paris and burned in Geneva. Forced to flee from the one city and subject to arrest in the other, he found himself in 1762 a fugitive from justice, surprised both at the vehemence of the official reaction to claims which he thought would be attributed to truly Christian scruples in contrast with the atheism of so many *philosophes*, and at the initial failure of his compatriots to come to his aid. In May 1763, in despair, having found temporary refuge in Môtiers, near Neuchâtel, under the nominal jurisdiction of Frederick the Great of Prussia, he repudiated his Genevan

6. Portrait of Rousseau attributed to Greuze.

citizenship. Thereafter he remained homeless, often obliged to travel incognito, at the mercy of protectors whose real aim, he sometimes suspected, was to ensnare and malign him. One such protector was to be David Hume, who in January 1766 personally accompanied Rousseau to England, where he stayed almost eighteen months, principally at Wootton, in Staffordshire – in that time, overwhelmed by suspicions of an international conspiracy to discredit his character, managing to bring great misery upon himself, and much discomfort to Hume. Real persecution compounded the paranoia with which he was undoubtedly afflicted at least from the mid-1760s, and for the rest of his life he was convinced that his former companions in the vanguard of the

Enlightenment – Diderot, d'Alembert, d'Holbach, and Grimm – assisted by Voltaire and his patrician friends, who had always loathed him, were in league with his political enemies in a monumental network of conspiracy against him. Having returned to France on an undertaking to desist from publishing his writings, he found respite only in solitude, the study of botany, and a romantically lyrical communion with Nature, as recounted in his last major work, for some readers his greatest masterpiece, the *Reveries*, which would appear posthumously with the first part of his *Confessions*. In 1778, soon after being drawn yet again to a refuge just north of Paris, at Ermenonville, provided by the Marquis de Girardin, he died of apoplexy, 'without uttering a single word', his widow reports (L 8344), contradicting groundless suggestions that he had committed suicide.

Yet while Rousseau had become estranged from mainstream Enlightenment thinkers, he had a great many passionate followers as well, throughout France and among radical circles in Geneva and above all, perhaps, in enlightened Europe's peripheries – Italy, Scotland, and Germany, where Kant and Goethe were to prove the most prominent of his admirers of the next generation or two. In the course of the French Revolution, especially, when the manuscript of his *Confessions* was presented to the Convention and his body was ceremoniously transported to Paris, his influence upon eighteenth-century life and thought was at its zenith. No other figure of his age had more clearly expressed the Revolutionaries' commitment to the principles of liberty, equality, and fraternity, nor a deeper devotion to the ideal of popular sovereignty, whose adoption in France signalled an end to the *ancien régime*. In the political career of the Incorruptible Robespierre in particular – his opposition to patronage and to priestly theology, his patriotism and promotion of the Cult of the Supreme Being – can be found, as well as much else besides, the most zealous practical exposition of Rousseau's doctrines. Rousseau himself never advocated revolution, judged political uprisings worse than the disease they were intended to cure, and held little hope for the political salvation of mankind. But he foresaw Europe's impending crisis and the advent of a revolutionary age, hoping it might be averted. When the French Revolution was launched a decade after his death, many of its leaders nevertheless drew up their programmes and constitutions in the fiery light of his philosophy. Because of that connection, he would come to be decried as the most villainous thinker of the whole of the eighteenth century when the Revolution soured and gave birth, first to the Jacobin Terror, then to Bonapartism, and, according to his critics, eventually to modern totalitarianism in general.

Chapter 2
Culture, music, and the corruption of morals

Rousseau remarks in his *Confessions* that he had been thunderstruck on reading the notice of the Academy of Dijon in the *Mercure de France* of October 1749, heralding a competition for the best essay on the question 'Has the rebirth of the arts and sciences contributed to the purification of morals?'. 'The moment I read this announcement I saw another universe and became a different man', he writes (P i 351; C 327). He had stopped by a tree to catch his breath, moved almost to delirium by a fiery vision of the natural goodness of humanity and the evil contradictions of our social order, which had kindled in his mind most of the leading ideas of what would become his principal works, even though he was never to recapture more than its faint shadow. Yet while the *Discourse on the Arts and Sciences* forms the most immediate expression of that vision, Rousseau eventually came to regard it as among the worst of his major writings. The text which launched his literary career had neither order, nor logic, nor structure, he lamented, and, though it was full of warmth and vigour, it was, on his own testimony, the feeblest and least elegant of his celebrated works (P i 352; C 328–9). It is also, as was soon to be noted by his detractors, the least original.

Its central theme is that civilization has been the bane of humanity and that the perfection of our arts and sciences has been accompanied by the corruption of our morals. Before we acquired the skills and attributes of cultured men, and before our patterns of life came to be moulded by false values and factitious needs, our manners were 'rustic but natural'. With the birth and dissemination of knowledge, however, our original purity became progressively debased by sophistical taste and custom, by the 'perfidious veil of politeness', and by 'all those vicious ornaments' of fashion, until our pristine virtue had disappeared as if carried away by an ebbing tide (P iii 8, 10, 21; G 7–9, 20). We cannot but regret our loss of the simplicity of that earliest epoch when our forebears had lived together in huts and sought little more than the approval of their gods, Rousseau maintains. In the beginning the world's only adornments would have been sculpted by Nature herself, and thereafter it has been those civilizations which remain closest to Her, least burdened by the trappings of culture and learning, which have proved the most vigorous and robust. Our arts and sciences, he observes, do not inspire individuals with courage or the spirit of patriotism; on the contrary they sap men of both their devotion to the state and their strength to preserve it from invasion. Since the marvellous inventions of the Chinese failed to ward off their subjection to the coarse and ignorant Tartars, the erudition of their sages was manifestly useless. On the other hand, the Persians, who mastered virtue rather than science, were easily able to conquer Asia, while the greatness of the German and Scythian nations was firmly grounded on the simplicity, innocence, and patriotic spirit of their inhabitants (P iii 11, 22; G 10–11, 20).

Above all, the history of Sparta, when contrasted with that of Athens, demonstrates how much more durable and resistant to the vices of tyranny are those communities which have been spared the vain monuments of culture. Socrates, the wisest person in Athens, cautioned his fellow citizens of the dangerous consequences of their arrogance, and later, at Rome, Cato followed his example and inveighed against the venomously seductive delights of art and ostentation that undermined the vitality of his compatriots. Yet each man's warnings went unheeded, and an entirely specious form of learning came to prevail in both Athens and Rome, to the detriment of military discipline, agricultural production, and political vigilance. The Roman Republic, in particular, once the temple of virtue, soon became the decadent theatre of crime, slowly succumbing under the yoke with which it had earlier harnessed its barbarian captives. Much the same pattern of decline had also marked the collapse of the ancient empires of Egypt, Greece, and Constantinople, Rousseau adds, proclaiming it a general rule that great civilizations decay under the weight of their scientific and artistic progress (P iii 10–14; G 9–13).

The first *Discourse* offers little explanation of these developments, however, barely sketching the way the arts and sciences could have been so comprehensively responsible for the moral decadence of man. On the one hand, all our sciences, Rousseau suggests, have been formed out of idleness, each discipline stemming from the vices to which indolence gives rise – astronomy from superstition, for instance, geometry from avarice, and physics from excessive curiosity. On the other hand, our arts are everywhere nourished by luxury, which is itself born out of sloth and the vanity of men. Luxury is presented as a crucial feature, since Rousseau maintains that it can seldom thrive in the absence of the arts and sciences, while they never exist without it. According to his argument, it seems that the dissolution of morals must have been a necessary consequence of luxury, which, in turn, stemmed from idleness, with the human corruption and enslavement that have been such characteristic features of the history of all civilizations presented as appropriate punishment for our swollen endeavour to advance beyond that state of happy ignorance in which it would have been a blessing to remain forever (P iii 15, 17–19, 21; G 14, 16–17, 20).

In all these respects, the *Discourse on the Arts and Sciences* comprises the first major statement of the philosophy of history – to the effect that our apparent cultural and social progress has led only to our real moral degradation – which Rousseau was to develop as one of the most central themes of his works. But in the first *Discourse* that philosophy of

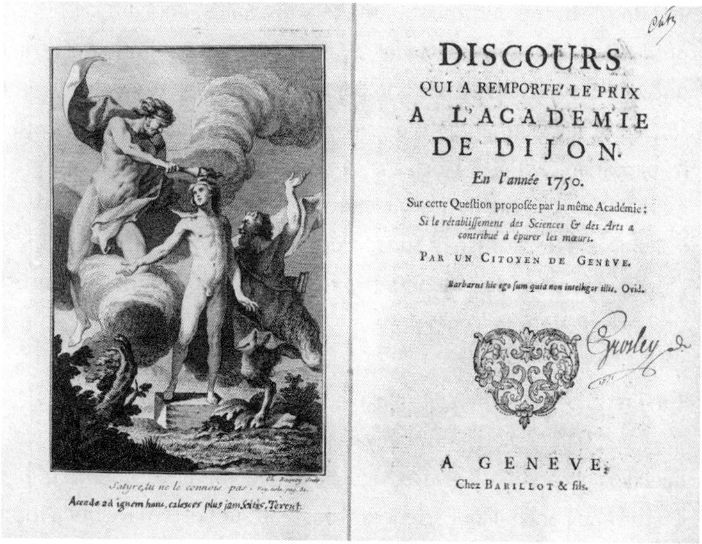

7. Frontispiece and title-page of the *Discours sur les sciences et les arts* (1750).

history still appears rudimentary and obscure, comprised, as it is there, of at least three distinct theses about the course and circumstances of our corruption: first, the suggestion that mankind has declined progressively from the innocence of its earliest primitive state; second, the claim that nations which are artistically and scientifically underdeveloped are morally superior to their sophisticated counterparts; and third, the contention that great civilizations have become decadent under the weight of their own cultural progress. To his readers, these propositions seemed not to accord easily with one another, especially since the tribute Rousseau pays to the mode of life of primitive man, on the one hand, and to robust civilization which succeeds savage society, on the other, is compounded by his further proposition – so fashionable in the Enlightenment – that human history had been interrupted by a reversion, under several centuries of medieval barbarism and superstition, to a state worse than that of our original ignorance. At the end of his text Rousseau even launches upon an entirely new thesis to the effect that it is not really the arts and sciences as such but rather their abuse by persons of ordinary talent which has been the true source of our misfortunes, and he actually concludes his work with the observation that great scientists and artists should be entrusted with the task of building monuments to honour the glory of the human spirit. The rest of us lesser mortals, he exclaims, should aspire to no more than the obscurity and mediocrity to which we have been destined. It is difficult to grasp why Rousseau thought such sentiments appropriate to a critique of the arts and sciences and a defence of the virtues of ignorance, innocence, and common humanity (P iii 6, 22, 29–30; G 6, 20, 27–8).

Nor was he clear as to the precise nature of the contribution which he believed the growth of culture had made to our decline. His thesis appeared to be quite simply that the progress of the arts and sciences has been responsible for the debasement of morals, but he also supposed that the arts and sciences were nourished by the indolence, vanity, and luxury to which men aspire and which some enjoy. Had the advancement of culture been the cause of our corruption, then, or its effect? Rousseau, whose main concern in the work is to portray the evils which invariably derive from the pursuit of culture and knowledge, but who equally proclaims that our arts and sciences owe their origin to our vices (P iii 17, 19; G 16, 18), seems to have been unable to make up his mind.

One of the reasons for his irresolution may be the fact that so many features of his argument were borrowed from earlier thinkers, such as Montesquieu, Fénelon, Montaigne, Seneca, Plato, and, above all, Plutarch, whose writings he had read at length, and whose commentaries on the superiority of nature over artifice, or the oppressiveness of inequality, or the decadence of civilization, were so much endorsed or recapitulated in his text. In his *Essay on the Reigns of Claudius and Nero* Diderot later remarked that 'a hundred apologies for ignorance in the face of the arts' and sciences' advance had been made before Rousseau', and he was certainly correct. But the first *Discourse*

8. Portrait of Diderot by Van Loo.

lacks originality not only because it bears the general influence of other works in a similar vein to which Rousseau turned for guidance, or because his scholarship is plainly second-hand – his account of the Scythians, for instance, drawn essentially from Horace, his description of the Germans from Tacitus, his sketch of the Persians from Montaigne, and his contrast between Sparta and Athens from several writers, but most especially Bossuet and the historian Charles Rollin. Its derivative character is due above all to the fact that the very words Rousseau employs to express his principal ideas were often borrowed from his authorities.

Apart from the numerous references whose sources are manifestly clear, there is at least one passage in the *Discourse on the Arts and Sciences* drawn, without acknowledgement, from Montesquieu's *Spirit of the Laws* and one unattributed transcription from Bossuet's *Discourse on Universal History*; there are several snatches from Plutarch's *Lives* and upwards of fifteen extracts from the *Essays* of Montaigne, only a few of which allude to their source; while the very last line of Rousseau's text is adapted from both Plutarch and Montaigne together. Dom Joseph Cajot's *Plagiarisms of Rousseau*, published in 1766, may have been excessively severe – and in most instances incorrect – in its imputations, but it remains the case that the *Discourse on the Arts and Sciences* is the only one of Rousseau's writings which invites such suspicions. Despite the polemical tone and character of the argument, it is directed against no other work in particular, and Rousseau appears to have turned to his sources more in order to recapitulate them than to lend weight to his own ideas. The difference between his first and second *Discourse* with regard to this point could hardly be more stark, since in the *Discourse on Inequality* he was to embark on a refutation of most of the figures mentioned in his text, whereas in the *Discourse on the Arts and Sciences* he managed little more than to reflect, albeit perhaps in a more powerful idiom of his own, the disparate views already advanced by its precursors. His first major work enunciates a philosophy of history to which he was to adhere for the rest of his life and which his contemporaries, at least, came to recognize as his most central doctrine. It was the first of his writings emblazoned with his signature 'Citizen of Geneva', thereby proclaiming his proud identity and authorship. Yet in launching his literary career, it was to prove his least characteristic, least personal, achievement.

Rousseau's development as a writer, nevertheless, owed much to the dispute which exploded around his *Discourse on the Arts and Sciences* immediately following its publication and which raged for at least three years thereafter. In the course of that controversy, by way of attempting to vindicate his work against his critics, he came to assemble, elaborate, and refine his original claims in a manner that was often different from their first formulation. He made no effort to reply to all his detractors, but he tried to rebut at least six works in particular that came to his notice. Several of his critics charged that he had failed to specify the precise point of our moral decline, so that he had given the impression of preferring Europe's centuries of barbarism to the renaissance of the sciences which followed, and a few decried his general lack of scholarship, in his misunderstanding of the brutal nature of the ancient Scythians, or his neglect of the fact that some of the figures he had praised, such as Seneca, believed that virtue was enhanced and not debased by literature. To these allegations Rousseau retorted, particularly in a 'Letter to the abbé Raynal', that his aim had been to put forward a general thesis about the connection between artistic and scientific advance, on the one hand, and moral decadence, on the other, rather than to trace the course of any particular set of events, so that such critics had misunderstood the purpose of his work (P iii 31–2; G 29–30).

He was to pursue this theme of generality much further in his *Discourse on Inequality*, where he shifts his attention from the untainted civilizations of the ancient world to the nature of primeval man and to a condition of humanity so remote that *no* historical research could possibly uncover its true features. After the publication of his first *Discourse*, Rousseau was to become progressively more concerned with the ultimate sources of our decadence and less with its particular manifestations in different cultures. Paradoxically, however, while he gradually set his sights upon our most distant past, his evidence came to be drawn from an increasingly contemporary world, in effect populated by savages who had thus far escaped the miseries of human history rather than by the heroes and sages of antiquity. By the mid-1750s, that is, his fidelity to the venerable *Lives* of Plutarch came at least to be counterbalanced by a new enthusiasm for the *General History of Voyages*, edited by the author of *Manon Lescaut*, the abbé Prévost. As the divisions between man's nature and culture which Rousseau perceived grew sharper and bolder, so too did the arguments he put forward to portray these differences, and in the course of the development of his early social theory the deficiencies of his historical scholarship were soon to be overcome by the breadth and sweep of his speculative insights into the general plight of our species as a whole.

Several of the critics of his first *Discourse* also accused him of resuscitating the nostalgic chimera of an ancient golden age, which had existed in myth and poetry but never in fact. To this objection Rousseau replied, especially in his answer to Borde's *Discourse on the Advantages of the Arts and Sciences* of 1751, that the idea of an ancient golden age was not a historical illusion but a philosophical abstraction, no more chimerical in substance, and no less necessary for our self-understanding and well-being, than the concept of virtue itself (P iii 80; G 71). He had not juxtaposed past and present epochs of our history in order to encourage the rescue of fictitious virtues or the lost innocence of antiquity. In two of his works stemming from the first *Discourse*, the 'Observations' addressed to King Stanislaw of Poland and the preface to his play *Narcissus*, he observes that a people, once it was corrupted, could never return to a virtuous state, and this was a thesis to which he was to subscribe throughout his life. Above all, he took great offence at the suggestion, first made by the mathematician and historian Joseph Gautier, that he had become an apologist of ignorance who appeared to believe that our culture should be crushed and our libraries burned. Of course we must not plunge Europe back into a state of barbarism, he responded, nor was he advocating the obliteration of our libraries, academies, or universities, least of all the destruction of society itself (P ii 971–2; P iii 55–6, 95; G 50–1, 84–5, 103). Reversion to a natural state is no more possible for civilized man than would be the recovery of innocence or ignorance of vice. Following such objections to his *Discourse on the Arts and Sciences*, Rousseau was always to stress that the morally upright citizen must attempt to make his way in *this* world rather than in some ancient paradise of remote imagination. The alternative course of solitude and communion with Nature which he would personally espouse towards the end of his life was not one he was to recommend as a strategy for disenchanted subjects of modern states, and he remained adamant that his ideas were neither utopian nor violent in their implications.

He was impressed by the force of some of the objections raised by his critics, and occasionally modified or abandoned certain features of his theory in the light of them. Thus when King Stanislaw challenged his account of the connection between virtue and ignorance, on the grounds that uncultured men whom Rousseau had applauded were sometimes brutal rather than benign, he accepted the point and proposed a distinction between two forms of ignorance, of which one was odious and terrible, and the other modest and pure (P iii 53–4; G 48–9). Yet without further elaboration this reply was hardly convincing, and in his later writings he was to prove more hesitant in ascribing the moral innocence of primitive men to their mere lack of learning. The philosopher Charles Borde, whom Rousseau had befriended in the early 1740s, claimed that the author of the *Discourse on the Arts and Sciences* had also been unwise to praise the military prowess of uncivilized peoples, whose barbarous conquests had been evidence of their injustice rather than innocence. Rousseau was quick to concur, allowing that it is not our natural destiny to destroy one another. Although he at first suggests that devotion to war for the sake of conquest is unlike willingness to fight for the defence of liberty (P iii 82; G 72), he was never again to portray the ideal of military valour in quite the shining colours he had employed in the first *Discourse*. He did not abandon his belief, inspired by Machiavelli, that the liberties of the Roman Republic had been sustained by its citizens' militia, but in the *Discourse on Inequality* and afterwards he was to portray all wars as criminal, murderous, execrable, and – for the combatants themselves – pointless.

While Rousseau thus made a few concessions to his critics, he turned other charges to more productive use in the development of his theory. This is particularly true of his replies to the claims of Stanislaw and Borde that the moral degradation of man was attributable to an excess of wealth rather than learning, and of his response to Borde's contention that the decline of nations could ultimately be due only to political causes. In his 'Observations' he acknowledges that diverse customs, climate, laws, economies, and governments (to which d'Alembert had drawn attention in objecting to Rousseau's thesis in his 'Preliminary Discourse' to the *Encyclopédie* of 1751) must all have figured in the formation of peoples' moral traits (P iii 42–3; G 39), and thereafter he was to address the impact of such factors more directly. In his 'Last Reply' to Borde of 1752, for instance, he notes that luxury, which he had earlier condemned as the principal cause of our decadence, was itself due largely to the decline of agriculture in the modern world (P iii 79; G 70). In the same text, and subsequently in his preface to *Narcissus*, he draws attention for the first time in his writings to the nefarious influence of private property. In the 'Last Reply' he deals mainly with the concept of ownership, and with the brutal division of the earth between masters and slaves which the practical application of that concept entails, largely in order to challenge Borde's thesis that men in their most primitive state must already have been fierce and aggressive. 'Before those dreadful words *thine* and *mine* were invented', he exclaims, 'before there were men so abominable as to crave for superfluities while others starve of hunger', I should like to know just what our ancestors' vices could have been (P iii 80; G 71). In the preface to *Narcissus* he concentrates instead upon the fact that the moral attributes of the savage were markedly superior to those of the European, because savages were unscathed by the habitual vices of greed, envy, and deception which in the civilized world have caused men to scorn and make enemies of one another. 'The word *property*', he reflects there, 'has almost no meaning among savages'. 'They have no conflicting interests around it; nothing drives them to deceive each other', as covetous civilized men always do (P ii 969–70 n; G 101 n). In these two passages directed against the critics of his *Discourse on the Arts and Sciences*, we thus find Rousseau's earliest major statements of the thesis which he was later to expound in the form of a challenge – on that occasion to Locke's theory of property – in the *Discourse on Inequality*.

Rousseau was now beginning to look more closely at the role of political factors as well. The evils of contemporary society had been described before by many figures, he reflects in the preface to *Narcissus*, but while others had perceived the problem, he had actually uncovered its causes, and the essential truth he had learned by 1753 was that all our vices stem ultimately not from our nature but from the ways in which we have been badly governed (P ii 969; G 101). He was to make the same point again two years later in his *Discourse on Political Economy*, where he remarks that 'Peoples are in the long run what their governments make of them' (P iii 251; S 13). He was to stress it once more in the following decade in his *Letter to Christophe de Beaumont*, where he proclaims that the counterfeit behaviour of civilized men is caused by our 'social order', which brings continual tyranny to bear upon our nature (P iv 966). And around 1770 he was to reflect in his *Confessions* that the truth of this principle had already been apparent to him thirty years earlier, during his sojourn in Venice, when he had witnessed the dire consequences for its people which followed from the defects of that nation's government. The preface to *Narcissus* thus embraces the first statement of an idea whose elaboration in several contexts and in different forms was to occupy a major part of Rousseau's life and works.

With regard to the contribution made by wealth and riches to our moral decline, Rousseau soon showed himself to be only partly in accord with the ideas of Stanislaw and Borde. In several fragmentary writings of the early 1750s, especially a short piece on 'Luxury, Commerce, and the Arts', he acknowledges that the cupidity of man is a manifestation of his desire to set himself above his neighbours, so that the introduction of gold in human affairs had been unavoidably accompanied by the inequality of its distribution, from which there then issued the vice of poverty and the humiliation of the poor by the rich (P iii 522). But even in recognizing the part played by the accumulation of riches in mankind's moral corruption, he insists that it was not the principal cause of our decline. On the contrary, as he declares in his 'Observations', wealth and poverty are relative terms which reflect rather than determine the extent of inequality in society. Rearranging the genealogy of vices which he had portrayed in the first *Discourse*, he now proposes that pride of place in the dismal order of our corruption should be granted to inequality, which was then followed by wealth, which in turn made possible the growth of luxury and indolence, which then gave rise to the arts, on the one hand, and to the sciences, on the other (P iii 49–50; G 45). Here was a new version of his argument, placing the arts and sciences last, and not first, as his critics supposed.

At least part of the reason for this modification of his views may be gleaned from his 'Observations' and the preface to *Narcissus*, where he suggests that while the progress of culture has been responsible for a whole train of vices, it is fundamentally our *desire* to shine through learning rather than the achievement of learned men which undermines our morals in civilized society. For our pursuit of culture above all else expresses our resolve to distinguish ourselves from our neighbours and compatriots, he claims, in both places elaborating a brief remark about 'the rage for distinction' that figures in the first *Discourse* itself, recollecting perhaps the main thrust of Fénelon's most central contribution to the quarrel of the ancients and moderns which had fermented in France for more than thirty years around the turn of the eighteenth century. It is not so much our devotion to excellence as our wish to command the respect of others that has prompted us to manufacture the artefacts and instruments of advanced societies, so that civilization seems only a fulfilment of our attempts to establish an unequal distribution of public esteem (P ii 965; P iii 19, 48; G 18, 43–4, 97). Moral virtue cannot truly exist, Rousseau contends, unless individual shares of talent are roughly equal. The only safeguard we had ever had against corruption, he remarks in his 'Observations', was that original equality, now irredeemably lost, which had once conserved our innocence and been the true source of virtue (P iii 56; G 50–1). Thus does he conclude that our craving for distinction in the arts and sciences is a manifestation of much the same factitious feeling as the desire to dominate in politics – a sentiment upon which he would soon focus his attention in the *Discourse on Inequality*.

In all these respects, therefore, Rousseau's replies to the critics of his *Discourse on the Arts and Sciences* led him towards the more political, social, and economic lines of argument that he was to pursue in the second *Discourse* and beyond. Yet he never abandoned his earlier views about the importance of the arts and sciences as causal agents of human corruption. On the contrary, throughout the dispute surrounding his *Discourse on the Arts and Sciences*, he consistently reaffirms the claims which he had made in his prize essay about the interconnections between vanity, sloth, luxury, and culture, even while extending his argument to accommodate other factors. One of his critics, Claude-Nicolas Le Cat, a professor of anatomy and surgery and Permanent Secretary of the Academy of Rouen, managed to provide Rousseau with a whole new front for the development of his ideas, in challenging him to be more precise as to which areas of culture were subject to his imputations. Surely Rousseau did not propose to include music among those arts and sciences which had brought about our degradation, Le Cat exclaimed, confident that the *Encyclopédie*'s principal contributor on musical subjects must know better than anyone else how useful and advantageous this art has been, and how, at the very least, it must form an exception to his general thesis.

Le Cat's supposition could scarcely have been further from the truth. In 1753, at the height of the *Querelle des Bouffons*, the controversy surrounding Pergolesi's *Serva padrona* and Italian *opera buffa* which divided the patrons of the Paris Opéra and the French court into musical factions, Rousseau produced his *Letter on French Music*, which provoked an even greater storm of protest than the *Discourse on the Arts and Sciences* three years earlier. Some languages, Rousseau contends there, are more appropriate to music than others, on account of their more mellifluous vowels, their more gentle inflections, and their more precisely measured figures of speech. Such languages, above all Italian in particular, he claims, lend themselves to clear melodic intonations and to expression in song. Other languages, like French, are marked by a lack of sonorous vowels and by consonants so coarse that agreeable tunes cannot be sung in them, leaving composers from nations with such a speech impediment obliged to embellish their music with the strident noise of harmonic accompaniment. Articulation of the French language in unadorned song is thus impossible, and if the people of France should ever seek a form of music of their own, he concludes in the last line of his text, so much the worse for them. Following this provocative work and these defamatory remarks, Rousseau was widely denounced for his affront to public taste. If his *Letter on French Music* did not quite excite an insurrection, it made him appear, for the first time in his life, an enemy of the French state. As Voltaire was later to recognize, Rousseau is nowhere so politically inflammatory as when commenting on music.

If Le Cat had been able to read the section devoted to that subject which Rousseau originally drafted as a part of the *Discourse on*

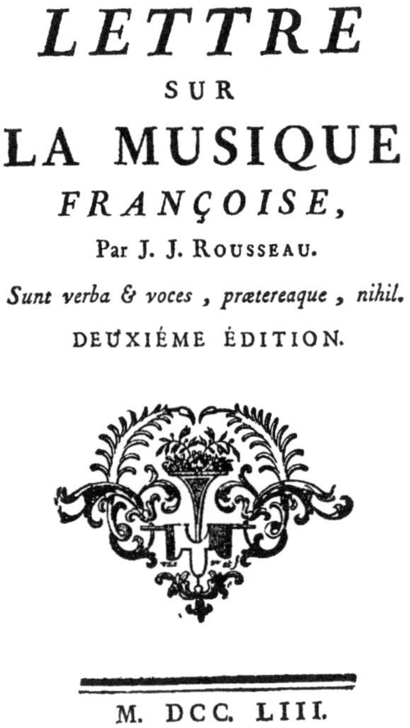
LETTRE
SUR
LA MUSIQUE
FRANÇOISE,
Par J. J. ROUSSEAU.
Sunt verba & voces, prætereaque, nihil.
DEUXIÉME ÉDITION.
M. DCC. LIII.

9. Title-page of the second edition of the *Lettre sur la musique française* (Paris, 1753).

Inequality, and which eventually appeared posthumously in 1781 as two chapters of the *Essay on the Origin of Languages*, he would have understood why music could form no exception to Rousseau's general thesis of the *Discourse on the Arts and Sciences*. On the contrary, the corruption of human morality was *most* clearly manifested, according to Rousseau, in the history of the development of music. Our first languages, he contends in the *Essay*, probably arose in the southern regions of the world, where the climate was mild and the land fertile. They must have had a rhythmic and melodic character and would have been poetic rather than prose, sung rather than spoken, so that in their first articulations of impulsive passions our forebears must, in short, have been enchanting (P v 407, 410–11, 416; G 278, 282, 287). But languages which would subsequently have arisen in the inclement conditions of the north would have first expressed men's needs rather than their passions and would have been less sonorous and more shrill (P v 380, 407–9; G 253, 279–81). With the eventual conquest of the Mediterranean world under a wave of barbarian invasions, the guttural and staccato speech of northern men must have taken precedence over the mellifluous intonations which had served for the expression of human sentiments before, and all the sweetness, measure, and grace of our original languages would have been lost (P v 425–7; G 296–8). The melodic forms of diction would have been suppressed, claims Rousseau, and our utterances would have been progressively deprived of their initial charm. Under the bondage of barbarian rule and agricultural labour, humdrum prose would in effect have taken precedence over poetic song, and with the emergence of prose, languages, particularly the earliest forms of French, English, and German, accordingly would have become prosaic (P v 392, 409; G 265, 280–1).

Music, on the other hand, would have been rendered senseless by the loss of its semantic component when appropriated by the languages of prose, and it would have come to be developed further only by the Gothic innovation of harmony, implanting chordal patterns upon the utterances of men that yielded artificial pleasures in place of the natural delights of vernacular song. Under these pressures music would have become more instrumental than vocal; and the calculation of intervals would have been substituted for the finesse of melodic inflections (P v 424; G 295). Prose would have come to be refined in writing rather than speech, communicated no longer with expressive force but only the exactitude of grammatical rules and a precise dictionary of terms, which it would have been necessary to consult in order to ascertain one's feelings (P v 386, 415; G 258, 286).

As if to meet Le Cat's challenge to his philosophy of history, Rousseau entitled the final chapter of his essay 'The Relation of Languages to Government' and proclaims there that languages which have come to be separated from music are inimical to freedom. A prosaic rhetoric inspires servile manners, and speech made hollow by its lack of tone and rhythm, he asserts, also makes for hollow men. The languages of modern Europe have become suitable only for discourse at close quarters, as the ineffectual chatter of persons who just murmur feebly to one another with voices which lack inflection, and therefore spirit and passion as well. As our speech has succumbed to the loss of its musical traits it has been deprived of its original vigour and clarity and become little more than the faint mutterings of individuals who have no strength of character or purpose. And if this is the private aspect of our contemporary languages, their public manifestation, according to Rousseau, is more oppressive still. For men who govern others but have nothing to say themselves can do little else when the people are assembled apart from shout and preach to them, in intemperate and unintelligible pronouncements. The proclamations of our rulers and the supplications of our priests continually abuse our sensibilities and make us numb, and tortuous harangues and sermons, delivered by both secular and religious charlatans, have become the sole form of popular oratory in the modern world (P v 428–9; G 299).

Both the private and public faces of language, Rousseau concludes, thus provide an accurate portrait of the utterly degraded state into which our societies have fallen. Conversation has become covert, political discourse has become barren, and we have all succeeded in bringing our original manner of speaking up to date only by becoming the speechless auditors of those who rule by diatribes and recitations from the pulpit. In fact since even these perverted forms of rhetoric are no longer necessary to keep us in our allotted places, the rulers of modern states have correctly come to understand that they can maintain their authority without convening any popular meetings or assemblies at all. They have only to direct the attention of their subjects to the many things which they might exchange with each other and away from the few thoughts that they might still wish to communicate, so that in their latest form the vocal intonations which had once expressed our pleasures have been reconstituted as the terms that denote our trades. Whereas the words *aimez-moi* must in the past have been superseded by *aidez-moi*, now all that we say to each other is *donnez de l'argent* (P v 408, 428; G 279, 298–9). In Book iii, chapter 15 of the *Social Contract* Rousseau would later pursue much the same argument, shorn of its musical but not its political dimension.

Of course the *Essay on the Origin of Languages* must have been inspired by much more besides Le Cat's objection to the *Discourse on the Arts and Sciences*. On Rousseau's own testimony it originally formed a section of the *Discourse on Inequality*, which he withdrew because it was too long and out of place, and which in 1755 he then appended to a study of the *Principle of Melody* that he had drafted partly in reply to Rameau's criticisms of his articles on music for the *Encyclopédie*, only to withdraw it once again. The *Essay*'s stress upon the priority of melody over harmony in music is central to the case developed by Rousseau against Rameau, who throughout his life had insisted upon the supremacy of harmony, which he explained in the light of his innovative notion of the *fundamental bass* of a resonating body. But Rousseau's treatment of music and language in the *Essay* forms an intrinsic part of his philosophy of history as well, and it comprises a more richly drawn illustration of his claim that the progress of civilization has led to the corruption of morals than can be found in his discussion of any of the other arts or sciences. To that extent it takes up Le Cat's challenge to his original thesis most directly. In a note of his 'Last Reply' to Borde, Rousseau claims that he had foreseen and dealt in advance with all his detractors' plausible complaints against his case (P iii 71–2; G 64), but he thereby does scant justice to their ingenuity or to the subtlety of his own rejoinders, whose fresh themes are largely imperceptible in his original text.

At least one objection to the first *Discourse*, however, was to remain unanswered in Rousseau's early writings. An anonymous critic – possibly the abbé Raynal, who was later to collaborate with Diderot and others in compiling a massive *History of the Two Indies* – complained that

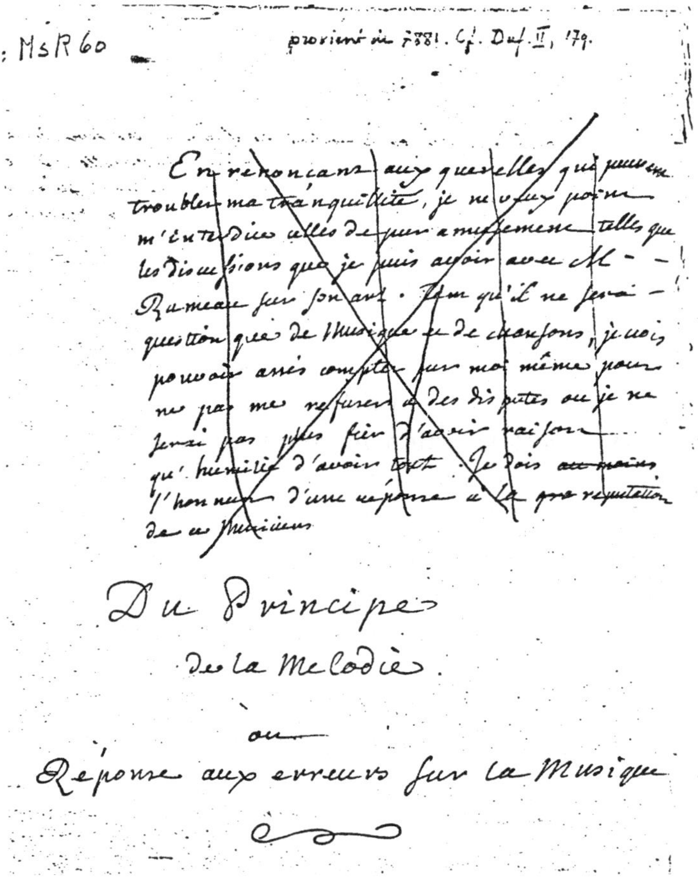

10. Manuscript title-page of *Du principe de la mélodie.*

Rousseau had failed to offer any practical conclusions following from his thesis and had neglected to propose a remedy for the condition he described. In his 'Last Reply' to Borde, Rousseau acknowledges the force of this criticism and remarks only that he had seen the evil and had tried to locate its sources. The search for a remedy, he claims at this stage of his life, was a task he must leave to others (P iii 95; G 85). He did not take up the challenge in his *Discourse on Inequality* nor anywhere else in his writings of the early and mid-1750s, but neither did he abandon it completely. In certain works of that period or soon afterwards which were not destined for publication, he could permit his imagination to soar in political reverie which might appear to counsel radical change, as in the second chapter of Book i of his *Manuscrit de Genève*, an early version of the *Social Contract* embracing his response to some remarks of Diderot in the *Encyclopédie*, where he calls for the establishment of 'new associations to correct . . . the defect of society in general' (P iii 288; S 159). Subsequently in his *Letter to d'Alembert*, and in the final version of his *Social Contract*, by way of attempting to breathe fresh life into ideals of civil association that mankind had lost, he was to propose a set of principles according to which our moral sentiments might be uplifted rather than debased, only to find the authorities of his native Geneva and adopted France so alarmed as to regard even his presence among them a threat to public order.

Chapter 3
Human nature and civil society

The *Discourse on the Origins of Inequality* is the most important and substantial of Rousseau's early writings, and with the *Social Contract* and *Emile* it has come to exercise the widest influence of all his works. Yet its impact on its readers was not so immediate or tempestuous as the public response which had greeted his *Discourse on the Arts and Sciences* or his *Letter on French Music*, since unlike the first *Discourse* it failed to win the prize of the Academy of Dijon for which it had been entered in a fresh competition, and it lacked the topicality of Rousseau's contribution to the *Querelle des Bouffons*, which had stirred strong feelings among partisans of French and Italian music and politics alike. Less embellished with the merely rhetorical flourishes of these earlier works, it pursues a deeper analysis of civilization and its trappings by way of more rigorous argument, for the first time in a political and social idiom which marks the emergence of Rousseau's philosophy of history in its most mature form. While it attracted some praise and even more hostility from reviewers in France, its greatest impact was probably first felt in Scotland, where Adam Smith was to cast his *Theory of Moral Sentiments* in part as a reply to it, and Lord Monboddo was to construct his case for the humanity of great apes in his *Origin and Progress of Language* in the light of propositions on this subject which it embraced. In Germany, both Kant in his *Idea for a Universal History* and Herder in his *Ideas for a Philosophy of the History of Mankind* were also to draw inspiration from its evolutionary doctrines – Kant particularly from its distinction between the refinement of culture and the cultivation of morality, Herder most especially from its account of the social formation of language. In our own day Claude Lévi-Strauss has deemed it the inaugural Enlightenment contribution to the science of anthropology. Although it surveys a more remote antiquity than any of Rousseau's other writings, it has come to be judged the most radical and progressive of his major works, certainly among those published in his lifetime.

Part of the reason for its commanding that reputation is the critical manner of its assessment of earlier political doctrines, including both ancient and modern conceptions of natural law and contemporary theories of the social contract. While Condillac's philosophy of language and Buffon's natural history receive close attention as well and on certain themes are taken to task, it is the political and social ideas of Hobbes, Pufendorf, and Locke, above all, which are subjected to sharpest scrutiny and condemned at length by Rousseau in this text. He was convinced that these thinkers had provided an account of the sources of human depravity in terms which were quite generally correct, while misconceiving the true significance of their ideas. On the one hand, they had explained how men in the past might have been deluded into accepting those institutions which had made them morally corrupt, but, on the other hand, they believed that it was each man's duty to uphold such institutions, on account of their providing solutions to another – for Rousseau entirely fictitious – problem. His rebuttal of Hobbes, Pufendorf, and Locke was pursued along roughly the following lines.

In the exordium to the *Discourse* he contends that there must be *two* kinds of inequality among men, one which is natural or physical, and hence beyond our control, the other moral or political, because it depends upon human choice (P iii 131; G 131). There is, Rousseau observes, no fundamental link between these two types of inequality, for the claims to dominance put forward by the few who govern the many can have no force unless they are acknowledged to be proper, and that acknowledgement was granted by individuals to other persons rather than bestowed as a gift of Nature. The moral and political divisions which obtain throughout the world are thus never to be justified with reference to any of the physical traits which mark individuals apart. If the opposite were true, then the exercise of force might itself create an obligation to obey, and men would somehow command the respect of their neighbours for the same reason that they arouse their fears. In the *Social Contract* Rousseau was to explain at greater length that force is not the foundation of right, and this is his position in the *Discourse on Inequality* as well. Together with other social contract theorists, he believed that the rules which differentiate persons in society could only come to prevail through their consent, so that, as he argues in Part i of this text, the inequalities produced by Nature must have been *transformed* into such inequalities as were enjoined by man (P iii 160–1; G 158).

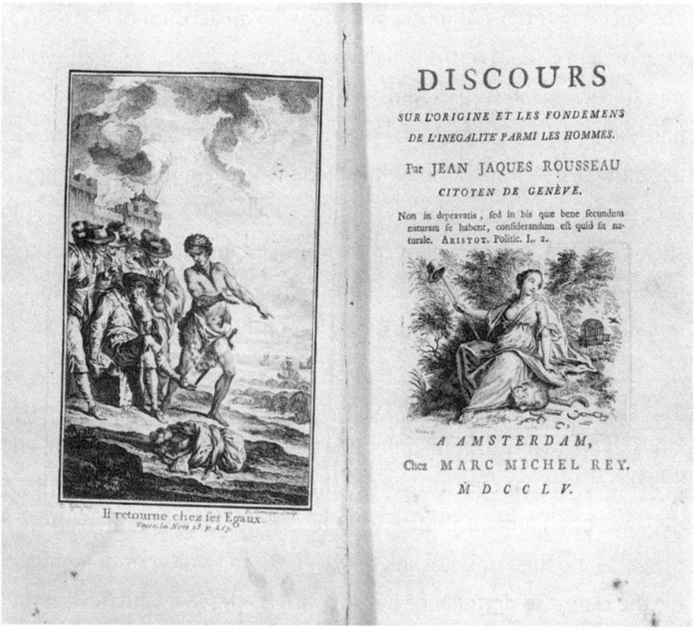

11. Frontispiece ('Il retourne chez ses Egaux') and title-page of the *Discours sur l'inégalité* (Amsterdam, 1755).

Rousseau conceived the central theme of his second *Discourse* as an account of how the human race might have undergone a transformation of this sort. Since in their natural state our ancestors would have had only casual and infrequent contact with each other, he claims that the earliest distinctions between individuals would have been of no consequence. The inequalities established by men themselves, however, formed the dominant features of each community (P iii 162, 193–4; G 159–60, 187–8). In their original condition, our forebears could have had 'no moral relations with or determinate obligations to one another' (P iii 152; G 150), and since natural man had neither any need for the company of other creatures like himself, nor any wish to hurt them, it was only with the birth of social institutions that his weakness became timidity or his strength a menace to his neighbours. The inequalities which have arisen between persons in society, by contrast, where fixed and determinate relations do prevail, bind individuals together permanently through channels of subservience and command.

Because they had been entirely mistaken in their conceptions of the state of nature, Hobbes, Pufendorf, and Locke, by contrast, had wrongly supposed that all individuals must there be equal in their powers, and each of these thinkers had imagined that as a consequence of this equality every person would be apprehensive of his neighbours and unable to live in safety among them. Men of equal abilities, Hobbes had alleged, could pursue the same objectives only at their peril, for without a common power to keep them in awe, they would be in a state of war (*De cive*, ch. 10; *Leviathan*, ch. 13). In order to achieve peace, men must institute an artificial superior or 'mortal god', he had supposed, commanding absolute authority to protect each person from the next, so that the pernicious effects of equality might be overcome through the subjection of the whole multitude to the Leviathan. Thus while for Rousseau the inequalities of the natural state must have been entirely *without* significance for mankind, according to Hobbes the fact that there must be equality in a masterless world was of great importance and was one of the reasons which made the attainment of peace there naturally impossible.

For Pufendorf, similarly, men must have been precariously equal in their original condition. Agreeing with Hobbes that we were motivated by selfishness rather than any impulse of benevolence or fellowship, he nevertheless contended that in the state of nature we would have been at the mercy of the elements and of fierce animals, drawn together on account of our frailty and timidity, not positively but negatively, in order to survive (*De jure naturæ et gentium*, II iii 20). This was Pufendorf's doctrine of *socialitas* or natural sociability – a trait which, he claimed, would have led our ancestors to form communities of ever-increasing complexity and sophistication, on account of the limitless capacities and insatiable desires unique to our species. The growth of a political commonwealth would accordingly have been more gradual than Hobbes had imagined, but for Pufendorf it was similarly designed to overcome the perilous instability of our natural condition of equality through our acceptance of the rule of an absolute sovereign. Civil society or civilization, thus conceived, provided a remedy for the barbarous misery of our savage state. Kant would later term such a theory of the genesis of society the doctrine of 'unsocial sociability'.

For Locke, too, it had been the fundamental equality of men in their original condition, 'wherein all power and jurisdiction is reciprocal' (*Second Treatise*, ch. 2), which must have made the tenure of property there uncertain and insecure. Only in civil society, he supposed, where it was constantly defended by a superior power entrusted with its care, could private property be safeguarded and our natural right to it enforced. While Hobbes's central focus had been the political dimension of peace, Pufendorf's the collective need for security, and Locke's the civil protection of property, the three writers appeared to be in agreement that individuals were naturally unable to survive in the absence of government, and thus that an artificial power must always be established to reduce the dangers which accompany the unfettered equality of mankind.

Rousseau's account of inequality's origins in his second *Discourse* was at least partly designed to contradict these claims. In his view, the superior authorities conceived by Hobbes, Pufendorf, and Locke must have reinforced the antagonisms which set persons apart from one another, and did not overcome such differences. He believed it was impossible to discover from the works of any of these or other political thinkers *why* men in the state of nature should seek protection from their neighbours, but he thought their ideas collectively did none the less explain *how* individuals might have established as legitimate just those determinate and fixed relations which form the distinctions between them in corrupt society. According to Rousseau, confronting Hobbes in particular, it was true that men must have developed all their social obligations so as to protect their lives and their possessions, but since they could not have been at war, nor owned any property, nor had any ambitions to dominate or any reason to fear one another, in their natural state, it was inconceivable that they should originally have felt the need for such security (P iii 153–4; G 151). The state of nature could have contained no endogenous factors to drive its inhabitants out of it, and sentiments of envy or distrust, which made persons apprehensive for their safety or fearful of losing their possessions, were, in his view, simply not appropriate to men who lived contentedly alone.

In the *Discourse on Inequality* Rousseau acknowledges that the idea of private property must have constituted the *most* fundamental principle of obligation, although in so far as savages could not originally have formulated principles of any kind, he insists that such an idea must have arisen some time after they had begun to settle in communities. Pufendorf had been mistaken to suppose that men's natural sociability must have impelled them to live together, since society itself is unnatural and depends upon an agreed vocabulary of signs, that is, a language, which makes the shared framework of intelligible discourse possible. But language, in turn, could not have arisen without a pre-existent society which shaped it and gave a commonly accepted meaning to individual utterances. With language requiring society no less than society requiring language, Rousseau concludes – in a passage on the origins of language devoted above all to the linguistic philosophy of Condillac – that he cannot establish which had come first (P iii 146, 151; G 145, 149).

Condillac, in his *Essay on Human Knowledge* of 1746, had, in Rousseau's view, correctly understood that there could not have been discursive languages in mankind's primitive state, however it was conceived, since linguistic skill can only be acquired with great effort in the course of a long apprenticeship. Together with Rousseau, Condillac had recognized that men's first languages must just have been cries of nature (P iii 148; G 146; *Essay*, I ii 4). But unlike Rousseau he had imagined that such impulsive utterances would have been rudimentary signs of thought, representing our forebears' inchoate association of ideas, for even in the most remote antiquity their use of arbitrary linguistic signs must have referred to something else which is not language. In the *Discourse on Inequality* Rousseau takes issue with this thesis, contending that in their original state individuals could not have begun to conceive thoughts without language, any more than they could have formed society without it (P iii 147; G 145–6). Savage men would have required expertise in natural history and metaphysics, he contends, in order to grasp the generic meanings of terms required by even the most primitive linguistic signs (P iii 149; G 147–8), since language does not just represent thoughts and images, but articulates and forms an essential part of them, having no independent status of its own.

In the absence of both society and language from our most savage state, the establishment of a right of property, such as Locke had described it, would also have been impossible there. No claims of ownership could have been expressed or understood by men and women until the linguistic rules of social life had first been established, for without some form of language individuals could not have had a conception of what was specifically their own, nor could they have undertaken to respect anything that belonged to others. In fact, the institution of private property, Rousseau remarks, must have depended upon a whole variety of conventions and practices which had evolved in the course of human history. It required not only language but also industry, enterprise, progress, and enlightenment, so that it actually formed what he terms the 'last point of the state of nature' and the first point in the emergence of civil society (P iii 164; G 161).

Yet if the idea of an exclusive right to land could only be acquired after persons had begun to establish fixed relations with one another, it was still vital for Rousseau that we should recognize the institution built upon that idea as central to all subsequent social relations. 'The first man who, having enclosed a piece of ground, thought up the statement *this is mine* and found people simple enough to believe him . . . was the real founder of civil society', Rousseau observes. Such an impostor, a savage forebear of our species inspired by Locke's perniciously cunning eloquence, would have driven mankind into social subjection, concealing the fact, which Locke had himself recognized before embarking on his case for private ownership, that 'the fruits of the earth belong to us all, and the earth itself to nobody' (P iii 164; G 161). If civil society had been initially formed to justify men's property relations, it must have been just *these* relations, moreover, which had given rise to war. Land would have become scarce through individual appropriation and inheritance, while there must have been an increase in population, leading to usurpations by the rich, robbery by the poor, and the unbridled passions of both (P iii 175–6; G 171–2). Just as Locke had been mistaken, therefore, to suppose that men could have established territorial rights of exclusive use and occupancy before they had created any other social institutions, so too Hobbes had failed to see that the property relations formed by men in their communities must be the principal cause of war, Rousseau contends (P iii 136, 170; G 135–6, 171–2). Since individuals could have come to harm one another only after and because they had established divisive property relations, in their original propertyless state they plainly would have had no occasion to inflict injury upon one another or to suffer it at each other's hands.

It was thus Rousseau's view that the social contract devised by men in order to make their property secure could not have been formed in the state of nature, but, on the contrary, must have been a hoax perpetrated in society by the rich upon the poor. Its terms might have seemed superficially plausible, because they would have referred to the impartial rule of law and to the security of every man, but its real aim would have been to establish such order as was necessary to preserve the estates of some persons at the expense of others. By their own agreement, the poor (that is, the great majority of persons) would have been required to repudiate their right to share the wealth which men of property enjoyed, with the effect that in exchange for peace and the protection of their lives, as Rousseau puts it, 'All ran headlong to their chains, believing they had secured their liberty' (P iii 176–7; G 172–3). The notion that 'property is theft', advanced by Proudhon and other socialists in the nineteenth century, owes much to this argument.

As portrayed in Rousseau's fashion, the political doctrines of Hobbes, Pufendorf, and Locke only served the purpose of providing legal recognition of men's moral inequality, enshrining in law, and with the force of artificially established authority, just those antagonistic social relations which in fact require civil society's rules of justice for their control. Hobbes's error, he remarks in Book i, chapter 2 of the *Manuscrit de Genève*, had not been his presumption of a state of war among men once they had become sociable, but his having supposed that state natural and due to vices which actually spring from rather than give rise to it (P iii 288; S 159). Each of these three thinkers had, in effect, conceived their ideas as solutions to some problems of which those solutions were in fact the cause (P iii 184; G 179). Hobbes's and Pufendorf's postulates about our fundamental qualities made us appear so miserable that we could not but admire the peace and justice brought to us by governments which transform us from savages into citizens. And yet when we shut the splendid works of such jurisprudential writers and take stock of men outside them, what do we see?, asks Rousseau in a short essay on 'The State of War', which he probably drafted in the late 1750s, perhaps in connection with his commentaries on the abbé de Saint-Pierre's early eighteenth-century projects to promote perpetual peace. We see everyone 'groaning under an iron yoke', he answers, 'the whole of humanity crushed by a handful of oppressors', everywhere suffering and starvation, with the rich contentedly drinking the blood and tears; and throughout the world nothing but 'the strong holding sway over the weak, armed with the redoubtable strength of the law' (P iii 608–9; S 162). It was with sentiments of this kind, expressed in similarly visceral terms, that Rousseau's radical followers and admirers during the French Revolution came to articulate their consummate contempt for the institutions of the *ancien régime*.

Hobbes, Pufendorf, and Locke had overlooked the true significance of their ideas, Rousseau believed, largely because they had subscribed to mistaken views of human nature. They had attributed to savage man a set of traits which he could have acquired only in society, and since they had failed to distinguish our social qualities from our natural endowments, their portraits of our original conduct and behaviour had been too thickly drawn, encrusted with the accretions of our development. Having set themselves the task of explaining the state of nature, Rousseau contends in an important and lengthy footnote of his second *Discourse*, these thinkers did not hesitate to transpose their ideas across centuries of time, as if men in isolation already lived amongst their neighbours (P iii 218; G 216). Worse still, they had proposed that some of our most fatal vices should be authorized by law.

What must our forebears have been like, then, stripped of the incubus of our social history, as was the statue of Glaucus, described by Plato in the tenth book of the *Republic*, before it had been disfigured by the ravages of time (P iii 122, G 124)? To account for the denaturation of our species by way of its metamorphoses in society – along such lines as in the late twentieth century would come to be described as mankind's passage from nature to culture – was the *Discourse on Inequality*'s principal objective. Rousseau here contends that our savage ancestors must have shared two traits in common with all other animals in their original state: first, *amour de soi* or a constant impulse to preserve one's life; and, second, *pitié* or compassion for the suffering of other members of the same species. 'Contemplating the first and most simple operations of the human soul', he writes in the work's preface, 'I think I can perceive in it two principles, prior to reason', of which one concerns our own welfare and preservation, and the other excites a natural repugnance at seeing any other beings suffer pain or death. It is from the agreement of these two principles, without its being necessary to introduce Pufendorf's idea of sociability, that all the rules of natural right appear to be derived, he claims (P iii 125–6; G 127). These attributes must have been prior to reason and sociability, for those latter qualities would have taken a long time to mature, and there could have been no manifest sign of them in our original state. To the extent that natural law philosophers before him had contended that men are fundamentally drawn together by a social disposition whose fulfilment was made possible by their faculty of reason, Rousseau, in the *Discourse on Inequality*, thus rejects a natural law foundation of society. He did not accept that humans differ from animals by virtue of their possessing any superior innate quality or principle, so that in response to the prize question posed by the Academy of Dijon – 'What is the origin of inequality among men, and is it authorized by natural law?' – he once again replies in the negative, much as he had done in the *Discourse on the Arts and Sciences*. 'It is manifestly against the Law of Nature' that the few should be glutted with superfluities while the multitude lack the barest necessities, he exclaims in concluding the second *Discourse* (P iii 194; G 188). Inequality is not authorized by natural law, he thought, because natural law does not dictate the rules of human conduct in men's primeval state. The rest of his second *Discourse* forms an attempt to trace the genesis and history of moral inequality in other terms.

Rousseau was convinced that Hobbes in particular had ignored men's *pitié* or natural compassion because he had a misconceived impression of their *amour de soi* or self-love. He had imagined that in order to preserve their lives, individuals were impelled to resist the attempts of others to destroy them, so that it was impossible, in the state of nature, for any man to be both compassionate and secure. But for Rousseau, by contrast, caring properly for oneself does not exclude concern for the welfare of others; on the contrary, he believed that a pitiless desire for security at the expense of any person gives rise to just that vanity and contempt which transform mere strangers into enemies. Mandeville, whose theory of human nature in his *Fable of the Bees* of 1714 was similar to that of Hobbes, had perceived that this is so, Rousseau observes, but Hobbes had not (P iii 154; G 151–2). His conception of self-love was not really that of *amour de soi* but of *amour-propre*, or vanity, a purely relative and factitious feeling which in society prompts individuals to make *more* of themselves than of others and is the source, Rousseau suggests in another important footnote (P iii 219; G 218), of the 'sense of honour' so crucially, and wrongly, ascribed by Hobbes to human nature in general.

While in their undomesticated or uncivilized state both animals and humans look out for themselves *and* look kindly on others, only persons who are morally depraved look out for themselves *by* looking at others, wishing to be like or better than the rest. In the true state of nature, vanity or *amour-propre* did not exist. The self-love and compassion which we shared with all other creatures would there have sufficed to ensure our survival. By thus removing *amour-propre* from his definition of human nature in the second *Discourse*, Rousseau parted company from a whole tradition of speculation in early modern philosophy about the motives that inclined men towards society. The alleged ascendancy of selfish passions over human reason, on the one hand, and their susceptibility to benign control in ways conducive to the public interest, on the other, were presumed, both by followers of Pascal among Augustinian philosophers of concupiscence and by Hume and other moralists of the Scottish Enlightenment, to make *doux commerce* possible and thereby ultimately engineer the wealth of nations out of the pursuit of luxury. Along such lines was the transformation of seventeenth-century theology into eighteenth-century social psychology to inform the spirit of capitalism and lend warrant to the institutions that nurtured it. But arguments of this sort were, on Rousseau's interpretation, altogether misconceived on account of their ascription of an already socialized notion of self-love to individuals who could not originally have been stirred by it. In the Garden of Eden as depicted in the *Discourse on Inequality*, man suffered from no temptations that would induce his Fall and subsequent rise.

Rousseau also supposed, however, that mankind had a unique capacity to change its nature. While every other species of animal has been naturally provided with the instincts and capacities needed to sustain its life, human beings are by contrast free agents, capable of choice. As distinct from creatures that are always enslaved by their appetites, we are endowed with free will and, as a consequence, at least the prospect of responsibility for determining how we live. Hobbes had already rejected this ancient conception of liberty, which Rousseau thus resuscitated in distinguishing compulsive from deliberate behaviour. In Hobbes's view, animals were not slaves to their appetites, because those appetites motivated rather than restrained them, he believed, and were consequently the impelling cause of their behaviour and not brakes which thwarted them. He also thought the idea of freedom of the will absurd, since only bodies could be free or obstructed, and the will, being subject to no motion, could suffer no external impediment that would arrest it (*Leviathan*, ch. 21). But Rousseau – on this point indebted to a tradition of classical philosophy which Hobbes had sought to overturn – was convinced that Nature exercised an internal constraint upon animal behaviour, and that our ancestors, because they could always satisfy natural impulses in a variety of ways, would not have been bound by the instincts which impelled and controlled all other creatures (P iii 141–2; G 140–1). Every member of our species who was not mentally disabled would originally have been free to govern himself.

It was because humans in their natural state were able to *make* themselves distinct from other animals, he thought, rather than because they were endowed with any specific or distinctive attributes from the beginning, that our forebears must always have had an advantage over every other type of creature. Pufendorf had supposed that men's physical weakness and timidity must have originally drawn them together, thereby contradicting Hobbes's conception of a natural state of war. Rousseau, however, supposed Pufendorf's conjecture to be as mistaken as that of Hobbes. Human society had not been necessary to avert war or overcome helplessness; its establishment had merely been possible because of free will and the human but not animal capacity to make choices, he claimed. It had been optional instead of necessary, arising from human nature's indeterminacy rather than naturally prescribed. Our forebears must have been able to decide for themselves, even in the state of nature, how best to contend with each situation. Their flexible diet could comprise either fruit or meat; they could run with terrestrial animals but at the same time also climb trees; and they could select to confront or flee from danger (P iii 134–7; G 134–7). In the *Discourse on Inequality*, Rousseau remarks of savage man that it is 'particularly in his consciousness of this liberty that the spirituality of his soul is displayed' (P iii 142; G 141).

The human race must always have been distinct from other species in still another way, moreover, since we alone possess the attribute of *perfectibility*, a term here introduced by Rousseau to the philosophy of history and the history of political thought. In his original condition each person must have had the capacity not only to change his essential qualities but also to improve them. Once having adopted habits which no other animals could share, it would have been in his power to make those habits a permanent feature of his character, and, in Rousseau's view, it was precisely because humans were able to make themselves progressively more perfect as moral agents rather than just different from other creatures that they could undergo a *history* of change. After a thousand years every animal apart from man is marked by the same instincts and patterns of life as the first generation, he writes (P iii 142; G 141), in effect propounding the biological thesis that phylogeny merely recapitulates ontogeny. Man, however, because he possesses the faculty of self-improvement, is capable of perfecting his nature and likewise is distinct from animals in having just the same capacity to make retrograde steps leading to his self-impairment.

Rousseau thus concludes that our inchoate and latent attributes of liberty and perfectibility had made possible the historical evolution of the human race. Supposing that by nature we must have been very much more *like* animals than Hobbes, Pufendorf, and Locke had perceived, he also maintains that the difference between savage and civilized man is in many respects greater than the difference between savages and other animals (P iii 139; G 139) – a proposition he pursues at length in a manner that contrasts with the ideas on the same subject elaborated by Buffon in his monumental *Natural History*, which had begun to appear in 1749. In the *Discourse on Inequality*, Rousseau lavishes praise on this masterpiece of both science and literature, drawing from it many themes which inspired him about the history of organic life, about the progenitive and heritable identity of species as a whole, and especially about patterns of development in Nature. No other work there receives such bountiful attention from him, nor did Rousseau admire any of his contemporaries more than Buffon. The second *Discourse* was actually conceived in large measure as a set of conjectures in terms of human and civil history, similar to the account, in terms of natural history, which Buffon provides of the origins of the earth and the birth, growth, and decay of animals (P iii 195–6; G 189–90).

12. Portrait of Buffon.

Rousseau nevertheless takes issue with Buffon at just the point where natural and human history might appear to converge, and he does so principally by adopting a perspective on our species' mutability which he finds so congenial in Buffon's description of other creatures, but which Buffon himself declined to extend to the study of man. According to Buffon, especially in the second, third, and fourth volumes of his *Natural History*, Nature had established an unbridgeable gulf between the animal and human realms, a qualitative break in the chain of being or *scala naturæ* which ensured mankind's superiority over all other animals, on account of our possessing a mind or soul. In 1766, following mainly Edward Tyson, the seventeenth-century English anatomist, he was to develop this thesis with respect to the chimpanzee, which he and Tyson both termed an *orang-utan* (a Malay expression meaning 'man of the woods') that was to serve as a generic name for most of the great apes, until these African and Asian species, respectively, came to be properly distinguished in the 1770s. While allowing that the orang-utan greatly resembles us physically in its outward form, Tyson and Buffon insisted that it could not be a species of mankind, since the animal plainly lacks the human faculties of reason and speech. Rousseau, however, even in concurring that man's nature is uniquely spiritual, disputes both Buffon's thesis and its application to orang-utans in his second *Discourse*, claiming that the diversity of types of men throughout the world suggests that over a long period of development our species might have undergone even more dramatic metamorphoses from its 'first embryo' than those which were due to contemporary variations of climate or diet (P iii 134, 141–2, 208; G 134, 140–1, 204–5).

Since language was no more natural to man than the faculty of reason it articulated, we could not, as Tyson had done and Buffon would do likewise, point to the languages of civilized peoples as proof of the subhumanity of orang-utans. This mistake, as Rousseau envisaged it, is much the same as that of Hobbes, Pufendorf, Locke, and Condillac in wrongly stipulating that a manifest quality of complex behaviour in society is evidence of human nature. Whether orang-utans were proto-humans or of another species, Rousseau claims, could only be established by experiment, which, following Buffon's own definition of a viable species, meant testing for the fecundity of the progeny, if any, of the sexual union of a man or woman with such a creature (P iii 211; G 208). Monkeys clearly were not members of our race, largely because they lack our human faculty of perfectibility, he suggests. But as he makes plain in a reply to the naturalist Charles Bonnet, who had criticized him on just this point, he thought it at least conceivable that orang-utans possessed it (P iii 211, 234; G 208, 227).

Rousseau never subscribed to any view of the transformation of one species into another, such as would become central to the Darwinian

13. Figure 1 from Edward Tyson's *Orang-Outang, sive Homo Sylvestris: or the Anatomy of a Pygmie* (London, 1699).

account of natural evolution more than a century after the publication of the *Discourse on Inequality*. He was too much persuaded of the fixity of species in the chain of being created by God, and in supposing the orang-utan to be a possible variety of primitive man he assumed that this creature walked upright and was shaped much like the rest of us, zoologically distinct from apes and monkeys. His point about such animals is really focused on language, and against Buffon and other natural historians and anatomists he merely wished to stress that, since languages express social conventions and have to be learned, we must not regard creatures which resemble us physically but lack our command of articulate speech as belonging for that reason alone to a quite distinct species (P iii 209–12; G 205–10). In his reflections on orang-utans, however, Rousseau was to exercise some influence upon the early history of physical anthropology and evolutionary biology, for his supposition that apparently distinct species might be genetically similar or even identical opened the prospect of a sequential relation of links in the chain of being which would eventually supplant his own idea of fixity and replace it with that of metamorphosis and transformation. No one in the eighteenth century envisaged human nature as more subject to change in the course of its development. No one supposed savage man so much more like an animal than like civilized man. No one before Rousseau came closer to conceiving human history as mankind's descent from an ape. His entirely speculative portrait of the orang-utan as a kind of speechless savage in the state of nature happens, moreover, to have been coincidentally drawn with greater empirical accuracy than any description of that animal's behaviour for at least the next two hundred years – that is, until the fieldwork undertaken in Southeast Asia since the late 1960s by Biruté Galdikas, John MacKinnon, and Peter Rodman. In remarking upon these creatures' nomadic existence, vegetarian diet, infrequent sexual relations, and for the most part solitary and indolent lives, Rousseau rather highlights the social gulf which separates us from certain apes, whose biological similarities to us, including above all the composition of their genes, fail to mask great differences of behavioural traits. By way of portraying human nature stripped from society as rather like that of the most independent ape, his conjectures on the zoological limits of our species point as much to the complexity of the social dimension of our lives as to the simplicity of our original state.

Of course the perfectibility of primitive men in their natural condition had not ensured their moral advance, for the *real* development of that attribute depended upon the actual choices which individuals must have made in adopting their various societal and political institutions. Human perfectibility ensured only that there could be cumulative change in one direction or another, and it was as much in accord with the history of man's degradation as it would have been compatible with the history of his progress. According to Rousseau, man had in fact misapplied his freedom upon those traits which he shared with all other creatures, so that in the course of his development he had suppressed his compassion and self-love and had thus brought about his own corruption. As they had grown gradually less dependent upon Nature, savage men had equally made themselves increasingly dependent on each other, with the original perfectibility of every person exercised in such a way as to conflict with his natural liberty, following his election in society to become a slave to new compulsions he imposed upon himself. The perfection of the individual had in reality produced 'the decrepitude of the species', Rousseau concludes, with our faculty of perfectibility therefore proving the source of all human misfortunes (P iii 142, 171; G 141, 167). It was the abuse of this capacity for self-improvement, rather than natural law, which had made possible the transformation of our merely physical variations into compelling moral differences and had therefore played the most major role in the establishment of social inequality.

If Nature created the first, insignificant, distinctions between savages, it was chance that must initially have drawn them together. In several passages of the second *Discourse*, as well as in the ninth chapter of his *Essay on the Origin of Languages*, Rousseau conjectures that accidents and natural catastrophes such as floods, volcanic eruptions, or earthquakes must originally have brought isolated savages into territorial proximity, perhaps through the formation of islands (P iii 162, 168–9; P v 402; G 159, 165, 274). Living more closely together, our forebears would have ceased to be nomadic, and in making huts and other shelters out of implements which they would thus have had occasion to invent, they would have begun to settle and form families, thereby inaugurating the epoch of human history's first revolution, introducing with it an incipient idea of property, he claims (P iii 167–9; G 164–5), rather along lines later to be pursued at length by Engels in his *Origin of the Family, Private Property, and the State*. But supposing that this had been the case, Rousseau was convinced that such a revolution in savage men's mode of life could scarcely have brought about the development of social inequality itself, if only because the forces which originally impelled us towards one another, he observes in chapter 2 of the *Essay*, could not be the same as those which must later have driven us apart (P v 380; G 253). The moral distinctions prevalent in society were established by men themselves rather than by Nature or chance, and social inequality could not have been produced merely by our living in proximity to one another.

It most probably arose, Rousseau suggests, from the way in which savages undertook to *identify* their neighbours, once they had begun to meet with unaccustomed frequency. When, in their primitive settlements, our ancestors would have come to confront the same persons day after day, they must have begun to take some notice of those qualities which distinguished them from one another. They must have come gradually to recognize those among them who were the strongest, most dextrous, most eloquent, or most handsome, for instance, and in general they would have begun to perceive the differences in their constitution which were due to Nature. Each man must as well have come to identify himself in the light of qualities which others appeared to recognize as expressive of his own behaviour. He must have begun to compare himself to persons who were becoming more familiar to him, and he must have begun to attach some significance to the differences that he perceived. In this ascription of value to certain characteristics above others, our ancestors would have transformed their natural variations into moral distinctions. They would have turned their attention upon the talents of their neighbours and also wished to be admired for their own skills. They would have come to envy or despise those persons with traits that were unlike the qualities they possessed themselves; and the unequal distribution of public esteem would thus have begun to set them apart in social hierarchies. While 'the savage lives within himself, sociable man, always outside himself, can only live in the opinion of others' (P iii 193; G 187). In their interpersonal classifications of the features by which they identified their neighbours, primitive men must have transformed a cardinal system of distinguishing natural attributes into an ordinal system for ranking moral preferences, with the 'fermentation caused by these new leavens', Rousseau writes, 'producing combinations fatal to innocence and happiness' (P iii 169–70; G 165–6). For Montesquieu or Smith the desire to win the esteem of others must have generated mutual needs and commercial interests that would have tempered the insatiable appetites of primitive man, but for Rousseau it was such emulation and its attendant pursuit of self-improvement by way of commerce which must instead have been responsible for the social corrosion of human self-sufficiency in our species' primeval state.

Of course the various human traits that were esteemed by our savage forebears could not have made their appearance all at the same time. Our ancestors must have recognized those individuals among them who possessed the greatest strength (a physical attribute) before they came to judge which ones were the most handsome or eloquent (manifestly social attributes, depending on taste), and from Rousseau's account it is hardly obvious why individuals should have found some personal qualities to be more worthy of respect than others. But he was convinced that as soon as men began to attach importance to their differences they must thereby have begun to form their social institutions. In particular, the dexterity and eloquence of primitive men to which Rousseau refers in the first of these passages from the second part of the *Discourse* must have made possible the establishment of private property. For in finding people simple enough to believe his claim that the plot of land he had enclosed belonged to him, the real founder of civil society must have applied his dexterity upon the soil and his eloquence upon his neighbours in such a way as to render legitimate the most fundamental of all the determinate relations which bind us to one another.

After the establishment of private property, the arts of metallurgy and agriculture must have been developed so as to enhance the productivity of the soil and at the same time increase the moral differences between the men who owned it and those who did not. While poets recount that it was gold and silver which first civilized man, Rousseau, here describing human history's second great revolution, instead follows philosophers who claim that it must have turned around the cultivation of corn and excavation of iron, such as had already made Europeans slaves to new needs but had not yet ruined savage America (P iii 171–2; G 168). In the *Essay on the Origin of Languages*, which embraces a somewhat different view of primitive society in its ninth chapter, he ignores this account of two great revolutions in man's early history, preferring, in the manner of Turgot and the mainly Scottish conjectural historians of his day, to comment on the hunting, pastoral, and agrarian stages of our development, to which correspond the savage, barbarian, and civil man, respectively, he remarks (P v 399–400; G 271–2). But there is no specific mention of Pufendorf, Condillac, or Buffon anywhere in the *Essay*, nor does that work pursue the inversion of the order of Hobbes's and Locke's doctrines so central to his argument in the second *Discourse*. There, he claims, when with inheritances and the growth of population all the perceptibly available land came to fall under titles of ownership, no person could acquire or increase his property except at the expense of others. The state of civil society must in consequence have given rise to war, placing the rich among our ancestors in even greater jeopardy than the poor, since they risked not only their lives but also their property. They would therefore have had a particularly strong incentive to negotiate an apparently calming peace prescribed by law and enforced by police powers. For the protection of their lives, the poor would have renounced their rights to any share of the property of the rich, so that the dextrous and eloquent members of society, akin to the 'industrious and rational' persons described by Locke in the fifth chapter of his *Second Treatise of Government*, would thus have made their wealth entirely secure from others in the perpetration of a hoax which 'converted clever usurpation into unalterable right' (P iii 176–8; G 171–3). If the jurisprudential philosophers had proved wrong about human nature, they had nevertheless been fairly accurate in their descriptions of human history, allowing that Locke's conception of private property must have preceded, and indeed been the principal cause of, Hobbes's state of war.

The distinct forms of government which men must originally have adopted – monarchy, aristocracy, and even democracy – would all have owed their origin, Rousseau suggests, to the differing degrees of inequality prevalent at the time of their institution (P iii 186; G 181). But since each type of government would have been devised to legitimate and give authority to our moral distinctions, it must in every case have followed a similar pattern of development. It must have progressively extended the dominion of the rich and at the same time increased the obligations of the poor, until the predominant relations between men in society would have been transformed into those of masters and their slaves. The institutions which at first would have been established by consent would eventually have given way to arbitrary power, and governments must in due course have become so burdensome to their subjects that they could no longer maintain the peace they had been set up to secure. Civil society would therefore have succumbed to revolutionary change, and men must have escaped the periodic crises of their political development only by turning to new masters whose perverse eloquence would have persuaded them to adopt still further principles of slavery and despotism, framed in the midst of disorder and revolution (P iii 187, 190–1; G 182, 185–6). 'Thereby', writes Rousseau near the end of his work, 'comes the last term of inequality, the extreme point that closes the circle' (P iii 191; G 185). A new state of nature is established where the strongest predominate – a state of nature not in its first purity, however, but rather one based on excessive corruption.

This sketch of the revolutionary stages of our social history which must at first have produced and then subsequently destroyed the rule of despots was later to be described by Engels in *Anti-Dühring* as a 'negation of the negation' and hence a dialectical interpretation of human history which foreshadowed that of Marx. To be sure, Marx himself never concurred with this judgement and preferred, like Hegel, to read Rousseau as a philosopher of the Enlightenment committed to the abstract natural rights of man, whose realization in the course of the French Revolution marked the political triumph of the bourgeoisie. But if he had read the *Discourse on Inequality* with the attention Engels paid to the second part in particular, he might have recognized a theory of the development of private property and social inequality remarkably akin to his own conception of history as a succession of class struggles tempered by an ideological rule of law. Never again was Rousseau to be so Marxist in his interpretation of society as in the concluding pages of his second *Discourse*.

It should be borne in mind, however, that, unlike Marx, Rousseau conceived his argument as a *speculative* account of the origins of inequality. His ideas were designed to provide not so much a history of mankind as a theory of human nature, and his description of the past was drawn from his understanding of the moral condition into which our species had fallen. The essential qualities of our nature, he believed, could be uncovered only if it were possible to envisage them apart from the contemporary and superfluous features of our conduct, so that the natural man must be stripped away from the citizen, rather than the civilized man formed from the savage. Since he began his inquiry from the perspective of humanity's present state, it followed that Rousseau's own hypothetical reconstruction of the past owed little to any chronicle of actual events. All facts were to be laid aside, he remarks (P iii 132–3, 162; G 132, 159), as they do not affect the question. His investigations were hypothetical rather than historical, calculated to explain the nature of things but not to ascertain their actual origin. His state of nature was thus constructed as a fictitious world from which the corrupt features of society had been removed, and his starting point was not the remote past, about which little information has survived anyway, but the present world we all know well. The *Discourse on Inequality* was conceived less as a general history of the human race than as a theory of human nature presented in the form of history, and the solitary savages whom Rousseau describes as the progenitors of modern man were no more likely to be found among primitive peoples of the distant past than were the thoroughly modern beings of Hobbes, Pufendorf, and Locke. Rousseau believed that there had never been a truly natural man, but it was only with reference to such a figure that we were able to provide a theory of our moral change (P iii 123; G 125).

Of course, if the state of nature is a fiction, it follows that there will be no point in our attempting to return to it, as Rousseau himself insists in the longest footnote of his text (P iii 202–8; G 197–204). 'Human nature never makes a retrograde step', he would maintain later in his *Dialogues* about himself (P i 935). Once forsaken, our lost innocence can no longer be regained. Even that form of primitive society which must have arisen in what he terms 'the happiest and most stable of epochs' (P iii 171; G 167) was one which civilized man could never hope to recover. Such a bucolic state in which our ancestors would have lived simply and at peace with one another was located somewhere between a past that was imaginary and a present that was real, and it contains some elements of both. If men had ever lived in that condition it would perhaps have been to their advantage to remain there, but a world that had been lost could never be recovered, and a state which was abstracted from the present did not provide the moral principles appropriate to generations still to come. As had already been made plain in his reply to the attack of his first *Discourse* by King Stanislaw, in attempting to return to our natural state we would plunge into chaos and destruction. The ills of corrupt society could not be expunged by adopting the pretence of ignorance.

It was in this fashion that Rousseau employed some of the political imperatives of Hobbes, Pufendorf, and Locke in his own discussion of the origins of inequality. He believed that their ideas provided a quite accurate account, not of our true obligations, but rather of our past as it must have been, and the contractual ties which figured in the theories of each of these and other thinkers helped to explain how men could have entered into those agreements that had made them morally corrupt. Yet since the social conventions which had depraved mankind were imposed by individuals upon themselves, it had never ceased to be possible, even in corrupt societies, for them to establish institutions of an altogether different sort, Rousseau believed. If our natural liberty had been lost beyond recovery, our capacity for self-improvement, on the other hand, remained intact, and, as would be claimed in the *Social Contract* (iii 12), what is possible in our moral affairs is less sharply circumscribed than might be supposed. Man must have misapplied his perfectibility in such a way as to restrict his freedom when he adopted the institution of private property and passed from savagery into civilization. But if he was perfectible by nature, then the mistakes he must have committed could at least in principle be corrected and overcome. In the republics of antiquity as Rousseau imagined them, civil societies had been shaped within a framework that rendered citizens morally free and politically equal under law; and in the *Social Contract* he was to turn his attention to the manner in which alternative institutions that enshrined such liberty and equality could even come to be established in the modern world, as they once had been within the constitution of Geneva.

Chapter 4
Liberty, virtue, and citizenship

By the early 1750s, mainly through his first and second *Discourse* and his *Letter on French Music*, Rousseau had won renown throughout Europe as a critic of both enlightenment and civil society. His writings on these subjects did not endear him to those luminaries of his day who had hoped to enlist his support in their campaigns against religious idolatry and political injustice, and Voltaire, already the leading proponent of cosmopolitan culture, decried Rousseau's apparently retrograde endeavour to promote barbarism. In 1756 in the *Edinburgh Review*, moreover, Adam Smith, who was to become the eighteenth century's principal advocate of commercial society, and of the morally refining institutions associated with it, also took a dim view of the preference for savagery over civilization expressed particularly in the second *Discourse*. Together with other *philosophes*, Voltaire and Smith elaborated educational, political, and economic programmes which encouraged mankind's moral improvement, while Rousseau, in fomenting opposition from such quarters, came to seem an enemy of progress in all its forms. Yet as Smith remarked in his comments on the second *Discourse*, its author had dedicated this work to the Republic of Geneva and had acknowledged the profound sense of honour which citizenship of that state had bestowed on him. Rousseau had proclaimed his civic and republican identity on the title-page of his first *Discourse* as well, and, although he was later to complain that his compatriots had betrayed their constitution's principles, he was to remain proud of his origins, and of the city which had fired his first enthusiasms, even after his doctrines came to be denounced as seditious by some of his fellow-countrymen.

More than any other major figure of the eighteenth century, Rousseau subscribed to a view of the link between politics and morality drawn from classical Greece. If the vices of modern Venetians were attributable to the corruption of their state, the depravity of other peoples was likewise largely due to political crimes and oppression, he supposed, and in his earlier writings he had attempted to trace the lineages of that decadence over wider and more historically remote periods by way of philosophical abstraction from current iniquity. He was convinced that since the plight of modern men under most contemporary governments had been politically manufactured, then states subscribing to alternative political principles could by contrast engender better conduct, giving rise to virtue in place of vice. In his *Social Contract*, published in the spring of 1762, Rousseau was accordingly to draw an uplifting scenario of political association utterly distinct in its character from his account of civil society in his first two *Discourses*. Indeed, the *Social Contract* seems to pursue the central theme of the *Discourse on Inequality* in reverse, in portraying a pact of association which draws citizens together instead of driving them apart, and in safeguarding egalitarian ideals of public engagement which enhance rather than destroy their liberty. Having already depicted the stages of mankind's moral corruption in civil society, Rousseau was now to offer a prescriptive inversion of his earlier argument, by mapping out the institutions necessary for citizens to gain their freedom. In laying the constitutional foundations of legitimate political authority in diverse forms, appropriate to different circumstances, the Republic of Geneva's proudest citizen could thus both decry the predominantly monarchical despotisms of his day while also offering a blueprint for states in which political grace or virtue might be won through their subjects coming collectively to rule themselves.

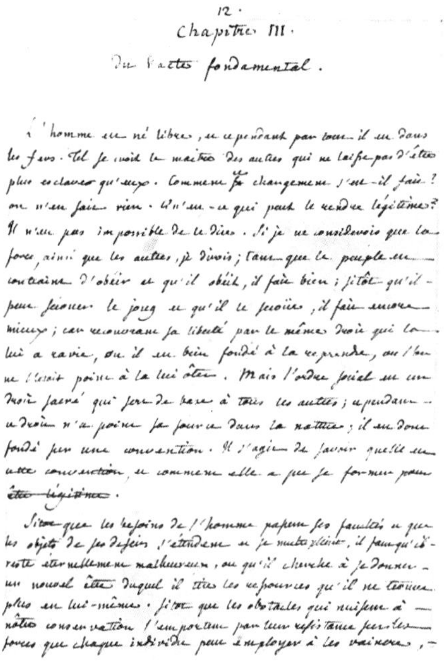
12.
Chapitre III.
Du Pacte fondamental.

L'homme est né libre, et cependant par tout il est dans les fers. Tel se croit le maître des autres qui ne laisse pas d'être plus esclave qu'eux. Comment ce changement s'est-il fait? on n'en sait rien. Qu'est-ce qui peut le rendre légitime? Il n'est pas impossible de le dire. Si je ne considerois que la force, ainsi que les autres, je dirois; tant que le peuple est contraint d'obéir et qu'il obéit, il fait bien; sitôt qu'il peut secouer le joug et qu'il le secoue, il fait encore mieux; car recouvrant sa liberté par le même droit qui la lui a ravie, ou il est bien fondé à la reprendre, ou l'on ne l'étoit point à la lui ôter. Mais l'ordre social est un droit sacré qui sert de base à tous les autres; cependant ce droit n'a point sa source dans la nature; il est donc fondé sur une convention. Il s'agit de savoir quelle est cette convention, et comment elle a pu se former pour être légitime.

Sitôt que les besoins de l'homme passent ses facultés et que les objets de ses desirs s'étendent et se multiplient, il faut qu'il reste éternellement malheureux, ou qu'il cherche à se donner un nouvel être duquel il tire les ressources qu'il ne trouve plus en lui-même. Sitôt que les obstacles qui nuisent à notre conservation l'emportent par leur résistance sur les forces que chaque individu peut employer à les vaincre, –

14. Leaf from Book I, ch. iii of the *Manuscrit de Genève*, embracing the opening passage of Book I, ch. i of the *Contrat social*.

The most famous line of the *Social Contract*, and perhaps the most often-cited statement from all of Rousseau's works, appears at the beginning of the first chapter of Book i, following three brief introductory paragraphs in which he establishes his authority to speak on matters of right, justice, and utility, not because he is a prince or legislator, but because he is the native son or citizen of a free state and hence a member of its sovereign. 'Man was born free, and he is everywhere in chains', Rousseau remarks, almost as if to recapitulate the dreadful saga of our political metamorphosis already recounted in the *Discourse on Inequality*. The early chapters of the *Social Contract* actually pursue themes very similar to those lying at the heart of the second *Discourse*, in that they attempt to show once again that there can be no natural foundation for civil society, either in the family or in any supposed right of brute force. What is right cannot spring from force, Rousseau contends, much as he had claimed earlier that our physical differences provide no warrant for our moral inequalities. If force were to create right, then what is right would be as transient as every change in the disposition of force, and disobedience would become legitimate as soon as sufficient power were acquired. Hobbes had contended in chapters 5 and 6 of *De cive*, chapter 18 of *Leviathan*, and elsewhere that force and right must always accompany one another, since 'words' (that is, laws) without the 'sword' (that is, the means to enforce them) were insufficiently binding. But in the *Social Contract* Rousseau reiterates a distinction between power and authority (in Latin, *potestas* and *auctoritas*) which had meant precious little to Hobbes but much to the citizens of the Roman Republic.

His restatement of the dichotomy between nature and morality in the *Social Contract* also drew him to deny that family ties served as the model of relations between citizens in the state. Two thousand years earlier, in the first book of his *Politics*, Aristotle had already remarked upon the distinction between the inegalitarian bonds holding together members of the family and the fundamental equality between subjects and rulers in a political – and therefore voluntary – association, and Rousseau, both in the *Social Contract* and most especially in the opening pages of his *Discourse on Political Economy*, acknowledges his profound debt to Aristotle on this subject and largely rephrases what Aristotle had already said. Indeed, his contrast between the public and private domains in his *Discourse on Political Economy* also closely follows the distinction Locke had drawn, in the *Second Treatise of Government*, between political and paternal authority; like Locke, Rousseau at first develops his own dichotomy in order to refute what he terms 'the detestable system' of Sir Robert Filmer's *Patriarcha*, which Aristotle had, by anticipation, rejected as well, he claims (P iii 244; S 5–6). With both Aristotle and Locke, Rousseau shared the belief that legitimate government among persons morally equal to one another was established by consent rather than acquired naturally, and in the *Social Contract*, no less than in his earlier political writings, he was adamant that the authority of man over man in civil society – whether for good or evil – had been and ought to be established by choice and not necessity.

In his work's second and third chapters these venerable ideas are expressed in a new idiom and thus given fresh impetus, through Rousseau's subversive attempt to refute the logic of the whole social contract tradition before him, as he understood it. The philosophy of Grotius in particular now draws his wrath, much as Hobbes, Pufendorf, and Locke had done in his second *Discourse*. While allowing that it was the agreement of subjects which marked the proper foundation of political authority, Grotius, following Cicero and other ancient authors, had argued, in his *De jure belli ac pacis* (i 3, §§ 8 and 12) dating from 1625, that a whole people could consent to obey a king in the same manner that an individual might freely enslave himself – that is, by alienating or transferring its freedom in perpetuity to a master. Not only Grotius, but Hobbes and Pufendorf as well, had advanced the thesis that the voluntary subjection of individuals or a people to their ruler marked a state's legitimate establishment, in licensing or authorizing its subjects' obedience to an absolute power by way of an irreversible transfer of right. By yielding to their vanquishers, defeated combatants could cede authority over themselves, Grotius insisted, thereby overlooking the fact that war is actually a relation between states rather than persons. Rousseau thus rejects a central premise of the social contract tradition before him, according to which there was no fundamental difference, in Hobbes's terminology, between sovereignty gained by institution and sovereignty won by acquisition or conquest. For although the sovereign's authority was unlimited, claimed Hobbes, he or it was always only an agent, a lieutenant or representative, of the people's will, an actor impersonating his subjects, who were accordingly the real authors of every performance in their name (*Leviathan*, ch. 16).

Rousseau understood this idea of voluntary subjection to be the cornerstone of modern jurisprudence, and having condemned its iniquitous consequences and misconceived notions of human nature in the *Discourse on Inequality*, he was now, in the *Social Contract*, to decry its illegitimacy and to propose an entirely distinct account of the consolidation of a state's authority through the collective choice of its members. Grotius and his contractarian successors had committed two principal errors in their philosophies of voluntary subjection, he thought. The first was to confuse a state's pact of association with a pact of submission, presuming the establishment of sovereignty and the institution of government, whose foundation and responsibilities they similarly misconstrued, to be the same. As he was to argue in Book iii, chapter 16 of the *Social Contract*, government is not formed by contract, and the indivisible sovereignty of a people may never be passed over to a king. In electing to dedicate his *magnum opus* to King Louis XIII, Grotius had shown no compunction in depriving the people of all their rights, Rousseau contends in an especially venomous flourish at the end of Book ii, chapter 2, which implicitly contrasts his own career with that of his illustriously self-serving precursor. Truth does not point the way to riches, he remarks, and the people never makes anyone an ambassador, or a professor, nor does it hand out pensions. Instead of locating the state's legitimate establishment in the act by which a people gives itself to a king, it would have been better if Grotius had identified the act by which a people becomes a people, for in that first convention, Rousseau states, lies 'the true foundation of society' (i 5).

The second mistake of Grotius which he identifies, similarly committed in turn by Hobbes and Pufendorf, had been to suppose that persons may individually or collectively alienate their liberty in freely subjecting themselves to the will of their ruler. On the contrary, to renounce liberty is to renounce our humanity, Rousseau exclaims, and thus to remove all morality from our conduct. An agreement that establishes, on the one side, absolute authority, and, on the other, unlimited obedience is meaningless and void, for it derives slavery from liberty and renders its agent in contradiction with himself in the imputed performance of his own will (i 4). In this critique of voluntary servitude, mainly directed against Grotius, Rousseau follows the argument in chapter 4 of Locke's

Second Treatise to the effect that a man cannot by his own consent enslave himself to anyone. But his principal source was probably not so much Locke himself as Jean Barbeyrac, the distinguished French Huguenot jurist and editor of the chief political writings of both Grotius and Pufendorf, whom Rousseau also chides in the *Social Contract* for dedicating his work (his translation of Grotius) to a king (George I of England), and accordingly hesitating and equivocating in his statements of principle, so as not to cause offence to a patron. Among the voluminous notes which Barbeyrac had appended to his masterly French edition of Pufendorf's *De jure naturæ et gentium*, first published in 1706, had been the remark joined to Book vii, chapter 8, alluding to Locke's earlier contention, that 'no man may so part with his liberty as to give himself up wholly to an arbitrary power, for this would be to dispose of his own life, of which he is not master'. In his critical reflections in both the *Discourse on Inequality* and the *Social Contract*, Rousseau owes a substantial debt to Barbeyrac's commentaries on Grotius and Pufendorf, and at least his first acquaintance with Locke seems to have been struck initially through Barbeyrac's annotations to Pufendorf. In the *Social Contract* in particular, he was to develop Barbeyrac's transcription of Locke's own critique of voluntary servitude in order to challenge the very foundations of modern political philosophy as articulated in the seventeenth century, employing its terminology now, so as to ensure, not the people's deliberate resolution to subject themselves to a monarch, but their collective realization of their freedom. Many of Rousseau's ideas of liberty, equality, and sovereignty throughout the *Social Contract* were to be constructed round his introductory skirmish with Grotius, Pufendorf, and Hobbes.

At the heart of that speculative and voluntarist tradition, as Rousseau conceived it, lay the belief that masterless men were naturally in need of a commonwealth for protection. The exercise of untrammelled liberty could only imperil individuals' personal safety, it was claimed, so that in order to obtain the security which they rightly valued above their freedom, men must transfer their rights to an authority thus empowered by law and arms to maintain the peace between them, as well as to keep foreign adversaries at bay. Not only did membership of the state require each person's willing renunciation of his freedom, but in establishing a ruler's artificial superiority over everyone else, it transformed all men's natural equality into political mastery and subjection. In the eighth and ninth chapters of Book i of the *Social Contract*, Rousseau attempts to turn these propositions inside out. Our proper passage from the state of nature to the civil state must not suppress true liberty, he contends, but instead realize it in transforming our mere impulse of appetite into obedience to a law we prescribe to ourselves. Neither should it establish hierarchical principles of subjection in overcoming our alleged natural equality. On the contrary, it substitutes an equality that is moral and legitimate for our natural inequality of mere strength or intelligence. The connections Rousseau stipulates between these two principles – liberty and equality – inform most of the *Social Contract*'s central themes.

As he explains in both Book i, chapter 8 and Book ii, chapter 7, the establishment of the state by common agreement of its subjects produces a remarkable change in man – a metamorphosis which is now described in terms of the superiority over each person's physical independence it engenders, but which in the *Discourse on Inequality* had been portrayed as a fatal step towards vice. In claiming that the abuse of men's new condition so often leads to a plight worse than their original state, Rousseau alludes to the crux of his earlier argument, but he here instead stresses the ennobling and elevating spirit of that change, when the social contract, and therefore the establishment of civil society, is properly undertaken. In return for the natural liberty men might possess in the absence of civil society, they acquire civil and moral liberty, of which the first is described as limited by the general will and the second, in binding persons to obey laws of which each citizen is a joint author, makes them truly their own masters. Having described mankind's original liberty in the *Discourse on Inequality* in terms of free will and the absence of control over us by our animal promptings, Rousseau can only have left attentive readers disconcerted by his new definition of natural liberty, now depicted as slavery to such appetites. Unlike the second *Discourse*, the *Social Contract* hardly refers at all to man's state of nature, and its comments on animals are particularly spare and nothing like so appreciative of their benign qualities as in the earlier discussion.

But the purpose of Rousseau's argument was now different. He wished to show that men's collective engagement in self-rule could immeasurably increase their freedom beyond that of the mere physical independence of savages in their original state, here described as bound internally by their appetites if not externally by their dependence on others, whereas in the *Discourse on Inequality* he had claimed that primitive men were not ruled by their instincts. In opposition to social contract thinkers before him, Rousseau was to depict men's fundamental pact of association in terms of their fulfilment of ambitions they could not even have entertained without it, so that the liberty to remain free from each other's control, which individuals necessarily renounce, comes to procure another, enhanced, dimension in the very act of its forfeiture, as citizens acquire moral personalities and cooperative interests unimaginable to solitary savages. In contrast with the Hobbesian contention that liberty in the commonwealth consists in the *silence* of laws, whose promulgation by a sovereign consequently curtails the freedom of persons under an obligation to obey them, Rousseau judged that laws and liberty could proceed hand in hand, provided that those who were subject to them also prescribed them, there being no sovereign above or apart from the whole body of citizens. While for Hobbes liberty is exchanged for authority in men's transfer of their natural rights to their ruler, for Rousseau, provided that subjects rule themselves, liberty is won within the state rather than protected against it. By thus appealing to ancient republican ideals according to which a free people was bound by its own laws in a *civitas libera*, Rousseau sought to redefine the modern theory of sovereignty against itself so that its own terminology might be invoked to restore precisely that which it had been designed to subvert.

If liberty is central to his conception of a legitimate state, equality is indispensable for the attainment of liberty, he argues, above all in the ninth chapter of Book i and the eleventh chapter of Book ii. Just as he condemned the insidious effects of property's unequal distribution in the second *Discourse*, so in the *Social Contract* he objects fiercely to the extremes of wealth and poverty, each equally 'fatal to the common good', he laments, with liberty put up for auction, its buyers accumulating the powers of tyrants, and its sellers renouncing their liberty in order to become tyranny's friends. Perhaps the most tenaciously held theme throughout all of his political writings, and indeed his personal life as well, was expressed in Rousseau's anxiety to avert or escape from ties of domination and subservience, which harnessed persons to their respective stations in life, destroying their liberty. Dependence on men, he claims in Book ii of *Emile* (P iv 311; E 85), as distinct from dependence on things, engenders all vices, mutually depraving master and slave alike. Convinced that equality was indispensable to freedom, Rousseau remained adamant, however, that it ought not to be pursued for its own sake. Despite the virulence of his critique of private property, he never sought its abolition, as would generations of socialists after him, if only because he imagined that a world shorn of private property could bring the principle of equality into conflict with that of liberty. If individuals were to be prevented from acquiring property through their own labour and initiative, responsibility for their subjection would merely be shifted from the rich to the state, their freedom no less stifled than before. Because he regarded smallholdings of property in land as a manifestation of men's self-reliance, he approved of agrarian republics and in his *Discourse on Political Economy* even observes that 'the foundation of the social compact is property', its first condition demanding that everyone 'be maintained in the peaceful possession of what belongs to him' (P iii 269–70; S 29–30). In the *Social Contract* (ii 11), he holds only that extremes of wealth should be subject to political control, so that no citizen would be rich enough to buy another, nor anyone so poor as to sell himself. Since 'the force of circumstance tends always to destroy equality', he concludes, 'the force of legislation ought always to tend to preserve it'.

More even than with respect to our social and economic relations, Rousseau now stresses the political dimension of equality. Every act of law, he contends, binds all citizens indiscriminately, the sovereign drawing no distinction between the persons who comprise it (ii 4, 6). 'The first of the laws is to respect the laws', he had already claimed in his *Discourse on Political Economy* (P iii 249; S 11), adding in the *Social Contract* that each citizen is equally subject to them, because laws as such ignore all particularities and individual differences which command the attention of government, in executing them, but are never appropriate for consideration by the community as a whole. It may well be his exclusion of any possible individual benefits or harm from the sovereign's enactments that prompted Rousseau to remark of it, in Book i, chapter 7, that 'the sovereign, merely by virtue of what it is, is always what it should be', although his meaning in that often-cited passage is obscure. But his attachment to civil equality could not be plainer than in his impassioned insistence upon citizens' equal responsibility as full participants of the legislative assembly which exercises sovereignty in each state (i 6, ii 3, iii 15). Together with modern advocates of participatory democracy who so often turn to him for inspiration, Rousseau supposed that the authority of every sovereign – which like Grotius, Hobbes, and Pufendorf he held must be absolute – was legitimate only if each citizen took a fully active role within it. Herein lies the kernel of his notion of popular sovereignty, whose links especially with his ideal of liberty in the state form the cornerstone of the political doctrine for which he has come to be best remembered since its celebration, as well as vilification, in the course of the French Revolution.

Rousseau's conjunction of both liberty and equality with sovereignty comprises a strikingly original element in his writings, which sets his philosophy apart from the doctrines of Plato, Machiavelli, Montesquieu, and others who, like him, had been concerned with political and not just personal freedom. Prior to the meaning he ascribes to it in the *Social Contract* the concept of sovereignty had been connected by its interpreters to the idea of force, power, or empire, and it had generally pertained to the dominion of kings over their subjects, however that had been acquired, rather than to citizens' freedom. For both Bodin and Hobbes in particular – the best-known advocates of absolute sovereignty before him – the terms *souveraineté* or *sovereignty*, drawn from the Latin *summa potestas* or *summum imperium*, had defined the prevailing – that is, unequalled – power of the ruler. For Rousseau, by contrast, the idea of sovereignty is essentially a principle of equality, identified with the ruled element, or the subjects themselves, as the supreme authority; and it is connected with the concepts of will or right, as he defines them, rather than force or power – again illustrating the divide between the moral and physical dimensions of human affairs around which his *Discourse on Inequality* had turned and which figures no less conspicuously, albeit with his priorities now inverted, in the *Social Contract*.

By describing the whole populace, comprised of citizens if not of all inhabitants, as sovereign (i 6 n), furthermore, Rousseau, so much like Paine after him, sought to entrust the common people of each nation with the ultimate management of their own affairs. He seldom, and in the *Social Contract* never, terms the popular assembly which he envisaged as sovereign a *democracy*, since he regarded democracy as a form not of direct sovereignty but of direct government, which required the people to remain in permanent council to execute and administer public policy, in the manner of full-time civil servants or bureaucrats, thereby rendering the state particularly prone to corruption and civil war (iii 4). Allowing that the exercise by citizens of their popular sovereignty was most likely in small states, geographically insulated from invasion, whose wealth was distributed more or less equally among persons who cherished their freedom, he suggests that Corsica might be the one country in Europe still well-suited for fresh legislation

D U
CONTRACT SOCIAL;
O U,
PRINCIPES
D U
DROIT POLITIQUE.
PAR J. J. ROUSSEAU,
CITOYEN DE GENEVE.
— *fœderis æquas*
Dicamus leges.
Æneid. XI
A AMSTERDAM,
Chez MARC MICHEL REY.
MDCCLXII.
Df 92w

15. Title-page of the *Contrat social* (Amsterdam, 1762).

(ii 10). But even in large states, it was always the people themselves and not their appointed executives who held supreme power, as he attempted to ensure for Poland, by way of frequent elections of mandated delegates to their national Diet, when he came to prepare a constitution for its prospective government. Everywhere that the people were sovereign there must be periodic assemblies which could not be dissolved, he argues in the *Social Contract* (iii 13), showing in the work's longest chapter on the Roman *comitia* (iv 4) how such assemblies, from which no citizen could be excluded, confirmed that under their Republic the people of Rome had been truly sovereign, both in law and in fact. The tribunes of that state, entrusted by the populace with their sacred office, never sought to usurp the powers of the people themselves, who could when necessary elect to rule directly by plebiscite, he adds (iii 15). In the presence of the represented, there can be no representation, for 'the moment the people is lawfully assembled as a sovereign all jurisdiction of the government ceases' (iii 14). Yet unless citizens fly to their assemblies with enthusiasm in such circumstances, unless each serves his country with his person rather than his purse, the state is lost. No major political thinker before Rousseau had ever shown so much devotion to the idea of collective self-expression or popular self-rule. Although he allowed that the common people could be deceived or misled, he believed that the only possible safeguard against despotism was popular sovereignty itself. Only when the people all took part in legislation could they check the abuse of power which some of them might seek to wield. In pretending to speak on behalf of citizens as their representatives, the sovereign authorities prescribed by Grotius, Hobbes, Pufendorf, and their disciples had appropriated the liberties of the true rulers of each state, whose function they reversed by enacting it themselves as their masters' substitutes, thereby becoming the authors of the people's subjection.

Rousseau had already developed a similar thesis in the context of the arts, when in his *Letter to d'Alembert* of 1758, responding to the proposal of a theatre in Geneva whose establishment he thought would undermine the liberty of his compatriots, he called for public and fraternal festivals of the people as an alternative to the professional spectacle of actors, so that his native republic in its entirety, and not just a single corner of it, might be filled with dramatic processions and performers, such as he had witnessed in his youth. In the ancient world, and particularly among the Spartans, he contends (P v 122; A 133), 'the citizens, constantly assembled, consecrated their whole lives to amusements which were the great business of the state and to games from which they relaxed only for war'. In the modern world, that spirit of public engagement has been lost, and with it the people's freedom. Through the arts, science, and religion, no less than in politics, the people have been numbed and made passive, he believed, displaced from the centre of cultural life and herded into its pits and pews. Transformed from agents of what we do into witnesses of what happens to us, we have been turned into a hushed audience and taught deference and timidity as spectators of a plot of which we were once the central characters. The actors who have assumed our roles, that is, our kings, parliaments, and other heads of state, have all learned that subjects must be kept apart. 'That is the first maxim of modern politics', Rousseau remarks in the final chapter of his *Essay on the Origin of Languages*, where these ideas are elaborated (P v 428; G 299). It is no doubt because of the strength of his attraction to what he perceived as an ancient ideal of public engagement that Rousseau believed citizens should be denied all encouragement to place their private ambitions first. Participation in a state's sovereign assembly should be compulsory, he thought – a belief which may inform his contention, in Book i, chapter 7 of the *Social Contract*, that 'whoever refuses to obey the general will . . . shall be forced to be free'. The meaning of that chilling remark, which Rousseau's liberal critics have rightly scorned for its potentially sinister implications, is ambiguous, although it appears to embrace the view that the law coerces a state's subjects to act in accordance with their conscience and volition as citizens, and hence their own freedom. Nowhere else throughout his political writings, however, does he seem so inattentive to the distinction, upon which he otherwise insists, between force and right.

The *general will* was Rousseau's term for the exercise of popular sovereignty, which he employed for the first time in his *Discourse on Political Economy* of 1755, published together with Diderot's article on 'Natural Right' ('Droit naturel') in the *Encyclopédie*, where the expression figures as well, and which Rousseau accordingly cites as a cross-reference (P iii 245; S 6–7), having seen his friend's text in manuscript. Thanks principally to Malebranche, the term had had a certain currency mainly in French philosophical and theological writings from the mid-seventeenth century, and Diderot was to make use of it in several of his own contributions to the *Encyclopédie*, of which he was also editor. But it was Rousseau, more than any other figure before or after him, who took possession of it and ascribed it with a new, specifically political, meaning of his own. In his *Discourse on Political*

Economy he had defined it as the will of the body politic as a whole, serving as the source of its laws and its standard of justice. In the *Social Contract*, he ascribes it both to the public interest or common good which the sovereign of every state ought to promote, and to the individual will of each citizen to achieve that good, often contrary to the same person's particular interest as a man or member of other associations within the state. The threat of factions to the realization of a republic's general will is always great, Rousseau argues, citing in evidence (in Book ii, chapter 3) a passage from Machiavelli's *History of Florence*. He was therefore adamant that the general will, in its focus upon the common interest, should not be confused with the will of all, which was merely the sum of private and thus necessarily conflicting interests, whose preponderance through the mere counting of votes created unstable coalitions, cabals, and political division. He sometimes suggests that for the general will to be realized at all there should be no sectional associations of any kind in the state, but for the most part he supposes that such factions are inevitable and indeed ought to be multiplied, so that each is rendered as harmless as possible, with the general will not so much excluding as opposing them. Referring to a passage from a work by the Marquis d'Argenson on the government of France, which was not to be published until 1764 but which he had seen in manuscript, Rousseau remarks that 'if there were no different interests, we should hardly be conscious of a common interest, as there would be no resistance to it . . . and politics would cease to be an art' (ii 3 n).

Since counting votes was as necessary to establish the general will as the will of all (iv 2), it is not clear how Rousseau imagined citizens would make that distinction, least of all in the light of his contention that the general will could be computed as the sum of the differences between the will of all's pluses and minuses. But the clash between the general and particular will came to be central to his argument and is most plain in his account of the tension it produces in the mind of each citizen, dividing his judgement of what is beneficial to himself from what is right for the community (i 7). Rousseau's liberal critics have often decried his notion of the general will for its apparent collectivism, but in the *Social Contract* it appears designed to avert rather than achieve the social indoctrination of individuals. Because we had lost so much of our public spirit, the general will of each person in the contemporary world was far weaker than his particular will, Rousseau believed, and it was to be strengthened and animated, not by every citizen's thoughtless echo of his neighbours in a public assembly, but just the reverse – by all men expressing their own opinions alone, having no communication amongst themselves which might render their separate judgements partial to this or that group interest. John Stuart Mill would later show scant patience for a secret ballot, and Rousseau might well have agreed that the people's deputies, where required, should be expressly accountable at all times to their constituents. But in a referendum, plebiscite, or public assembly of all the citizens, in order to ensure that there are as many votes as individuals, every member of the sovereign must act without regard to the rest, he thought, consulting his own general will as an autonomous agent, thus obeying himself alone. Rousseau's distinction, with respect to international politics, between a state's dimly perceived 'real interest' in establishing a confederal peace under international law and its tenaciously held 'apparent interest' in maintaining its absolute independence, had earlier been couched in similar terms in his *Judgement of the abbé de Saint-Pierre's Project for Peace*, drafted around 1756 (P iii 592–3; H 89–91).

Having elaborated the 'principles of political right' (the *Social Contract*'s subtitle) in Books i and ii, he turns next to the application of those principles, reversing his priorities between the physical and moral aspects of the state, in order to address its executive power in place of its legislative authority, government rather than sovereignty, force instead of right, as he makes plain in Book iii, chapter 1. Unlike sovereignty, which can never be represented, government – described by Rousseau as an 'intermediary body' between citizens in their sovereign capacity and as subjects bound by law – is always comprised of the people's representatives. Whereas sovereignty is invariably general in its enactments, the executive power of government is exercised only with regard to particular instances (iii 1). While sovereignty takes only one form, government depends on circumstances and accordingly takes on different configurations appropriate to peculiar needs. Its institutions are localized, contingent, and specific.

The most central factor that determines the nature of governments which states must have is their population, with the more dense requiring the most concentrated government, and the least the most diffuse, following the inverse ratio between governmental powers, on the one hand, and each citizen's fractional part of sovereignty, on the other, as discussed by Rousseau in the first two chapters of Book iii. This rule steers him towards a recapitulation of the ancient classification of governments in terms of the number of their officers or magistrates – that is, of the one, the few, and the many, or monarchy, aristocracy, and democracy (or polity) – most famously described by Aristotle, also in the third book of his *Politics*. Similarly following Aristotle, Rousseau addresses his attention to the class structure of states and to the distribution of wealth most propitious to each form of government, pointing particularly to the equality in rank and fortune best suited to democracy (iii 4) and to the nobility and intermediary ranks between the prince and subjects of monarchy. In a large state, he suggests, these countervailing forces helped to temper monarchical power, whose condensed vitality might otherwise appear its chief advantage when exercised in the public interest, which Rousseau believed was seldom the case.

Bodin, Bossuet, and other philosophers of royal absolutism had claimed that the cohesion of the state was best preserved under the authority of a uniquely pre-eminent power of a single person, but Rousseau was unconvinced by such assertions, contending, by way of contrast with his idea of sovereignty, that it was a fallacy to assume that 'the prince is everything he should be' (iii 6). Not only is monarchy in both its elective and hereditary forms specially prone to crises of succession, but it is also subject to venal intrigue and ineptitude, he claims, under the machinations of men of small talent with correspondingly great ambition. In his *Judgement of the abbé de Saint-Pierre's Project for Peace*, he pours scorn as well upon princely schemes of territorial expansion in pursuit of empire and money, commending the wisdom of France's once Protestant King Henry IV, by contrast, for his spirited effort to negotiate an international Christian commonwealth at the turn of the sixteenth century. He contends that Saint-Pierre could scarcely hope to repeat that endeavour two hundred years later, however, partly on account of his far slighter skills, but mainly because the continent's diplomatic and military configurations had so much changed that no confederative league of European states could now be established except through revolutions (P iii 595–600; H 94–100). Hobbes had supposed that monarchical government was generally superior to other forms, on account of the identity of public with private interest it secured. Rousseau was nevertheless much more persuaded by Machiavelli's appraisal that 'the people are more prudent and stable, and have a better and wiser judgement, than a prince' (*Discourses*, i 58). Like Machiavelli, he believed republican government superior to monarchy, and in the *Social Contract* even claims that Machiavelli's *Prince*, in its portrait of truly execrable rule, had been secretly intended as a 'handbook for republicans' (iii 6), disguising its author's profound love of liberty, which Rousseau shared.

In the light of such strictures, he might appear to have been drawn to democracy as the best form of government, but he was in fact adamant that democracy is equally dangerous, above all because, by its very nature, it invites confusion between a state's sovereign and government. The people who make the law must not themselves execute it, he argues (iii 4), for that would be to render the sovereign particular and to confuse private and public interest even more insidiously than under monarchical government. 'When this happens', he claims, 'the state is corrupted in its very substance and no reform is possible'. Because of its 'advantage in distinguishing between the sovereign and the government' (iii 5), Rousseau seems to have been best disposed to aristocracy, or, rather, to elective aristocracy, since he deems natural aristocracy suitable only to primitive peoples and hereditary aristocracy 'the worst of all governments'. Elective aristocracy does not depend upon the honesty and wisdom of every citizen, he argues, and it therefore requires fewer virtues than democratic government. Although it could thrive only when riches were distributed with some evenness and moderation, the fact that strict equality is generally beyond attainment serves it well, enabling the daily administration of public affairs to be entrusted to persons of suitable talent whose independent means permit them to devote all of their time to the state with financial equanimity. Under elective aristocracy, Rousseau supposed, the most upright, intelligent, and politically experienced citizens could ensure the state's stability as its highest officers and public servants.

Yet much the most important fact about all varieties of government, in his view, is their fundamental difference from each nation's sovereign. If the people could not administer their own laws properly in a democracy, neither could their magistrates, monarchical or aristocratic alike, rule in their stead. The threat of government's abuse of powers belonging only to the people was felt as fiercely by Rousseau as by Locke before him, and it is most characteristically that all too frequent tendency of a government's substitution of its particular will for the general will of the sovereign which he regards as despotism. The people of England is free only during the election of members of Parliament, he remarks in both Book iii, chapter 15 of the *Social Contract* and the seventh chapter of his *Government of Poland*. In perversely entrusting their authority as a legislative sovereign to a corporate body that should merely have served them as their executive power, they showed themselves unfit for the liberty it was their duty to exercise directly themselves.

So too, in Geneva, the executive power (the *Petit Conseil*) had come to make itself progressively more dominant by assuming responsibilities that properly belonged to the full assembly of citizens (the *Conseil Général*), even obstructing that sovereign body from meeting. With the executive force of his native state's displacement of the popular will, absolute right was corrupted into unfettered power. 'Where force alone reigns', Rousseau remarks about these developments in his *Letters from the Mountain*, here using the term *democracy* to refer to the sovereign, 'the state is dissolved. That . . . is how all democratic states finally perish' (P iii 815). Having dedicated his *Discourse on Inequality* to the republic of Geneva which embraced ideals of popular sovereignty more hostile to despotic government than any other constitution of a modern state, Rousseau had in his own lifetime witnessed the corruption of those principles by which he had defined his own identity. The *doux commerce* promoted by Geneva's advocates of enlightenment had only transformed an egalitarian democratic system into an oligarchy that deprived his compatriots of their civic rights; nowhere else in the world he inhabited were the transfigurations of human nature such as he had described before in his conjectural history of mankind so plainly evident in political terms.

Earlier commentators had frequently sought to provide safeguards against threats of despotism by invoking principles of natural law which rulers could transgress only at the peril of their souls or even their lives, risking regicide or revolution. Among Rousseau's contemporaries, Montesquieu elaborated a doctrine of the rule of law, which was to prove profoundly influential in Western liberal thought, that distinguished the authority of monarchs from the caprice of despots in terms of it, and also underpinned his notion, with regard to England, of an independent judiciary. But Rousseau, whose brief stay in England a few years after the appearance of his *Social Contract* was to prove as trying to his own independence as he deemed Parliament was to native Englishmen, found Montesquieu's conception of law unconvincing too. Contrary to critics who would later dread the abuse of the powers of sovereignty which he had drawn, he believed that the vigilant exercise of those powers by the people themselves was the only safeguard against despotism. Under the principles of his political philosophy, no force could be exercised against particular persons in any state by the sovereign itself, which was constrained by its nature from implementing its own will. That responsibility belonged to government alone. Liberty was thus to be protected not by virtue of an overarching natural law or an independent judiciary within government, but rather through an infrastructural separation of powers, differently conceived from Montesquieu's perspective, between government and sovereignty.

In Book i, chapter 2 of the *Social Contract*, Rousseau charges that Grotius had granted a specious legitimacy to slavery and tyranny by offering mere fact as proof of right. In Book v of *Emile* (P iv 836; E 458), where he repeats that allegation, he claims that Montesquieu had likewise failed to address the principles of political right, being content instead 'to discuss the positive right of established governments'. Nothing in the world of politics could be more different than fact from right, he insists, thus inaugurating a dispute between philosophers and scientists which has divided his admirers, and others, from the disciples of Grotius and Montesquieu to the present day. But in the *Social Contract* Rousseau was also anxious to address the facts of political life, and his debt to Montesquieu's own manner of explaining those facts is striking. Like Montesquieu he was concerned with the natural history and pathology of governments, and with the manner in which states arise, expand, and dissolve, for 'the body politic', he claims, 'no less than the body of man, begins to die as soon as it is born, and bears within itself the causes of its own destruction' (iii 10, 11). Following Montesquieu as well, he recognizes the influence of physical factors upon the nature of government and the constitutions of states, remarking, with reference to the fourteenth book of *The Spirit of the Laws*, that 'freedom is not the fruit of every climate' and therefore not within the grasp of all peoples (iii 8). While stressing how much the morality of persons in civil society could be explained with reference to laws and to political factors, he lays almost equal emphasis upon the way in which morality determines positive laws, describing those forces of habit, custom, and belief which are engraved, not on marble or brass but in the hearts of citizens, as a fourth kind of law (in addition to political, civil, and criminal) which is 'the most important of all' (ii 12). In *Emile*, he commends *The Spirit of the Laws* precisely for its treatment of the relation of morals to government (P iv 850–1; E 468). Despite their differences, Rousseau was greatly influenced by Montesquieu's account of the ethical constraints upon legislation, which shaped its direction and imbued it with its spirit. While contemplating laws as they might be, he was concerned in the *Social Contract*, as his first sentence makes plain, to take men as they are. The facts and standards of politics, though distinct, must also go together, he supposed, in turning his attention to assess what was possible in human affairs, as well as to what was right. Like Montesquieu, he inspects constitutions from below, in the light of the social conventions and popular traditions underpinning them, no less than from above, in terms of first principles.

Rousseau's apparent sensitivity in the *Social Contract* to local customs and national traditions, in conjunction with his attachment there to standards of what is always right, won him admirers throughout Europe, above all, perhaps, in countries struggling against foreign domination, or seeking to preserve an indigenous freedom in the course of civil wars that were prey to external powers. When in 1764 the Corsican patriot Mathieu Buttafoco invited him to be the legislator of a free state which he had already pronounced to be uniquely fit for legislation, and when in 1770 Count Michel Wielhorski called on him to comment upon the Polish Confederation of Bar's efforts to free Poland from the tyranny of Russia, Rousseau responded in each case with enthusiasm. Always anxious that his writings not be thought politically inflammatory, he hesitated to take an initiative in the political crisis of his own native city in the mid-1760s, proving reluctant to lend too zealous support to disappointed radical republicans among his compatriots, who eventually rallied to his defence in opposition to a government which had proscribed his works. 'I have a bold nature, but a timid character', he confessed to his disciple and biographer, Bernardin de Saint-Pierre. Never daring to mount any barricades, like Bakunin, or to steer the fortunes of revolutionary parties from committee-rooms, like Marx, Rousseau declined to embroil himself directly in the political struggles of his day, not least because, as he once remarked in a letter to the Countess of Wartensleben, 'the liberty of the whole of humanity did not justify shedding the blood of a single man' (L 5450). But framing constitutions out of a rich civic imagination that need not be put to political trial was for him quite another, altogether more compelling, matter.

To the Corsicans, in his *Constitutional Project* on their behalf, he advised the promotion of their predominantly agricultural economy for the sake of self-sufficiency rather than superfluities, its land and produce to be

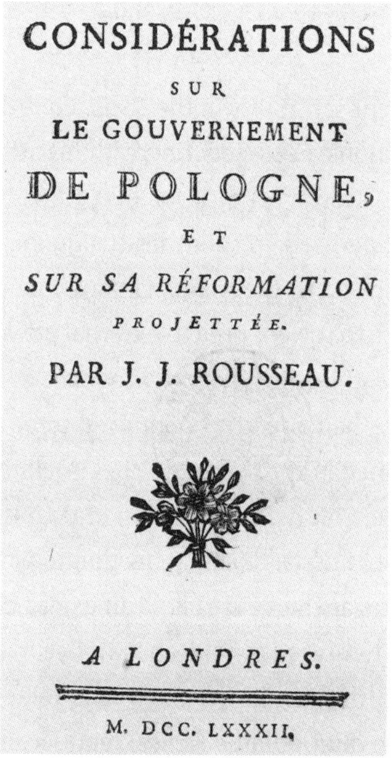

CONSIDÉRATIONS

SUR

LE GOUVERNEMENT

DE POLOGNE,

ET

SUR SA RÉFORMATION

PROJETTÉE.

PAR J. J. ROUSSEAU.

A LONDRES.

M. DCC. LXXXII.

16. Title-page of the *Gouvernement de Pologne* (1782).

shared and enjoyed as equally and as frugally as possible, its public revenues collected in kind or labour rather than cash. To the Poles, whose own love of liberty won his applause, he recommended a scheme of education incorporating games, national bursaries, and exclusively Polish teachers, to enable pupils to become 'children of the state' (P iii 967; S 190), together with a plan of legislation embracing a strict liability to their constituents of the delegates of a unicameral national Diet. Each text refers or alludes to themes Rousseau had already articulated in the *Social Contract*, and *The Government of Poland* in particular draws several contrasts between representative assemblies among the Poles and Englishmen, always to the discredit of the House of Commons, whose expulsion in 1764 even of a blunderhead like John Wilkes, as noted here (P iii 982; S 204), showed yet again how little the people of England were in control of their Parliament.

Neither of these works was to be published or widely circulated in Rousseau's lifetime, and he therefore could not be blamed in any way for France's unfortunate annexation of Corsica (in 1769, the year of Napoleon's birth in Ajaccio) or the first partition of Poland (in 1772), in each case soon after he had launched himself into a constitutional defence of the liberties of their citizens. Nor can there be any good reason to share his own belief, entertained in a particularly dark moment of paranoia, that Corsica had been invaded to discredit him. But perhaps both he and some of his contemporary admirers were mistaken to suppose that his political ideas as a legislator for new states could have no revolutionary implications. Allowing that men must always be taken as they are, he nevertheless contends in the *Social Contract*, just as he had earlier done in the *Discourse on Inequality*, that human nature might be changed. In his chapter on the legislator (ii 7), he remarks that it was the task of such an extraordinary individual, the true founder of a nation or religion, to transform solitary persons into parts of a much greater whole from which citizens would then receive their very life and being. Among the ancients, Lycurgus, and among the moderns, Calvin, had been such legislators, he suggests, adding the

Jews' Moses and the Romans' Numa in his second chapter of *The Government of Poland*. Each of these figures had occupied an exceptional position in the state, seemingly moved by divine inspiration, rather like Plato's philosopher-king or Hegel's world-historical individuals, pointing the ignorant and bewildered towards a new dawn which they could not perceive unaided. Once arrived in the politically promised land, legislators of course would take no further part in its affairs, as Rousseau had already intimated in a *Discourse on Heroic Virtue* of 1751 (P ii 1267; S 310), which he had drafted along lines inspired by Cicero's *De beneficiis* for another literary prize, offered by the Academy of Corsica, but then abandoned. The function of legislators was not to exercise empire, but only, by a form of sublime seduction, to promote the apotheosis of both the intellect and public-spiritedness of ordinary citizens, he claims. They pretend to be interpreters of the divine word. They persuade without convincing. Their office is neither that of government nor sovereign. But like Prometheus, in his gift of fire to mankind, they make men's moral transfiguration possible. Recast by Nietzsche, who loathed Rousseau, such imagery would assume the appearance not of mere guidance but of creative energy and force, passing into a domain beyond civilization's insipid standards of good and evil.

In the *Social Contract* Rousseau was himself to lend inspiration to would-be legislators of the late eighteenth century. In Book iii, chapter 15, he remarks that two institutions, *finance* and *representation*, were unknown to the men of antiquity, who had no terms even to express such ideas. The first, which he calls 'a slavish word' and which he also condemns as a modern innovation in both his *Constitution for Corsica* and *Government of Poland*, has given rise to the injunction *donnez de l'argent* – that commanding scourge bred of commercial society, similarly decried in his *Essay on the Origin of Languages* – which prompts citizens to pay taxes and thereby hire troops and deputies so that they may themselves stay at home. The second, arising from the idea of feudal government, through its notion of delegated power as realized in the different orders of the Estates General, and then through the contractual bonds around which Grotius and his followers had framed their ideas of sovereignty, similarly estranges individuals in the modern world from their public duties as members of the state, its common self or corporate identity in the form of a *personne morale* being nothing other than the citizens themselves acting collectively, he claims in Book i, chapter 6 and Book ii, chapter 4. Civil liberty, as limited only by the general will, and moral liberty, as expressed in citizens' autonomy or their obedience to laws they prescribe to themselves, are by contrast ancient principles, the first Roman and the second Greek, whose definitions by Rousseau in Book i, chapter 8 of the *Social Contract* exclude both finance and representation.

While legislators of antiquity had sought to forge links that would attach citizens to their state and to each other, the laws of modern nations only command deference to authority, displacing our pursuit of freedom from the public to the private domain. Where today, asks Rousseau in his *Letter to d'Alembert*, is the 'concord of citizens'? Where is 'public fraternity' (P v 121; A 133)? In *The Government of Poland*, similarly, he calls upon Polish youth to rekindle the 'spirit of ancient institutions' (the title of this work's second chapter) so as to become accustomed to 'equality' and 'fraternity' (ch. 4: P iii 966, 968; S 189, 191), as citizens of a truly free state. While liberty had once been linked with equality and fraternity, representation had destroyed fraternity, and finance had laid waste to equality, he believed, so that in the modern world, shorn of its ancient associations, it had in effect come to mean nothing more than the pursuit of private gain.

By thus linking hand in hand the ideas of liberty, equality, and fraternity, Rousseau would appear to have heralded a forthcoming French Revolution, even as he fixed his gaze upon a bygone world. Much of his own veneration for ancient republican liberty had been stirred by the *Discourses* of Machiavelli, but in his own works that esteem came to be fired by fresh enthusiasm, since, unlike Machiavelli, he supposed that human nature was forever subject to change and, while having been corrupted, could nevertheless still be improved, at least in principle. Let us 'draw from the evil itself the remedy which should heal it', he exclaims in Book i, chapter 2 of the *Manuscrit de Genève* (P iii 288; S 159), adding some years later, in Book iii of *Emile*, that 'We are approaching a state of crisis and the age of revolutions'. 'I hold it to be impossible that the great monarchies of Europe still have long to survive' (P iv 468; E 194). No political exhortation was intended in this claim, which was to be expressed with similar vigour by other figures of his day, who hoped that the civilized world might still avert upheaval. But if Rousseau himself both longed, and at the same time held scant hope, for a wholly changed political future of mankind, the principles of his *Social Contract* would in the course of the French Revolution come to be esteemed as if they formed the Ten Commandments of the new Republic of France.

This was recognized by Louis Sébastien Mercier, whose *Rousseau, Considered as one of the First Authors of the Revolution* dates from 1791, as well as by Burke, who in his *Letter to a Member of the National Assembly* of the same year condemned the 'insane Socrates' who had inspired a wholly destructive regeneration of men's moral constitution, and in whose memory the foundries of Paris were then casting their statues, 'with the kettles of their poor and the bells of their churches'. The revolutionary debates that launched the National Assembly in June 1789 turned in large measure around issues of public accountability on which, in *The Government of Poland*, Rousseau had insisted so as to ensure that deputies of the Polish Diet felt bound by the mandate of their constituents to declare what the nation had willed (P iii 980; S 202). And while the abbé Sieyès and other advocates of unfettered representation prevailed over deputies who subscribed to such views, the appeal of Rousseauist principles was as a rule to prove so strong throughout the French Revolution that, in 1801, after twelve years of the greatest political upheavals of the modern world, the *Gazette de France* reported that the *Social Contract* had been the book of life which had both generated and informed those events. Even the advent of

Napoleon Bonaparte, who had not failed to notice Rousseau's tribute to Corsica in that text, came to inspire a fresh edition of the work, with a dedication to the man who had become France's first citizen, as if its references to the general will had really meant the general's will. No other political thinker, ancient or modern, was in that period more venerated than Rousseau, and in 1794, after the Terror, his remains were disinterred from their grave on the Isle of Poplars at Ermenonville and brought to the Paris Panthéon where, with great celebration, he was acclaimed a hero of the nation whose politics, culture, and religion he had loathed above all others – to his eternal torment, furthermore, reburied opposite Voltaire.

In 1762, however, Rousseau had scant reason to anticipate such canonization. On its appearance his *Social Contract* caused an immediate scandal, its distribution in France was prohibited, and he was obliged to flee the country to escape imprisonment, only to find his way to Geneva barred because of equal public outrage there. Yet it was not his ideas on liberty or sovereignty which then occasioned real disquiet.

17. Rousseau's tomb on the Île des peupliers, from an engraving by Moreau le jeune.

He was judged a threat to civil order principally because the penultimate chapter of the *Social Contract*, on the civil religion, together with similar ideas in his *Emile*, published at almost exactly the same time, were held to be blasphemous, with his political system thereby deemed criminal and seditious only in consequence of its affront to Christianity.

Chapter 5
Religion, education, and sexuality

In pagan antiquity each state had its own deities, Rousseau remarks in Book iv, chapter 8 of the *Social Contract*, the authority of its gods encompassed by its political frontiers. First the Jews, however, and then the Christians paid homage to a god whose kingdom was not of this earth, and whose temporal ascendancy sometimes failed to match his spiritual predominance, thereby giving rise to disunion in separating the state's theology from its politics. Having spread their faith with their empire, the Romans doubted the indifference to politics professed by other-worldly Christians and, fearing their eventual rebellion, persecuted them. In due course, observes Rousseau, Christians did indeed forsake their humility, and laying claim to God's earthly domains they established the most violent despotism of the modern world. In his own day, political and theological identities had come to be disjointed everywhere, even among the Muslims, so that 'the spirit of Christianity has won completely'. Where clergymen wield corporate power, they seek mastery over princes by the regimen their holy orders demand and through their rights of excommunication, while in England and Russia, by contrast, princes have made themselves masters of the Church, at the risk of equally precarious schism between sacred and temporal pretensions to sovereignty. Alone among Christian authors, Hobbes had recognized such threats to civil peace and had rightly proposed that secular and religious power be placed in the same hands. But he had failed to take account of the perils to his system posed by Christianity, and of the fact that, wherever power is concentrated, the particular interest of a prince will always be upheld by his government more vigorously than the common interest of the state.

Following these reflections on Christianity's subversion of the sacred foundations of civil authority, Rousseau distinguishes three main types of religious belief in its social dimension: religion of the man, religion of the citizen, and religion of the priest. The first, the simple faith of the Gospels, dissolves all allegiance to the state; the second, in joining divine worship to love of the law, makes men credulous and intolerant; and the third, in placing persons under contradictory obligations to priestcraft and princely government, sets individuals at odds with themselves and their neighbours. Each of these cults is harmful to the body politic, Rousseau concludes, none more so than the first, wrongly supposed by others to be the best imaginable, because of its shared beliefs and profound piety. In fact, a society of true Christians would be so spiritually perfect that its members would be completely unconcerned with worldly success or failure. Citizens would perform their duties only out of a sense of religious obedience, determined to ensure just the salvation of their souls. How could a Christian republic ever confront the patriotic warriors of Sparta or Rome, 'devoured by an ardent love of glory and their country'?, Rousseau asks. How indeed could a genuine republic ever be Christian?, for 'true Christians are made to be slaves', their faith more amenable to tyranny than to the pursuit of the public good.

For the state to draw real strength from its members it must be nurtured by a religion which makes each citizen love his duty without intruding upon his beliefs through canons, sacraments, and dogmas. It must require of its subjects a purely civil profession of faith, prescribed by the sovereign merely to excite a public sentiment of sociability, and its tenets should embrace only the existence of an omnipotent, intelligent, and beneficent divinity, the sanctity of the social contract and the law, and the proscription of intolerance. Since belief is not itself subject to injunction, the sovereign can do no more than banish from its territory all persons whose intolerance of others would inevitably threaten the fabric of society. It may even authorize the capital punishment of individuals who betray their civil oath of allegiance – that is, who lie before the law, and thereby display their willingness to break it and thus to commit acts not of impiety but of sedition, as Rousseau stresses most particularly in his remarks on the same subject, anticipating that theme from the *Social Contract*, in his letter to Voltaire on Providence of 1756 (L 424). Theological intolerance is bound to have sinister political consequences, Rousseau argues, and in a note appended to this penultimate chapter of his text, which perhaps out of unaccustomed prudence he tried to suppress, even as his work was being printed, he complains of the threat to the very foundations of the state, by way of its regulation of public offices and private inheritances, posed by clerical control over the civil contract of marriage. The corresponding passage in the *Manuscrit de Genève* is more explicit in its attack upon the intolerance shown to Protestants in France, following the revocation of the Edict of Nantes in 1685 and the enactment of 1724 which commanded the Catholic benediction of Protestant marriages and baptisms. Because Protestants in France cannot marry without repudiating their religion, they are at once tolerated and banned, Rousseau contends there, as if it were official policy that they should both live and die in illegitimate wedlock, with dispossessed bastard children. 'Of all Christian sects the Protestant is the wisest, gentlest, most peaceful, and most social', he concludes. It is the only Christian Church which permits the rule of law and the authority of civil powers to prevail (P iii 344).

In stressing the inappropriateness of Roman Catholicism as a state religion, Rousseau's plea for tolerance in the *Social Contract* bears some resemblance to Locke's *Letter on Toleration* of 1689, although his chapter's emphasis on the politically consolidating ties forged by the legislators of ancient republics owes rather more to Plato's *Laws* and, above all, the *Discourses* of Machiavelli, who had similarly found the civil religion of Rome immeasurably more attractive than Roman Christianity's cult of the City of God. No other modern thinker so impressed Rousseau as did Machiavelli, not only for his love of liberty but also for his incisive understanding of the place of religion in public affairs. Yet at least as striking as their similarity is the main difference between their philosophies of religion, for while Machiavelli approved of religious faith just in so far as it promoted the patriotism of citizens, Rousseau was also passionately concerned with the nature of religious belief. Unlike Machiavelli, he was inspired by the life and example of Jesus, by the Gospels, and by the teachings of at least some of the Apostles. He had been moved by bewilderment and wonder at his place in God's universe, such as had troubled St Augustine, whose *Confessions* his own autobiography would echo in a fresh idiom. If in his grasp of the political effects of religion he was plainly under Machiavelli's influence, in his religious convictions themselves, and in his perception of clerical orders and churches, he was equally a child of the Reformation. In Western Europe's already relatively secular republic of letters, he was almost unique in the intensity of his religious convictions. While he did not believe in mankind's original fall from grace, both his *Discourse on Inequality* and his *Essay on the Origin of Languages*, as well as a number of shorter works, portrayed the manufacture of sin throughout human history along lines which manifestly offered a modern recapitulation of our abandonment of Eden and our construction of Babel in the Book of Genesis, with his remarks on legislators and the creation of new states in the *Social Contract*, *The Government of Poland*, and elsewhere in turn following the Book of Exodus. Like the Christian theologian, Pelagius, he was convinced of the essential goodness of human nature in the form cast by God. Like Abelard, around whose forbidden love for Héloïse he was to shape the most successful French novel of the eighteenth century, he was persuaded of reason's power to comprehend God's meaning. Like Pascal's, his enduring faith through the vicissitudes of a turbulent world was illuminated by a profound inner light.

Unless it was his passion for music, no other subject stirred Rousseau so deeply as his love of God. It forms a constant theme of his writings, from the youthful prayers he drafted around 1739 when under the Catholic influence of Madame de Warens, to the defence of his Protestant faith against his detractors in his *Letters from the Mountain* of 1764, to the natural religion of his *Reveries*, drafted mainly in 1777, near the end of his life, in which he portrays – as if it were like God's – his now completely self-sufficient sense of his own existence (P i 1047; R 89). No subject is accorded more abundant commentary throughout his voluminous correspondence, and especially in his third letter of 26 January 1762 to the Director of Publications, Malesherbes (L 1650), and in another of 15 January 1769 to Laurent Aymon de Franquières (L 6529), Rousseau celebrates the blissful earnestness of his faith: in the first case by rejoicing in the presence of a divine being whose infinite embrace of the wonders of Nature leaves him in ecstasy; in the second through reflections on the inner sentiment by which individuals are spontaneously drawn to both God and truth, and on the evil for which we alone are responsible in abusing our faculties. But it is above all in an extended passage of *Emile*, the 'Profession of Faith of the Savoyard Vicar', that Rousseau's conception of God receives its fullest and most eloquent exposition. Already in 1761, at the end of *The New Héloïse*, the heroine of Rousseau's novel, on her deathbed after saving her son from an accidental drowning, had uttered the credo of a woman who had lived 'in Protestant communion, which draws its sole rule from Holy Scripture and from reason' (P ii 714; J 586). Julie's identity was only fictional, however, and she had been licensed by her creator to speak her mind. In *Emile*, her last catechism was to become that of an exiled abbot (modelled after two priests Rousseau had in fact known in his youth), conveyed from the slopes outside a town within sight of the Alps to a young fugitive – presented in the first person in effect by Jean-Jacques to himself, setting an example both to the pupil portrayed within the work and, to all its readers, as its author's Sermon on the Mount.

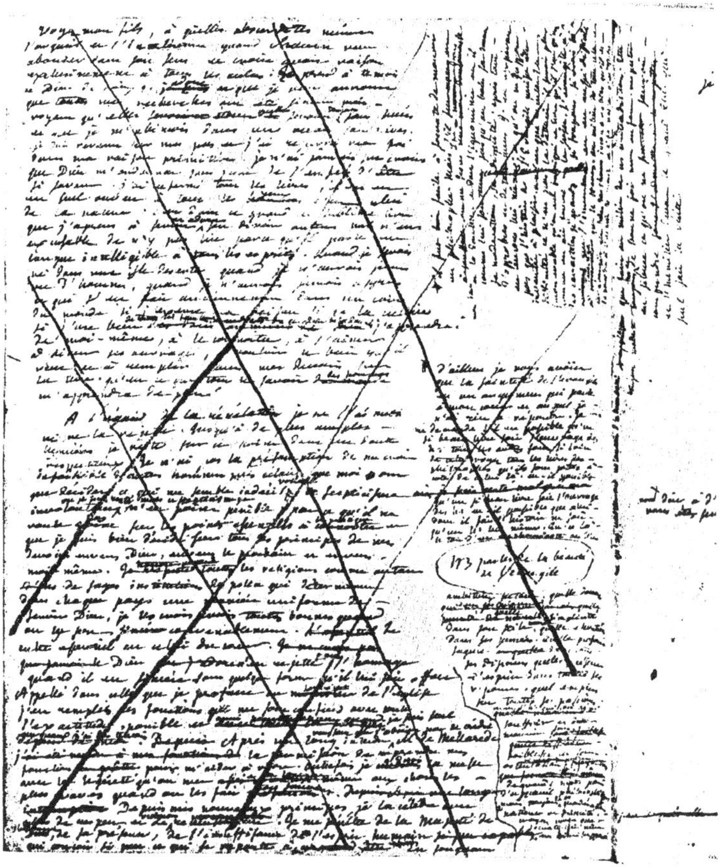

18. Leaf from the *Manuscrit Favre* of the 'Profession de foi du vicaire Savoyard'.

The 'Profession of Faith' is divided into two halves, punctuated by Rousseau's appearance in his own persona as narrator and tutor to Emile, recalling by way of invention the bedazzlement of his boyhood response to the priest's sublime epiphany, when he had perceived another universe such as he was to glimpse in reality on his way to visit Diderot in the prison of Vincennes. In the first part, he describes the duality of human nature, the inertness of sensation, the necessity of God as the external and ultimate instigator of the motion of all matter and as Supreme Intelligence, the responsibility borne by men alone for evil, and their capacity to attain happiness and virtue. In the second part, he condemns belief in miracles and dogmas, and the intolerant pretensions of sectarian churches to universal authority, through holy writ and mysteries incompatible with reason. The first part, designed to refute the scepticism and materialism of some of the leading *philosophes* of his day, offers Rousseau's account of religion in accordance with Nature; the second part, in assailing the bigotry and superstition above all of Roman Catholicism, sets out his critique of religion conceived as revelation.

In the fourth book of his *Essay concerning Human Understanding* (ch. 3, § 6), Locke had claimed it at least conceivable that God, if He so pleased, could 'superadd' to matter a faculty of thinking, thereby animating insensate particles with the power of thought. In the chapter subsequently devoted to 'Our Knowledge of the Existence of a God' (iv 10 10), which in fact anticipates some of Rousseau's own arguments, he insisted that it was impossible for matter of itself ever to give rise to thought, and most of his remarks on the subject were designed to combat claims of the materialists, chiefly Spinozists, of his own day, who had asserted what he denied. But his proposition that through God's will matter might be made to think occasioned numerous rebuttals from theologians and philosophers of the early eighteenth century, most of whom associated this claim with Locke's further suggestion in the same section of his work that the truths of morality and religion do not depend upon the immateriality of the soul. Voltaire had commented upon Locke's argument in his *Philosophical Letters* of 1734, and French materialists of the mid-eighteenth century, including Maupertuis and La Mettrie, drew inspiration from it, some (like Diderot) stressing the inherent irritability or vitality of organic matter, some (like d'Holbach) locating all of reality in the physical world alone, thus deeming spiritual substance, the soul, and even God, illusory. In his *Treatise on Sensations* of 1754, Condillac attempted to construct a theory of the formation of human intelligence from pure sensory experience; while in the article 'Evidence', probably by François Quesnay, published in the sixth volume of the *Encyclopédie* in 1756, a similar argument was pursued to show that sensation gives rise to judgement; and in 1758, in *On Spirit*, which scandalized the Church and provoked even more official outrage than *Emile* would excite later, Helvétius was to make this identification of judgement with sensation the cornerstone of his whole work. Locke's proposition that matter might be made to think, and Helvétius's corollary that judgement is just sensation, together constitute the main focus of criticism and the chief point of departure of Rousseau's proof of the existence of God in his 'Profession of Faith of the Savoyard Vicar'.

Both there (P iv 584; E 279) and in his subsequent letter to Monsieur de Franquières (P iv 1136), he denounces the supposition of thinking matter as a 'veritable absurdity', 'whatever Locke says about it'. It is not possible to prompt matter to think, claims the priest, for no motion to which matter is subject can give rise to reflection. Contrary to Helvétius in particular, he asserts that the judgements made by persons do not spring from their sensations, for while objects may impress themselves upon our passive senses, we can have no automatic impressions of the relation between objects. Unless we formed our judgements as agents actively responsible for the interpretation of our experience, we could never make errors or be deceived, since our senses would always represent the truth. The philosophy of Helvétius thus fails to accord us 'the honour of thinking' (P iv 571–3; E 270–2). The materialists are mistaken because they are deaf to the inner voice which convinces

Rousseau that his sense of his own existence cannot be generated by unorganized matter, of its very nature bereft of the power to produce thought, which must spring from a cause that animates itself, a voluntary action or spontaneous expression of will. This, Rousseau's *alter ego* contends, is his first article of faith (P iv 576, 585; E 273, 280).

He had initially been in that state of doubt demanded by Descartes for the pursuit of truth, he confesses, adrift without rudder or compass in a vast sea of opinions, tossed by tempestuous passions and with scant guidance from philosophers – all in agreement only that they must differ from one another, even professed sceptics tenaciously dogmatic in their destructive criticism (P iv 567–8; E 267–8). Having found in philosophy more grounds for torment than deliverance from such doubt, he had turned instead to the light within him and to the simple love of truth towards which he would allow his heart to lead him. In that way, he soon discovered that he exists and that he has senses whose cause must be external to him, since he did not summon them up by an act of his own will. He could perceive from his sensations themselves that both their object and source are independent of him, thus bearing witness to the existence of other entities apart from himself. Beholding the matter in motion of which the universe was formed, he had come to grasp that there can be no motion without direction, and no direction without a cause which determines it. Determinate motion points to a will, and will to intelligence. That, states the priest, is his second article of faith. Such a will was self-evidently wise and powerful, he contends, suffused in the heavens which revolve, the stones that fall, and the leaves carried by the wind. 'I perceive God everywhere in His works', he claims. 'I sense Him in me' (P iv 578, 581; E 275, 277).

Knowing nothing of the order of the universe apart from the necessity of its existence, the priest could nevertheless admire its Creator for His craftsmanship. In inspecting his own mind, moreover, he could behold that his will was independent of his senses, and allowing the equal independence of the will of other persons he could see the disorder of 'evil on earth', as distinct from the harmony of Nature, stemming from it – that is, from men's freedom of action, acceptance of which, states the priest, forms his third article of faith (P iv 583, 586–7; E 278, 281). Human misconduct springs from free choice and cannot be imputed to Providence, he asserts, for God is good and just (P iv 593; E 285). To complain that He has failed to prevent us from committing evil is to protest at His implantation of morality in man, for as Rousseau had already observed in his letter to Voltaire of 1756, Providence has made us free so that we may choose the good and refuse the evil. Its making us capable of choice excludes its choosing for us. When we abuse our faculties and commit evil, we perform not God's work but ours. 'Man, seek the author of evil no longer. It is yourself!', exclaims the priest (P iv 588; E 282), as if recapitulating words uttered by Satan in Milton's *Paradise Lost* which Rousseau had himself transcribed in the inscription to the tenth plate of *The New Héloïse*: 'Où veux-tu fuir? Le Phantôme est dans ton cœur' (P ii 770; J 504).

Contrary to Locke, the Savoyard vicar insists upon the immateriality of the soul, as well as on its immortality, although he professes ignorance as to whether the wicked suffer eternal damnation, and even indifference to their fate. In consulting nothing more than his inner sentiment, he finds that he can at least make the moral judgements that will determine his own destiny. 'All the evil I ever caused in my life was done out of reflection', Rousseau would later lament in an unfinished letter meant for the Marquis de Mirabeau (L 5792), recalling celebrated lines from Ovid and from Paul to the Romans. 'The little good I achieved I did out of impulse.' In the 'Profession of Faith' and in his letter to Monsieur de Franquières and elsewhere, inspired most particularly by the *Discourse concerning the Being and Attributes of God* (ii 3) of the English philosopher and theologian Samuel Clarke, he terms that impulse of his nature *conscience*, calling it 'an innate principle of justice' (P iv 570, 598, 1135; E 269, 289) or the inner voice of the soul, which stands to it in the same relation as does instinct to the body. Conscience! That immortal and celestial voice is an infallible guide to

19. Plate 10 ('Où veut-tu fuir?') by Gravelot from *La Nouvelle Héloïse* (Amsterdam, 1761).

virtue, claims the priest, who blesses God for His gifts but does not pray to Him. What could he ask? Not for the power to do good, with which he had in fact been endowed. Nor to have his work done on his behalf, while he collected the wages for it. Had God not already granted him conscience to love the good, reason to know it, and freedom to choose it (P iv 605; E 294)?

In the second part of his 'Profession of Faith', which concludes with the vicar's recital of his frustrated ambition to remain a parish priest, and with a plea to the young Rousseau to be sincere and to promote a spirit of humanity among the intolerant, he sets the natural religion to which he subscribes in opposition to dogmatic faith, miracles, and revelation. Confronted by the great spectacle of Nature which addresses our eyes, our heart, our judgement, and our conscience, it seems strange that any other religion should be required at all, he remarks. Yet we are told that revelation was needed to teach men the way God demanded to be served (P iv 607–8; E 295). In Europe alone, we have three principal religions, of which one accepts a single revelation, the second two, and the third three, each detesting and cursing the other two, with reference to books scarcely intelligible even to the literate, the Jews no longer understanding Hebrew, the Christians unable to fathom Hebrew or Greek, and the Turks with no comprehension of Arabic. Yet in each case, what every person is obliged to know is confined to books. Always books! Europe is full of them (P iv 619–20; E 303). In each case that God's emissaries have taken it upon themselves to interpret His meaning, they have contrived to make Him say whatever they wished themselves, by way of signs and miracles mysterious to others, generally invoked to justify the persecution of heretics. A world miraculously free of miracles would be the greatest miracle of all (P iv 612; E 298).

When not in pursuit of heretics at home, the purveyors of God's revelations send missionaries to proselytize their faith abroad, menacing all who will not heed them with the prospect of eternal damnation. They have seldom dared to go far enough. What fate awaits the souls of Oriental wives enslaved in a harem? Will they all go to hell as punishment for having been so reclusive (P iv 622; E 304–5)? Of course the holiness of the Gospel speaks to the priest's heart, he admits. Of course there is a sublime grace in the teachings of Jesus,as noble as the wisdom of Socrates. The life and death of Jesus show him to have been a god. But there is too much in the same Gospel that is incredible, repugnant to reason, and impossible for any sensible man to accept (P iv 625–7; E 307–8). Let God's word be less mysterious. Did He grant us a faculty of reason only to forbid us its use? May we not serve Him best unaided? 'The God I worship is not a god of shadows' secreted in books, the priest insists (P iv 614; E 300). Let us close all the books and embrace instead His plain truth, because it is inscribed in all languages, accessible to all persons, in the open book of Nature (P iv 624–5; E 306–7). The God of revelations speaks in too many tongues. 'I would rather have heard God Himself. . . . So many men between God and me!' (P iv 610; E 297).

Rousseau ought to have been less surprised than he was that such reflections on the essence of religion and Christianity in the *Social Contract* and *Emile* were not at all welcomed by the Church in France. Voltaire took sufficient care to broadcast his severest censure of Roman Catholicism from the safer side of the French border, but Rousseau wrote with reckless abandon, unprepared for the official response, in the country in which he then resided, to the poetic licence of his exalted images, following the publication of the *Social Contract* in Holland and of *Emile* simultaneously in both Holland and France. His works' proscription in Geneva, preventing his escape to his homeland, filled him with even greater dismay. When in August 1762 the Archbishop of Paris issued a mandate denouncing *Emile*'s pernicious doctrines after the Sorbonne had officially condemned the text and the city's *Parlement* had ordered it to be burned by the public executioner, Rousseau had already made his escape from France. 'Your only proof against me is to cite original sin', he protests in his reply, which forms the longest of his writings devoted to theology, the *Letter to Christophe de Beaumont*, published early in 1763. How could God have made us innocent merely in order that we should prove sinful and thereby be committed to hell?, he asks. Is the harsh doctrine of original sin not principally an invention of St Augustine and the theologians, rather than the essence of the Scriptures? Do we not both agree that mankind was created good, with you claiming that he is evil because he has been so, and I showing instead how he in fact became evil? Which of us is closest to first principles? *Emile*, Rousseau insists, was intended principally for Christians, cleansed of original sin by baptism, as pure in heart as was Adam when first made by God (P iv 937–40).

He had hoped to find refuge in Geneva, but when its government, the *Petit Conseil*, burned both *Emile* and the *Social Contract* in June 1762 – for their scandalous impiety and threat to public order as well as religion –

he had been obliged to flee, initially to Yverdon, in the territory of Berne, and then to nearby Môtiers, from which he would later be cast out by villagers who stoned his house. At first eager that his compatriots, in their submissions on his behalf, should restore his standing among them, he found the government's supporters, or *Négatifs*, too powerful in their opposition to such *Représentants*, and soon despaired of any political reinstatement of his rights of citizenship, renouncing them himself. When in September 1763 the case against him was put in a collection of *Letters from the Country* by Geneva's Procurator General, Jean-Robert Tronchin, he sought only self-vindication in his response of the following year, his *Letters from the Mountain*. Since Protestantism was tolerant as a matter of principle and, like the civil religion of his *Social Contract*, was dogmatic only in condemning intolerance, how could the *Petit Conseil* of a Protestant state adopt the persecuting ferocity of St Paul and the judicial rigour of the Inquisition? (P iii 702, 716, 781), he wonders. Rehearsing at some length the history of assemblies of the *Conseil Général*, which had been 'the salvation of the Republic' when it had been threatened by famine, tyrants, and wars (P iii 856), he now condemns, out of patriotic devotion, the degeneration of a body politic whose constitution he had found a shining example to the rest of Europe, a beautiful model which his *Social Contract* had been designed to preserve. Of course, as he had already made plain himself, it is impossible to arrest political decay. By a 'natural progression', the government of Geneva had changed its form, 'passing by degrees from the many to the few', he remarks (P iii 808–10), as if to anticipate Robert Michels' iron law of oligarchy with a specific illustration. 'Nothing is more free than your legitimate state; nothing more servile than your state as it is', Rousseau concludes (P iii 813).

These protestations of a loyal citizen's sincere belief were applauded in many quarters in Geneva and elsewhere, and they later came to inspire the young Hegel and other lovers of freedom, similarly drawn to an unmysterious God, manifest in Nature. But they could hardly have endeared Rousseau to the prevailing powers of his day, and both the Archbishop of Paris and the *Petit Conseil* of Geneva rightly perceived *Emile* and the *Social Contract* as threats to every form of established authority. It was all the churches of Christendom that were interposed between Rousseau and God, all the governments of modern states that stood between each people and itself as sovereign. The institutional replacement of both individual will and collective action by forces which deprived persons of their spiritual and civic identity was the principal moral calamity of contemporary civilization, he supposed, for freedom of conscience required an unmediated God no less than did legislative freedom of assembly require an unrepresented sovereign. Obscurantist theology and despotic power together made men dependent on the will of others, and it was therefore the agents of such forces, understanding themselves in the light of his philosophy to have been challenged by Rousseau's pleas for liberty, who were most anxious to suppress them.

To overcome dependence on others and achieve self-reliance, Rousseau maps out a programme of education in *Emile* which has as its central aim the freeing of children from the tyranny of adult expectations, so that their faculties may develop unfettered, each in its good time. Early in the first book, he distinguishes three kinds of education according to their different sources, which he identifies as nature, things, and men. Only the person in whom these forms of discipline all coincide can be well brought up, he remarks, but then notes how difficult such a comprehensive education must prove, since natural man lives entirely for himself, while civil man, who lives for the whole community, must be denatured, his independent identity transformed into a relative existence, rendering him part of a greater whole. Yet if natural or domestic education could somehow be reunited with civil education, Rousseau suggests, the contradictions in man might be removed, and with them a major obstacle to human happiness (P iv 247–51; E 38–41). Some of his interpreters came to suppose this reconciliation to be the principal object of *Emile*, which could accordingly be read as a manual for children's development towards citizenship, whose responsibilities are outlined later in the text and are addressed at length in the *Social Contract*. But the short passage in *Emile* which is devoted to the subject of politics, covering some twenty pages towards the end of Book v (P iv 833–52; E 455–69), does not seem to have been intended by Rousseau to crown the meticulously elaborated plan of a domestic upbringing with a sublime education for public life. Although it recapitulates certain themes of the *Discourse on Inequality* and *Social Contract*, it does so more by way of sketching a course of study upon which Emile might later embark than by taking full measure of a political education for which he still remains unready, and the tutor confesses that he would not be surprised if his pupil were to complain that he had built his edifice of wood rather than men (P iv 849; E 467). Much of *Emile*'s diffuse structure and perhaps overloaded contents, including its somewhat cryptic passage on politics, may have been due to Rousseau's fear, following a period of ill health in the late 1750s, that this would prove to be his last major work. When after its publication he began to draft a sequel, posthumously published as *Emile and Sophie, or The Solitaires* (P iv 879–924), he portrayed Emile, not as a citizen engaged in public affairs, but as a grown man writing in despair to his tutor that his world had collapsed, his wife had deserted him, and his education had proved unequal to his human failings.

Though Emile's intellectual and moral development is meant to embrace the company of men and women, it does so in a manner which is deliberately unforced and always designed to be compatible with his natural dispositions. It never recasts his character, or prepares him for a new identity as part of a whole greater than himself, in the manner stipulated in Rousseau's account of citizenship and popular sovereignty in the *Social Contract*. On the contrary, it remains faithful to the central theme of the *Moral Letters* which he penned in 1757 for Sophie d'Houdetot, Madame d'Épinay's sister-in-law, with whom he was then infatuated and whom he served as a spiritual confessor and tutor on matters of the heart. Rousseau sketched only six *Moral Letters* for Sophie, largely on the model of the spiritual quest pursued by

Descartes in his *Discourse on Method*. But these *Moral Letters*, when enlarged and reassembled, were to be filled out as the text of *Emile*. Addressed to a woman and to her pursuit of felicity, they have little to do with the ordeals and attractions of a civic identity, pointing instead to a sphere of self-reliance and self-sufficiency which concentrates upon the solitary individual. 'Let us begin by becoming ourselves again, by concentrating only on us', Rousseau remarks in the sixth of these letters. Let us seek to know ourselves as we are, to separate ourselves from all that we are not, for that grasp of the human self and of the nature of one's own being points the way to knowledge of mankind (P iv 1112–13).

This was also to be the guiding thread of Emile's education, according to his own nature, but it is not a central theme of the *Social Contract*. For Rousseau's plan of a civil education, readers must turn elsewhere, especially to his *Discourse on Political Economy* and *The Government of Poland*, both heavily influenced by Plato's *Republic*. In *Emile* itself, he commends the *Republic* as 'the most beautiful treatise on education ever written' (P iv 250; E 40), although he makes it plain that he has in mind the idea of a public education, and holds that 'noble genius' at fault for the *Republic*'s 'civil promiscuity' in confounding the two sexes in unsegregated physical exercise, requiring women to be men because, after removing them from the domesticity of family life, Plato no longer knows what their role should be (P iv 699–700; E 362–3). By contrast with *Emile*, the *Discourse on Political Economy* and *Government of Poland* are crucially concerned with matters of public education, and accordingly they, but not *Emile*, are largely cast in the *Republic*'s image. In the *Discourse on Political Economy*, Rousseau speaks of the art of making men love their duty and the laws, and of teaching citizens to be good by setting examples of civic virtue and patriotism (P iii 251–2, 254–5; S 13, 15–16). It is there, in the name of a civil education, prescribed by government, that the rearing of the young in the bosom of equality is held to be one of the most important functions of the state, for 'citizens cannot be formed in a day, and in order to have them as men it is necessary to educate them as children', he remarks (P iii 259–61; S 20–1). It is in chapter 4 of *The Government of Poland* that Rousseau describes the need for infants to see nothing but the fatherland from the moment of their birth, so that their mothers' milk will be laced with an indelible love of their country, to which they will remain wedded until their death (P iii 966; S 189). It is there that Rousseau speaks of gymnastic exercises performed publicly and in common, with awards for excellence determined by the acclamation of spectators (P iii 968; S 191). References to Plato throughout Rousseau's works are more abundant than to any other authority apart from Plutarch and the Bible, and it is in these passages devoted to a civil education, together with the *Letter to d'Alembert on the Theatre*, that the influence of Plato's *Republic* on his philosophy is most conspicuous.

It is also these texts, as well as the *Letters from the Mountain*, that most plainly exhibit the influence on him of Plato's *Laws*. When in the eighth of his *Letters from the Mountain* he observes that a free people may have leaders but not masters in its obedience to wise laws (P iii 842), or when in his *Discourse on Political Economy* he speaks of the celestially wonderful work of law to which men owe their justice and liberty (P iii 248–9; S 9–10), it is to Plato's conception of law that Rousseau is most indebted. The rule of law in his philosophy stands to citizens in much the same way as does God to those who love Him, and the sovereign to its subjects. It is a spiritually ennobling presence whose authority is acknowledged as externally imposed and at the same time is felt most deeply within the human soul. To that essentially Platonic and then subsequently Christian notion of a sacred principle of order which is inwardly binding, Rousseau was to add the dimension of freedom and a vital element of volition that was to form the kernel of his theory of the general will, and from which Kant would draw much inspiration in his idea of autonomy and his moral philosophy as a whole. But in *Emile*, which maps the lineages only of a domestic education, these features of public life and civic engagement form an insignificant part of Rousseau's argument.

Like so many of his major works, *Emile* was conceived in large measure as a rebuttal of alternative views on the same subject. If the section forming the 'Profession of Faith of the Savoyard Vicar' attempts to refute Locke and Helvétius, the whole work's broader argument about education in general similarly confronts the doctrines of these two authors – with respect to Helvétius, once again his *On Spirit*, in the case of Locke, his *Thoughts concerning Education* of 1693. The first page of *Emile*'s preface announces the freshness of the subject which Rousseau is about to address, following Locke's work (P iv 241; E 33), and thereafter his text abounds with references or allusions to it, none more important than his remark in Book ii that 'To reason with children is the great maxim of Locke'. Such instruction, it had been contended in the *Thoughts concerning Education* (§ 81), should only be commensurate with children's capacities, but Rousseau judged the whole of Locke's enterprise of reasoning with children absurd, there being nothing more dangerous than the shaping of immature minds, particularly from birth to puberty, and nothing more stupid than children subjected to the straining logic of rational discourse (P iv 317, 323; E 89, 93).

'Nature wants children to pass through childhood before they become men', he insists, both in *Emile* and in *The New Héloïse*. 'To know good and evil, and to sense the reason for man's duties, are not a child's affair' (P ii 562; P iv 318–19; E 90; J 461). Locke had remarked (§ 110) that the habit of liberality could be cultivated among children by so arranging their transactions as to ensure that experience convinces them that the most generous person always comes off best (P iv 338; E 103). In *Emile*, however, Rousseau makes it plain that from first-hand acquaintance he knew better. Conflating perhaps three different occasions between 1735 and 1742, in Chambéry, Lyon, and Paris, when he had served as a tutor to uncontrollable little tyrants whose capriciousness had rendered his life miserable, he remarks that he had painfully learned himself that the only way to make a child do what one wishes is to prescribe nothing, forbid nothing, exhort nothing, and avoid boring him with useless lessons (P iv 364–9; E 121–4). These are

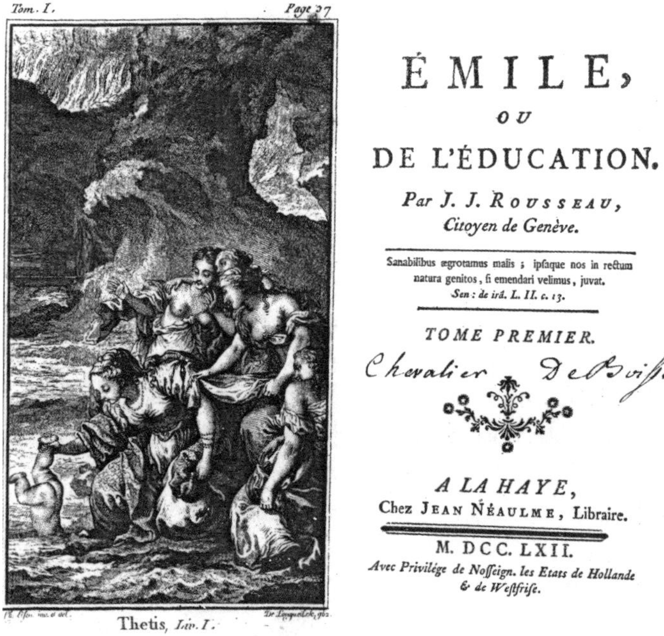

ÉMILE,

OU

DE L'ÉDUCATION.

Par J. J. ROUSSEAU,
Citoyen de Genève.

Sanabilibus ægrotamus malis ; ipſaque nos in rectum
natura genitos, ſi emendari velimus, juvat.
Sen : de irâ. L. II. c. 13.

TOME PREMIER.

Chevalier De Boisse

A LA HAYE,
Chez JEAN NÉAULME, Libraire.

M. DCC. LXII.
Avec Privilége de Noſſeign. les Etats de Hollande
& de Weſtfriſe.

20. Frontispiece and title-page of *Émile* (1762).

rather different injunctions from the earnestly attentive and self-consciously solicitous precepts he had put forward in two memoirs which he drafted as a young man to Jean Bonnot de Mably, the father of one of his horrid pupils and brother of both Mably, the historian, and Condillac (P iv 1–51); but in middle age, with his own children abandoned and no such fraught responsibilities, he could speak more freely. Locke had thought it sensible to fill a child's room with contrivances that might be used to teach him to read while he imagined that he was only playing, such as by pasting letters on to dice (§§ 148–55). What a pity he had forgotten the child's desire to learn, which, once inspired, could have dispensed with dice, Rousseau exclaims (P iv 358; E 117). I am 'very far from supposing that children do not reason at all', he adds in Book ii. On the contrary, they reason very well in matters pertaining to their immediate and palpable interest. But it is a mistake to make them reason in Locke's fashion about what they cannot understand or what does not touch them in any way, such as their future welfare, their adult happiness, or the esteem in which they will be held. To immature minds lacking foresight, such concerns are alien, insignificant, and unworthy of attention (P iv 345–6; E 108).

Together with other pedagogues, Locke had of course been right to prescribe exercise for children's bodies, which ought not to be deformed by the tight clothing, belts, and costumes of French modes of dress in particular, so unhealthily constraining, not only for children, but even for grown men. 'Think me all face' was the compelling remark he had attributed to a Scythian philosopher who had gone out naked in the snow, when asked by an Athenian how he could expose anything more than his face to the cold (§ 5). But why, then, would Locke not leave children's feet to suffer the natural hazards of hot temperature (§§ 7, 30)? 'If you want man to be all face', Rousseau suggests he might say in confronting Locke, 'why do you blame me for wanting him to be all feet?' (P iv 371, 374; E 126, 128). The 'wise Locke', having studied medicine, had also been right to recommend that drugs be administered to children only sparingly (§ 29). But he ought to have pursued his own logic further, and to have recognized that doctors should never be summoned at all unless their patient's life was in danger, for only then could such professional healers do no other damage than to kill him (P iv 271; E 55).

Although admirable in some details, the whole of Locke's philosophy of education was misconceived, according to Rousseau, because he regarded children as if they were immature adults in journeyman apprenticeships for their maturity, cultivating skills and learning trades which would prepare them for their careers as gentlemen, not least the keeping of accounts (§§ 201–11), at which Locke's own mastery may be unsurpassed among Western civilization's leading thinkers. But to be a true gentleman is to be 'a plaything of public opinion', paying court to flattery, Rousseau suggests, adding, on the opening page of Book v, that he 'does not have the honour of raising a gentleman' and will therefore be prudent not to imitate Locke on that point. Almost as if to anticipate Marx in *The German Ideology*, where he complains of men being exclusively hunters, or fishermen, or shepherds, or critics, Rousseau contends, against Locke, that he does not want his pupil to be an embroiderer, or gilder, or varnisher, nor a musician, actor, or writer, although his aim is mainly to distinguish useful and stimulating trades from corrupt and demeaning ones, rather than to protest, in Marx's fashion, against the enforced division of labour in general (P iv 471–3, 692; E 196–7, 357). Locke's entire method, so full of superstition, prejudice, and error, Rousseau observes, is to conceive the ultimate end of education first, beginning with a notion of God, a history of the Bible, and generally the spiritual side of human nature, only then passing to the physical (§§ 136–8, 190–2). To form a proper notion of spirit, one must start with bodies, but in his too ethereal philosophy of education, Locke just manages to lay the foundations of materialism (P iv 551–2; E 255).

Rousseau was furthermore convinced that, with regard to the subject of domestic education, Helvétius's *On Spirit* formed the most sinister contemporary example of such materialism. In a letter he drafted for Jean-Antoine Comparet in September 1762 (L 2147), and in a note of the first of his *Letters from the Mountain* (P iii 693, 1585), he claims that he had originally intended to attack this celebrated work but had then discarded his criticisms in order to dissociate himself from the muckrakers which *On Spirit* had aroused. The surviving manuscripts of *Emile* suggest that much of his hostility to Helvétius may have been fomented more by his rereading of the text in the autumn and winter of 1759–60 than by his first acquaintance a year earlier, but, in addition to the manifestly plain allusions to *On Spirit* which figure in the 'Profession of Faith of the Savoyard Vicar', there are express objections to Helvétius's sensualist philosophy in the draft of *Emile* of early 1759, known as the *Manuscrit Favre*, which are missing from the finished text, as well as numerous marginal annotations, to much the same purpose, in his own copy of Helvétius's work, now in the Bibliothèque Nationale in Paris (P iv 113, 344, 1121–30, 1283–4; E 107). All of these passages concentrate on the dictum 'Juger n'est jamais que sentir' or its derivatives, from the opening pages of the first discourse of *On Spirit*, regarded by Rousseau as utterly mistaken in conflating the passive and immediate impression of objects with the actively construed perception of their relations.

In the fifth part of *The New Héloïse*, where he offers the fullest treatment of the subject of education in his mature writings apart from *Emile*, he attacks *On Spirit* as well for its contention that genius is merely a product of circumstance, on the grounds that this presumes our minds are nothing more than pliant clay. By way of an exchange of views between Saint-Preux and Julie, on the one hand, and Julie's husband, Wolmar, on the other, Rousseau puts the contrast between his own philosophy of education and that of Helvétius, as he understood it, in its sharpest form. Wolmar, speaking largely for Helvétius, insists that in the absence of vice or error in Nature, any malformation of men's character can only be due to improper breeding, to which Rousseau himself appends a manuscript note, doubting that the author of *On Spirit*, if he had considered the matter properly, could really have supposed that all persons are mentally indistinguishable at birth and vary only in their upbringing. If differences between us are always due entirely to the effect of education, asserts Saint-Preux, then it would be necessary only to instil in children those qualities their tutors wished them to possess (P ii 563–5, 1672; J 461–3). Agreeing with Julie's contention that infancy has its own ways and feelings which must not be precociously accelerated, Saint-Preux holds, contrary to Wolmar, that each infant is born with a character and talents uniquely its own. The dictum 'L'éducation peut tout', which in 1773 would become the title of a chapter of Helvétius's posthumously published *On Man*, and which would also prompt Diderot's objections on slightly different grounds, was for Rousseau incompatible with any proper understanding of the nature of human development, individuality, and freedom.

In *Emile*, no less than through his fictional exchange of *The New Héloïse*, he prescribes the difficult art of governing without precepts and of doing everything by doing nothing (P iv 362; E 119), which is just the opposite of training minds or improving character. The most important rule of all education is not to gain time but to lose it, to take the unaccustomed path, Rousseau informs his readers, to ensure that a child's first education leaves no stamp upon it, but is instead 'purely negative' (P iv 323–4; E 93–4). A positive education, in the manner of Helvétius, is one which, in his *Letter to Christophe de Beaumont*, he condemns as an attempt to form young minds before their time, encumbering children with the attributes of adults. By contrast, he there describes a 'negative education', once more, as enabling children to embark upon their own development, and as therefore the only kind which is good (P iv 945). Even in his scheme of public education in *The Government of Poland*, he puts precisely the same proposition yet again. Only a negative education which accords with children's natural dispositions can avert the birth of vice, he claims (P iii 968; S 191). His refutation of Helvétius thus inclines him in *Emile* and elsewhere towards a conception of men's natural attributes as in some respects less plastic, less malleable, than they are depicted in his *Discourse on Inequality*.

In pursuit of a programme of negative education, tutors are advised by Rousseau to set aside books and instead provide lessons from which children may learn through first-hand experience, sometimes in situations so comprehensively engineered in advance as to obscure the sense in which it may be supposed that they have been made dependent upon things but not men, thereby retaining their liberty, as Rousseau defines it in *Emile*. Reading is, by and large, the curse of childhood, he remarks, and even the charming fables of La Fontaine should be avoided, the moral purpose of such poetic tales being useless to children who, as likely as not, fail to understand their meaning and identify with quite the wrong characters within them (P iv 351–7; E 112–16). Since we are born both physically and spiritually incomplete, we should be allowed to pass naturally through the stages of our own organic growth, from infancy, to childhood, to puberty, to adolescence, and then adulthood – to which the books of *Emile* itself, as a work of natural education, roughly correspond. With life come needs, Rousseau observes in Book i (P iv 272; E 56), but these are not the same as a child's desires, which are so excited by the imagination that they can never be satisfied, rendering him tyrannical in his ambitions and irascible in his frustrations, for reasons which Freudians would later describe as infants' polymorphous perversity. A child will find contentment, not in the limitless extension of his faculties, nor in the curtailment of his desires, but in the diminution of the excess of desire over the strength of his faculties, putting both his will and his power in balance (P iv 304, 312; E 80, 86).

As his mind and body develop, so do his nascent passions take root. Emile was born not to be solitary but, like all other members of his species, to enter into the moral order or domain of social life (P iv 522, 654; E 235, 327). Our weakness renders us sociable, Rousseau now suggests in the manner of Pufendorf, our common miseries drawing us together by affection, as our common needs unite us by interest (P iv 503; E 221). From the gut reactions of pity, the first relative sentiment, will stem children's identification with the suffering of others, in assuming their very being (P iv 505–6; E 222–3). In Book iv, Rousseau accordingly offers his account of pity in three maxims: first, that we put ourselves in the place, not of those who are happier, but of those who are more miserable, than we are; second, that we pity others only for such suffering which we suspect it might be our misfortune to experience as well; and third, that we feel compassion, not for the extent of others' predicament, but for the depth of their unhappiness (P iv 506–9; E 223–5). In the company initially of adults and then of children like themselves, the young also come to find their cravings satisfied by those who nourish their burgeoning self-esteem, through the impact they make upon them and later their perception of how others see them. Let us extend *amour-propre* to other beings, Rousseau remarks, thereby making our sense of our own potency significant for the persons around us, which we can only manage to do if we are accorded recognition, rendering our natural *amour-propre* a moral virtue. In such terms, strikingly different from his argument in the *Discourse on Inequality*, is the usefulness of *amour-propre* distinguished from pride and vanity, which now appear to be corruptions rather than expressions of it (P iv 494, 534, 536, 547; E 215, 243–5, 252).

Our exodus from childhood, moreover, is equally prescribed by Nature. In our physical development, we pass progressively from the innocence of still absent desire to the incipient passions of puberty, which, with more conspicuous manifestations of sexual difference, and their mental attribution of importance to it, mark children's second birth (P iv 489–90, 498; E 211–12, 217). The 'fire of adolescence, far from being an obstacle to education, is the means of consummating and completing it', writes Rousseau in Book iv, recommending that tutors answer youthful questions about sex without mystery, embarrassment, or smiles, there being less danger in satisfying a child's sexual curiosity than in exciting it (P iv 496–7, 520; E 216, 233). The stirring of a fresh passion also prescribes that, if it is to be fully relished, it must be properly channelled, so that, to be loved, a young man finds that he must make himself lovable, his need for sex thereby itself nurturing an interest in friendship (P iv 494; E 214–15). Here especially, but indeed throughout the whole of the work, its readers are offered images of the endogenous transfiguration of human passions, coming to their fruition with least impediment when unassisted by Emile's tutor. Sublimated by the reciprocal affection of love, the selfish prompting of sexual desire is enriched, Rousseau supposed. Locke, by contrast, after commenting on the benefits of voyages to other countries, had concluded his *Thoughts concerning Education* with his young gentleman at the threshold of marriage, entrusting him thereafter to the attentions of his wife (§§ 212–13, 215). Rousseau also includes a section on travel towards the end of *Emile*, remarking that whoever has seen only one people does not know mankind (P iv 827; E 451). But he does not match Locke's coyness about sex and instead devotes part of the fourth and most of his fifth book to the consummation of sex in love, and to the fulfilment of a man and woman in each other.

'Woman is specially made to please man', Rousseau remarks in Book v, introducing Emile to the companion, Sophie, whom the tutor has promised him, as if complying, like God, with Adam's need for Eve. Endowed with all the traits that suit the condition of her species and her sex, both physically and morally (P iv 692–3; E 357–8), she is capricious by disposition, learning through simple devotion also to become religious. But while she is aware of her natural talents, she has had scant opportunity to cultivate them and has been content instead to train her pretty voice to sing tunefully and her pretty feet to walk daintily (P iv 747, 750–1; E 394, 396). Although, like other women, Sophie is

21. 'Le premier baiser de l'amour' by Moreau le jeune, illustrating *La Nouvelle Héloïse* for the Boubers edition of Rousseau's *Œuvres* (Brussels, 1774–83).

temperamentally more precocious than men, her faculty of judgement having been formed earlier, she is not as well suited as are men by their nature to pursue abstract and speculative truths, being more adept, as is suggested by her very name, at sophistry. Rather than plumb the depths of the sciences of reasoning, women ought to skim them, employing their enhanced powers of observation in place of men's greater genius, attending less to reading than to the world at large, which is 'women's book' (P iv 736–7, 752, 791; E 386–7, 397, 426). By no means is the fairer sex imperfect, for at birth women are equal to men, and until the age of puberty girls are more or less indistinguishable from boys. But women are constitutionally different from men, and in their sexual development they appear in a sense always to retain their childhood, continually in a natural state albeit not perpetually innocent, their proper purpose being to produce children themselves (P iv 698–700; E 362–3). Emile's announcement to his tutor, in the final paragraph of Rousseau's work, that Sophie is pregnant heralds not only the father's joy but also the fulfilment of Sophie's own life in particular, with the gestation of a fresh pupil, assumed by Emile himself if not by Rousseau to be a boy, whose care will be entrusted to a new tutor similar to his own (P iv 867–8; E 480). Sophie, who has a mind that is agreeable but not brilliant, and solid but not profound, is encouraged to perfect just the labours of her sex, which she knows best (P iv 747–8; E 394–5). Differing from men in both temperament and character, women ought not to partake of the same education, Rousseau concludes (P iv 700; E 363).

For advocates of women's liberation from the tyranny of men, such reflections have proved as welcome as was the 'Profession of Faith of the Savoyard Vicar' to the Archbishop of Paris. In the course of the French Revolution, following the Declaration of the Rights of Man in 1789, Mary Wollstonecraft charged that Rousseau's false dichotomy between the sexes underpinned men's denial to women of the same rights; in her *Vindication of the Rights of Woman* of 1792 she expresses the disappointment of an ardent admirer of his philosophy of education, regarding his comments on women in *Emile* as inconsistent with his complaints, in the *Discourse on Inequality*, against those who confuse civil for savage man. He had rendered women objects of pity, bordering on contempt, she argues, with some apparent justice, by holding the deplorable state into which they had fallen as evidence of their fundamental nature, thus discrediting his mighty sentiments about the human race with trifling remarks about Sophie's delicate feet.

But Wollstonecraft was mistaken to suppose that Rousseau regarded women, on account of their sex, with pity or contempt. On the contrary, he worshipped women and was enchanted by female company, overwhelmed by the delightful conversation of Madame de Luxembourg and by the many kindnesses she showed him at Montmorency, moved to rapturous delight by the prostitute Zulietta in Venice, who nevertheless had scornfully counselled, 'Jacko, give up the ladies, and study mathematics', when his own sexual unease with regard to her uneven breasts frustrated his ardour in an encounter which he describes in his *Confessions* as the most telling incident and revelation of his character throughout his whole life (P i 320–2; C 300–2). *Emile* was partly conceived out of his love for another Sophie – Sophie d'Houdetot – of a rather different temperament and disposition from the Sophie within his treatise, and in reality a person who, more than all the other women who stirred him, was beyond his reach, except through words. Rousseau typically held women in awe and not derision, supposing their power over men so great that when their nature was debased, as when they became actresses, they were responsible for men's degradation. That had been the main theme of his *Letter to d'Alembert on the Theatre*, he confides to Toussaint-Pierre Lenieps in a letter of 8 November 1758 (L 730). 'Everywhere men are what women make of them', he states there, attributing to the female sex an influence over men's moral lives which in his *Confessions* he ascribes in much the same terms to government. The two sexes must never be separated, he insists, for each depends upon the other – a proposition made plain enough in the *Letter to d'Alembert* itself, where he asserts that 'a home whose mistress is absent is a body without a soul which soon falls into corruption' (P v 80; A 88).

In *The New Héloïse*, the eighteenth letter of Part iii, which turns round Julie's marriage to Wolmar, forms the romantic consummation and centre-piece of the whole novel. Similarly, in *Emile*, the principal function of the passage about Sophie and women is to complete a portrait of the formation of a person's identity from its embryonic isolation to the conjugal bond created by sexual difference. Rousseau's main objective is not to deny Sophie her civil rights or her husband's liberating education. It is, rather, to show the way that the human soul is possessed by love, in the manner of Plato, 'lovers' real philosopher', as Rousseau describes him in *The New Héloïse* (P ii 223 n; J 183 n). It is to illustrate to his readers 'how what is physical leads us unwittingly to the moral, and how the sweetest laws of love are born little by little from the coarse union of the sexes' (P iv 697; E 360), with a fully developed moral being, or *personne morale*, formed out of the complementary attributes of husband and wife, whose cohesion could not be achieved if a woman's role were independently determined. Such union in matrimony, achieved in a domestic setting and prompted from a bodily need and a spiritual *amour-propre*, is entirely unlike an open assembly of citizens in political association, as described in the *Social Contract*; its love binds partners to each other and not to the state. 'Forced to combat nature or social institutions, one must choose between making a man or a citizen', Rousseau observes at the beginning of Book i of *Emile*, exclaiming, in similar terms, in some fragmentary notes on the subject of public happiness, 'Give man entirely to the state, or leave him entirely to himself, but if you divide his heart you rend it asunder' (P iii 510; P iv 248; E 39). Nature's pupil must be plucked from society and left to himself, as if he were an orphan (P iv 267; E 52). The only book that is specially suited for him, and which for a long time will comprise the whole of his library, is Defoe's *Robinson Crusoe* (P iv 454–5; E 184).

Chapter 6
Vagabond reverie

From internal evidence in *The New Héloïse*, whose events are portrayed as having transpired over a period of more than a dozen years from around 1732, it has long been known that Rousseau invented a fictional protagonist, Saint-Preux, of exactly his own age. To this central figure of his story, as his *Confessions* make plain (P i 430; C 400–1), he attributes both refined sensibilities and weaknesses of character deliberately drawn from his own nature, and by depicting him as a peripatetic tutor who is deemed by Julie's father to be unworthy of her love on account of being beneath her station, he conveys the impression of a socially outcast romantic hero, doomed to unhappiness, whom readers could readily identify with the text's author. This parallel, together with a number of other superficial resemblances between characters in the novel and figures who populated his world outside it, has invited the suspicion that the most popular of all of Rousseau's works in the eighteenth century was conceived as an illusory representation of events he had actually experienced, an idealization of his autobiography couched in the epistolary form then fashionable for sentimental fiction. It would, however, be more accurate to interpret the novel's occasional *ménage à trois* of Saint-Preux, Julie, and Wolmar, as well as the incidents around which their relationships turn, as expressions of profound longings which, as a matter of fact, Rousseau could barely articulate, still less satisfy, in his own life. Somewhat like his contemporary, Diderot, who often contrived to be at his most intense through a form of displacement which involved speaking his own mind as if he were reporting claims that had been made by others, Rousseau characteristically allowed his vivid imagination to give more concrete form to worlds he could inhabit, and sentiments he could control, only in fantasy.

When he began to contemplate his novel, he remarks that it was largely because his time for love had passed, and all hope for the consummation of a desire which Thérèse was unable to stir in him had withered in his middle age, that he let his imagination draw him into a 'land of chimeras', an empyrean domain inhabited by the most perfect creatures, celestial in both virtue and beauty, and of such faithful reliability as he had never known among his friends here below. It was out of his exalted attraction to such an 'enchanted world' that *The New Héloïse* was born (P i 427–8; C 398). The novel articulates the secrets of a rapturously ecstatic love which he was later to hope might actually prove the key to Sophie d'Houdetot's heart; but despite the rumours about the nature of his infatuation with her – which were orchestrated by a jealous Madame d'Épinay, and which, with other factors, would soon provoke one of his life's great crises, including his break with Diderot and eventually his estrangement from most of his Parisian friends – Rousseau never conquered Sophie as, in his imagination, he licensed Saint-Preux and Julie to seduce one another. The 'erotic fervour' and 'amorous delirium', which in his *Confessions* he claims were aroused in him by Sophie, came to inspire his composition of two of the most poignant letters of his novel (P i 438; C 408), one about the hidden orchard of Wolmar and Julie at the retreat she called her *Elyseum*, the other about a day Saint-Preux spent with Julie, in Wolmar's absence, in the waters and along the banks of Lake Geneva (letters 11 and 17 in Part iv, respectively). By the winter of 1756, Rousseau was already gripped with love for the figure he had invented in June, doting on both her and her cousin, Claire, like a second Pygmalion, he remarks in his *Confessions* (P i 436; C 406). The explosive arrival in his life of Sophie the following year, after an inconsequentially brief meeting earlier, inspired him to invest all of Julie's charms into his new companion as well, soon making him dream only of Sophie herself, as he came to feel his own surging tremors and cascading passion for an object that was now real.

For her part, Sophie, though she was as moved by his intimate presence as he by hers, was not excited in the same way. Their sighs and tears mingled together, as each was intoxicated with love, he reports, Rousseau for her, and she for her absent lover, Saint-Lambert, whom Rousseau had met independently and with whom he was at the same time already beginning to form a friendship. His unreciprocated love for Sophie was thus always accompanied by a third presence, who at once lent poignancy to Sophie's own need for Rousseau as a confidant, at the same time making it impossible for him, loving her with such profound respect, to seek to possess her. But having had aroused in him by a kind of contagion all the longing which Sophie felt for Saint-Lambert, Rousseau could now consummate a redoubled passion only through the catharsis of its infusion into Julie, a woman he could possess just within his own mind, from which she sprang. Sophie's genuine affection for him, he thus reports, was a poisoned cup of sweetness which he swallowed in long draughts (P iv 440; C 410). The four months they spent together, in an intimacy of such delicious palpitations as Rousseau states he never experienced with any other woman, were kept within the bounds of duty, whose prescription of self-denial left his own soul in the radiant circumspection of enforced innocence, as he was to inform Sophie herself in a remarkable letter he sent her in October 1757 (L 533), from which this passage of his *Confessions* would later be shaped. Yet so fired were his senses by images of an anticipated kiss that when he would walk along the slopes of Andilly to her home in Eaubonne, three miles from his *Hermitage*, his knees would tremble, his body crumple, and, unable to distract himself and think of something else, he would ejaculate and arrive at the home of a lover he could not win, a spent force purged of the ecstatic transports of his own imagination, only to be roused again at the mere sight of her, by his 'always useless vigour' (P i 445; C 414–15).

22. Madame d'Houdetot by Corot.

If in his fiction Rousseau could assemble a world purified of such cumbersome anxieties and frustrations, in his other writings he sought equally blissful delights by cleansing moral landscapes of the fractious institutions and tortuous beliefs which he perceived as standing in the way of human self-fulfilment. The fanciful world which he constructed in his *New Héloïse*, at once brittle with dramatic tension but also luminous with unadorned grace, was matched elsewhere by his deconstruction of opaque and oppressive worlds, for which the idealizations of his fiction were a substitute. In his *Letter to d'Alembert on the Theatre*, composed at much the same time as his *New Héloïse* and embracing many overlapping themes, he contrasts the salubrious entertainments of a republic – remarkably like Geneva – where convivial celebrations are held out of doors, under the sky, with the noxious amusements of the residents of a large city – which rather resembles Paris – whose scheming and idle people, depraved by sloth, turn instead for their pleasures to hypocritical distractions performed on a stage. Let the spectators become an entertainment to themselves, he remarks, each being granted the role of an engaged actor and not just a captive witness, loving himself in the others, 'so that all will be better united' (P v 53–4, 114–15; A 58, 125–6). Shakespeare's melancholic Jaques in *As You Like It* may have regretted that 'All the world's a stage', but Jean-Jacques would have rejoiced if only it could be so.

In his *Discourse on Inequality*, he had earlier formed an image of savage man no less fancifully cleansed of the impurities and contaminations of society than was Julie of the worldly imperfections of her sex. In *Emile*, he was later to invent an equally imaginary priest, by way of abstraction from real persons, whose sublimation of an unmysterious god in Nature would be presented as a spiritual purge of truly religious belief from all the ceremonial trappings of a profane Church. While 'the real world has its limits, the world of imagination is infinite', Rousseau remarks in Book ii of *Emile*, adding in Book iv, in reply to those of his readers who supposed he only inhabited a world of fantasy, that he sees them 'always in the land of prejudice' (P iv 305, 549; E 81, 253). Most of his major writings, fiction and non-fiction alike, bear witness to James Boswell's remark, in a letter of 15 October 1766 to Alexandre Deleyre, that Rousseau had ideas which were 'completely visionary, and unsuitable for a man in his position' (L 5477). That 'involuntary excitement', 'devouring ardour', or 'sublime frenzy', that 'sacred fire', 'noble delirium', or 'saintly enthusiasm', of which he speaks in just a single paragraph of the fourth of his *Moral Letters* to Sophie (P iv 1101), sparks the disengagement of our faculties from their terrestrial ties. While our reason crawls, our spirit soars, he observes. No other eighteenth-century writer so inspired the Romantic movement which arose, most predominantly in Germany and England, at the dusk of the age of Enlightenment, through the intensity of his feelings, the rapture of his dreams, and the spontaneity of his imagination.

Even before it had absorbed his attention in the principal works by which he is now best remembered, Rousseau's vagabond reverie drew him most fruitfully in the direction of music, a subject for which he had been born, he insists in both his *Confessions* and *Dialogues* (P i 181, 872; C 175). In his reflections on the inappropriateness of the French language to musical articulation, and in his objections to Rameau's claims about the predominance of harmony over melody, he conceived music to have once been the ebullient form taken by men's natural language, unmannered and unsophisticated, as enchanted in its enunciation as Julie's loveliness appeared to his mind's eye. Sung with conviction in inflected phrases, and freed of orchestral ornamentation and operatic recitative, a clear vocal line of music was in some respects the most populist of all the fanciful images that Rousseau evoked of mankind's archaic means of self-expression, the lost primeval language of unsubjugated speech. Shorn of the pretence that the dominant and subdominant modes of the Western scale were inherent in every form of music, its original nature could be traced in his philosophy to its fundamentally poetic roots, and its progressive transformations from an ancient art into a modern science could be reconstructed in the manner of his treatment of the self-domestication of mankind in other ways.

But the origins of modern and Western music were not so remote as those of inequality, and Rousseau was accordingly able to assess the course of its development in far less speculative terms. Already in his contributions to the *Encyclopédie*, he had shown a genuine command of the history of music and of musical genres, and particularly of contemporary musical theory, pursuing themes in his articles 'Accompaniment', 'Dissonance', and 'Fundamental Bass' which largely elaborated Rameau's own views on harmonic modulation and on the overtone resonances of a single note, prompting Diderot and d'Alembert to object, in the *Encyclopédie*'s sixth volume, that Rameau had ungraciously maligned a man who had in fact been largely faithful to his principles. Even in the enlarged versions of those articles that he incorporated in his *Dictionary of Music* of 1767, Rousseau still acknowledges a profound debt to Rameau's *Theory of Harmony*, which had been published in 1722. But to comply with Diderot's initial deadline, he had produced his original articles in only three months and had long sought an opportunity to return to and expand them, to pursue his differences with Rameau where they arose, and to elaborate themes which he had been unable to consider earlier.

The *Dictionary of Music* was conceived as a work of reference, and it did not excite him to flights of fancy as did most of the other projects to which he turned at *L'Ermitage*, after leaving Paris. For this reason, as he remarks in his *Confessions*, he put it aside when taking the daily walks which spawned his reveries, and, exceptionally, he worked out his ideas for it indoors, seated, when it rained (P iv 410; C 382). It is, nevertheless, one of his major works, comprehensive in its treatment of historical, technical, and theoretical subjects, not only making the complexities of Rameau's doctrines more intelligible to lay readers, as d'Alembert had attempted to do as well, but also providing thoroughly revised and more substantial commentaries on ancient, medieval, and modern practices of notation in his article on 'Notes'; a fresh essay on the history of lyrical drama (which in the *Encyclopédie* had instead been allocated to Grimm, under the heading of 'Lyrical Poem') in his article on 'Opera'; and an analysis of the musical theory of Tartini in his article on 'System'. Charles Burney, who had earlier translated the libretto of Rousseau's opera *Le Devin du village* into English, as *The Cunning-Man*, spoke in his own *General History of Music* in defence of Rousseau against the critics of both his *Letter on French Music* and his *Dictionary of Music*, while Rousseau himself, who had sketched a decidedly mixed assessment of the opera *Alceste*, by Gluck (1767), is reported to have suggested that Gluck's remarkable *Iphigenia in Aulis* (1774), with a French libretto, perhaps finally belied his contention that it was impossible to write music with French lyrics.

Even in his *Dictionary of Music*, however, he reiterated and lent additional impetus to ideas which had first fired his imagination in the late 1740s and early 1750s. In a new article on 'Plainsong', he observes that it was when Christians began to form churches and to sing psalms and hymns that the spirited music of antiquity lost all its energy. From both Scripture and classical sources, most particularly the Pythagoreans, he adds in his article on 'Music' – repeating remarks he had made in the *Encyclopédie* and recalling Plato's *Laws* – we know that both divine and human law, as well as exhortations to virtue, were once sung in verse by choirs, there being no more effective way to teach men the love of virtue. Everything that can be elicited in the imagination stems from the power of poetry from which music once sprang, he claims in his articles on both 'Imitation' and 'Opera', in each case showing his lack of appreciation and poor discernment of the emotive powers of painting, by contrast with his sensitivity to music – perhaps the most striking difference between his aesthetic judgement and that of Diderot. Unlike painting, which inspires only our sense of sight, Rousseau contends, music transports the eye inside the ear, and depicts even objects which are invisible, like night, sleep, solitude, and silence, noise sometimes producing the effect of perfect tranquillity and silence the effect of noise, as persons who fall asleep at a monotonous lecture and wake up the moment it stops know only too well. Rousseau's interest in music was sustained throughout his life, not least because, having resolved around 1750 to copy music by the sheet so that he might have some regular and independent income, he drew from that occupation, almost until his end, one of the few means of support on which he could count as a writer determined to refuse all favours or pensions, thus avoiding debts that might imperil his freedom. In the greatly distracted state in which he finally fled from England in the spring of 1767, he was nevertheless prevailed upon, by Hume, to accept just such a gift from the eventually far more demented King George III, and in due course, against his principles, he received the sum of £50 for nothing. His transcription of an 'air chinois' in his *Dictionary of Music*, adapted from Jean Baptiste Du Halde's *Description de la Chine* of 1735, was to figure in both Weber's overture to *Turandot* and Hindemith's *Symphonic Metamorphoses*.

Once again in France, over the next three years, Rousseau became, both

23. 'Air chinois' from the *Dictionnaire de musique* (Paris, 1767).

in his own mind and in fact, an itinerant hostage to fortune, travelling under a cloak of anonymity as Monsieur 'Renou', accompanied by his housekeeper, said to be his sister. The Enlightenment's most forthright lover of truth, who had for so long devoted his energies to unmasking hypocrisy, was now in disguise himself, flitting from Trye, on the border of Normandy, to Bourgoin and Monquin in Dauphiné, to Lyon and finally Paris, along the way visiting the grave of Madame de Warens in Chambéry and soon afterwards marrying Thérèse, in meanderings made all the more furtive by his principal patron of that time, the Prince de Conti – who really *was* a warder masquerading as a protector – while Rousseau was ignored by the authorities he sought to evade, because they judged him more absurd than dangerous. It was especially in this period that he turned his mind to the subject of botany, the great passion of his declining years. In Môtiers, after his flight from Montmorency, he had already become acquainted with the distinguished botanist, Jean-Antoine d'Ivernois, and had there made lengthy botanical excursions into the surrounding countryside with the Hungarian pseudo-baron Ignaz de Sauttersheim, the Pierre Loti of his age, whose life was more fictitious than all the fantasies of *The New Héloïse*. In Staffordshire, Rousseau had gathered ferns and mosses. But it was in the late 1760s, either alone or with a variety of companions, in the hinterland of Trye, Lyon, Grenoble, Bourgoin, and Monquin, that he came to devote most of his time to the study of plants, arousing occasional suspicions that he was a sorcerer.

24. Rousseau herborizing by Mayer.

On his return to Paris in the summer of 1770, he was to resume his profession of transcribing music each morning, and in the afternoons would botanize and herborize in the course of long strolls which he took out of the city. On various dates between 1771 and 1773, he drafted eight long letters on botanical themes to Madame Madeleine-Catherine Delessert, to whom he had warmed after an earlier meeting in Lyon, and who wished to excite her four-year-old daughter's natural curiosity by encouraging her to take an interest in plants. These letters, followed over the next four years by sixteen others on similar themes to various correspondents (all published with Rousseau's complete works in 1782), were to excite the interest of Thomas Martyn, a professor of botany at Cambridge who held his chair for sixty-three years and for at least part of that time used his own translation of them in his courses; and they were also taken up by the painter Pierre Joseph Redouté, who illustrated them for a luxurious edition of Rousseau's botanical writings published early in the nineteenth century. Around this time, Rousseau also compiled, but never completed, a dictionary of botanical terms. He continued as well to assemble the herbaria, on which he had already laboured even earlier, and of which a few survive, although the largest collection, forming eleven volumes, perished with Berlin's botanical museum in the Second World War.

Rousseau's acquired interest in botany seems a sensible choice of vocation for a man whose faculties were most alive while he was walking, his mind only working with his legs, as he remarks in his *Confessions* (P i 410; C 382). Here, at last, Nature's ageing child could commune directly with the great spectacle of Creation, before which he had always stood in awe – like a more youthful Emile, within reach of contentment, his power and will in equilibrium. Here was a subject whose lively colours and fragrances could fill his imagination, an Arcadian paradise of vegetable love, such as had equally seduced the poet Andrew Marvell a century earlier. In the Second Walk of his *Reveries*, he recalls the sweet pleasure he had felt in seeing and enumerating the plants still in flower in the meadows, between Ménilmontant and Charonne near Paris, which are now partly filled by the Père Lachaise Cemetery (P i 1003–4; R 36–8). In the Seventh Walk, devoted largely to the trees and vegetation which are 'the clothing of the earth', he savours the memory of a mountain gorge, where he had found coral-wort and cyclamen, and heard the cry of the horned owl and eagle, in a corner of the earth so deeply hidden that, when he had sat down on pillows of *lycopodium*, he dreamed he had stumbled upon the wildest and most remote refuge of the universe, having uncovered, like a second, lone, Columbus, a sanctuary from which his persecutors would never seek him out (P i 1062, 1070–1; R 108, 117–18). Here, now recollected as a botanical expedition he had made near Môtiers around 1764, was Rousseau's own *Elyseum*, originally inspired in the spring of 1757 by the arrival in his life of Sophie d'Houdetot, and described, in *The New Héloïse*, in remarkably similar terms, as Julie's secret orchard, 'the wildest, the most solitary, corner of Nature' (P ii 471; J 387). His love for

Sophie had passed from one captivating heart of darkness to another, in retrodiction of his own life by way of imitating his own art. From sensual arousal, to fiction, to remembrance of now transported images, Rousseau – in this as in so many other respects the Proust of the eighteenth century – could make his botany and reverie resonate in one voice.

He had not always been so well disposed to the study of plants. If only he had succumbed to the temptation to follow Claude Anet, the young herbalist Madame de Warens had employed at Chambéry, and with whom he was to share her love, he might have become a great botanist himself, he suggests. But, ignorant of its charms, he had let himself be swayed by popular prejudice that it was a science like chemistry or anatomy, connected with medicine or pharmacology and fit only for

25. Portrait of Madame de Warens in a nineteenth-century engraving by Leroux.

apothecaries, he claims in his *Confessions*, his *Reveries*, and even the introduction to his dictionary of botanical terms (P i 180–1, 1063–4; P iv 1201; C 175; R 109–10). Nothing could be further from the truth, he had later learned. And in what other science could he have passed his time? How could he have chased after animals, only in order to subdue them by force if he could catch them and then, in order to understand how they run, dissect them? If too weak, he could no doubt have impaled butterflies instead; if too slow, he could have fallen back on snails and worms; yet all those stinking corpses, dreadful skeletons, and pestilential vapours had not been for him. Nor had he wished, with the aid of instruments and machines, to study the stars. But bright flowers, cool shades, streams, woods, meadows, and green glades had purified his imagination, he remarks in the Seventh Walk of his *Reveries*. Plants had been placed within man's reach by Nature Herself, springing up beneath the feet of a person whose mind had already settled there (P i 1068–9; R 114–15).

Of course the meticulous and disciplined study of plants must not be confused with the agreeable sensations which inspire it, Rousseau admits in his dictionary (P iv 1220–1). Botany, as he understood it, was essentially a taxonomic science which, if it did not necessarily dissect its objects of scrutiny, nevertheless sought to classify them and establish the purpose of their internal organization, he observes in his *Reveries*. In both his dictionary and his botanical letters he accordingly addresses his attention to the parts of fruits and flowers – to the pistils, calyces, and panicles of plants – whose identity and function he learned from several authorities, especially the *Systema naturæ*, *Philosophia botanica*, and *Regnum vegetabile* of Linnaeus, the pre-eminent botanist of the eighteenth century, to whom he once corresponded, as well as an essay by one of Linnaeus's principal editors, Johann Anders Murray. Rousseau sometimes confused one plant's or organ's description with another's, and he occasionally misunderstood the principles he borrowed. Perhaps because he preferred the study of plants to that of animals, moreover, it never occurred to him that they might also be investigated in terms of their natural or artificially bred history, along such lines as were pursued by Buffon in his commentaries on the degeneration of species, which had so impressed him in his account of mankind's development in the *Discourse on Inequality*. For botanical investigations, if not for the science of human nature, his model was Linnaeus rather than Buffon. His inspiration, nevertheless, was that of a man whose mind and sensibilities were most active when he was alone, out of doors, tramping in celebration of Nature. Botany, he remarks in his *Reveries* (P i 1069; R 115), is the ideal subject of study for the idle and unoccupied solitary man.

It was not, however, the only field to which Rousseau turned in his solitude, at once enforced upon him by his estrangement from society, and at the same time relished on account of the freedom it afforded his flights of fancy. There remained one other subject of his final years, whose appeal he felt even more powerfully, because it was inescapable and because reflection upon it had always supplied him with the critical lens through which he perused everything else – that is, himself. Rousseau claims that it was around 1760 that he first contemplated an autobiography, and by 1765, with all the major works on which he had embarked almost a decade earlier at *L'Ermitage* either in print or ready for press or abandoned, he turned to his *Confessions* in earnest and assembled them principally from his voluminous correspondence, including copies or drafts of his own letters which he had kept. Knowing his ways, his eloquence, and his bias, some of his former friends, who were certain they would be maligned by him, took the precaution of maligning him, either first or as well, none more than Madame d'Épinay, who, in return for her solicitude and affection after providing him with his first refuge, had been unjustly accused by him of duplicity and treachery. Her original indiscretions, revolving around Rousseau's infatuation with Sophie, had never warranted his venomous charges against her, but she was to repay his discourtesy and insults with interest. Joined by Diderot, she requested and obtained official prohibition of Rousseau's public readings from the manuscript of his

Confessions after his return to Paris, and with the assistance of Grimm and Diderot, as her own surviving papers make plain, she reassembled and even rewrote the letters she exchanged with Rousseau at the time of their break, so as to make him appear perfidious throughout the whole period of their relationship, in the account she offers in her pseudo-memoirs, published posthumously in 1818, known as the *Story of Madame de Montbrillant*. In part endeavouring to protect themselves from his scurrilous imputations, but also out of genuine and even mounting contempt for a man whose outrageous vanity seemed to them boundless, Rousseau's enemies embarked on a variety of stratagems to discredit him, which of course always had the effect of confirming, not only his original mistrust of their character, but also his suspicions of a conspiracy to defame him. In the history of Western civilization, no major figure has ever surpassed Rousseau in his ability to confuse mere imprudence with sinister intent, leading to dreadfully escalating consequences thereafter.

In *Rousseau, Judge of Jean-Jacques*, better known by its subtitle, *Dialogues*, drafted mainly between 1772 and 1774, he allows free rein to his by now truly formidable paranoia. He is a bear who must be kept in chains so as not to eat the peasants, Rousseau has an interlocutor called 'the Frenchman' say about himself (P i 716). Since his poisonous pen is so dreaded, how can gentlemen in such apprehension of this monstrous misanthrope conspire so assiduously to hound him (P i 725)? In attempting to speak of himself from the outside, Rousseau here constructs an alien persona, who can neither recover the spontaneity of his feelings nor establish the authenticity of the motives of the man he once was, since access to his character is barred by its exclusion from himself as author, now inescapably distinguished by his otherness from the subject of his own work. The *Dialogues* were to be published in 1780 in Lichfield, Samuel Johnson's birthplace. More frenetically conceived on the wilder side of reason than any of his other works, they form a text which Rousseau tried to transmit to mankind by way of disencumbrance, seeking to leave it in the hands of Providence through

26. Portrait of Rousseau by Ramsay.

placing it on the altar of Notre-Dame, only to find that the choir had been locked, his appeal to the world thereby silenced in still-birth, even escape from himself denied him. In recent years it has attracted the attention of Michel Foucault in particular, who introduced it in a modern edition. But it is infrequently read today, and still more seldom read without pain.

Rousseau's last major work, the *Reveries*, begun in 1776 and unfinished at the time of his death, is of a radically different character. Its opening passage, among the most poignant he ever penned, captures the tribulations of a life now purged of its anxieties and is presented as if it were the work's last lines, recalling all that had gone before: 'So now I am alone in the world, with no brother, neighbour, or friend, nor any company left to me but my own. The most sociable and loving of men has with unanimous accord been cast out by all the rest' (P i 995; R 27). In a series of Ten Walks, or promenades, which conclude with a regression to his beloved *maman* and the idyllic peace he savoured with her in his youth, Rousseau rehearses many themes about his estrangement from society drawn from his other writings, depicting the perambulating mind of an old man, with all his faculties now restored, forever spiralling backwards. The Seventh, Ninth, and, above all, Fifth of these walks constitute the work's spiritual centre – the Seventh revealing the wilderness of his botanical *Elyseum*, the Ninth forming his lament on the inconstancy of happiness, and the Fifth recalling a watery bliss on an island sanctuary – comprising, in effect, the pastoral, heroic, and choral symphonies of Rousseau's reverie. In the Ninth Walk, he attempts to excuse the abandonment of his children and describes the juvenile impetuosity of his character, as well as the irresistible joy he feels at the mere sight of happy faces. But throughout the walk, he adopts a tone of sombre resignation at his fate, insisting that all our plans for happiness are just fantasy, there being no permanent way to secure contentment.

In the Fifth Walk, he appears to put forward similar sentiments with more intense conviction, stating that 'everything is in constant flux on this earth', our affections, being attached to things outside us, inevitably changing and passing away with their objects, our worldly joys but fleeting creatures of a moment (P i 1046; R 88). Yet in the same walk, recollecting his flight from Môtiers in September 1765, when he had found refuge on the Island of Saint-Pierre in the middle of the Lake of Bienne, he evokes images of a sheltered haven so beautiful that he could have written about every blade of grass in the meadows and every lichen covering the rocks, where he had spent afternoons exploring the sallows, persicarias, and shrubs of all kinds, or had lain outstretched in a boat, drifting wherever the waters would take him, 'plunged in a thousand indistinct and yet delightful reveries' – a sanctum of such exquisite happiness that he would have been content to live there all his life, 'without a moment's desire for any other state' (P i 1042–4; R 83–5). Just as his Seventh Walk displaces Julie's *Elyseum* to a past he now

27. 'La nature étalait à nos yeux toute sa magnificence' by Moreau le jeune, illustrating *Émile* for the Boubers edition of Rousseau's *Œuvres.*

suggests had been his own, so does his Fifth Walk thus transport a fictional day's outing on the banks of Lake Geneva – which Saint-Preux had likewise described in strikingly similar detail as 'the day when he had experienced the most vivid emotions of his entire life' (P ii 521; J 428) – to an island retreat of rampant beauty, cut off by Nature Herself from the manufactured turmoil of contemporary civilization. In escaping from the mundane crises of his life through reverie, Rousseau could dissolve all difference between recollection and invention. Transported by his own imagination, and carried with it into a celestial domain of pure bliss such as he describes in his third letter to Malesherbes, he could inhabit alternative worlds of perfect serenity uniquely fit for him.

In his major writings, and the various disciplines they address, he sought to give substance to such ideals by expunging all the institutions which obstructed their fulfilment, so that through a process of sublime negativity he could illuminate realms of unprosaic speech and unembellished music, of human nature without society, an education without teachers, a city without theatres, a state without rulers, a divine presence without a church. By way of such regressions, Rousseau not only posited diverse visions of men's self-realization in a condition of unfettered freedom. He also disengaged himself more dramatically from his own age of Enlightenment, appearing less circumscribed by the presuppositions and conventions of its discourses than any other major thinker of his day. In some of its registers, his intransigently critical voice still speaks with undiminished vigour more than two hundred years after his death. Modern and post-modern philosophers and writers alike often owe a considerable debt to his works which they are sometimes loath to acknowledge, and more often still they espouse views to which, in earlier formulations, he had already objected himself. In Rousseau's pursuit of a language of pure sincerity, in his ideal of truly communicative agents, engaged by their speech acts, taking full part in the articulation of public choice, can be found anticipations of the political philosophy of Jürgen Habermas, for instance. In his perception of the suffocating, mutilating, and dehumanizing tyrannies of modern commercial society, portrayed as if it were the panopticon of a Procrustean monster assembled by a still-to-be-born Dr Frankenstein masquerading as Bentham, he also points some of the way towards Foucault. Yet, as distinct from most post-modernist thinkers and their critics alike, Rousseau was to find refuge and achieve tranquillity, even while buffeted in a personal and political world of continual turbulence. From both introspection and good grace, the most formidable eighteenth-century critic of the trappings of civilization, and the most vivid illustrator of the textures of its despair and discontent, believed all his life, no less than did Anne Frank at the darkest moment of modern history, that human nature was still fundamentally good at heart.

Further reading

SVEC: Studies on Voltaire and the eighteenth century

General collections, commentaries, and biographies

Indispensable to Rousseau scholarship today are two major publishing ventures of the past forty years, the Pléiade edition of his *Œuvres complètes*, compiled by B. Gagnebin, M. Raymond, and others (Paris, 1959–95), and the Voltaire Foundation edition of his *Correspondance complète*, by R. A. Leigh (Geneva and Oxford, 1965–98). Each is drawn from the original manuscripts and is richly documented with editorial notes, illustrating Rousseau's sources and parallel passages across his writings. The long-awaited fifth volume of the Pléiade *Œuvres complètes* embraces most of his works on music and language, including the *Dictionnaire de musique* and other texts never before published with a scholarly introduction or footnotes, although its fine edition of the *Essai sur l'origine des langues* by Jean Starobinski has been available for some time separately (Paris, 1990) and the same text was even earlier accorded extensive annotation by Charles Porset (2nd edn, Bordeaux, 1970). Of Rousseau's principal works incorporated in the Pléiade edition, perhaps only the *Discours sur les sciences et les arts* is presented with more compelling command of its sources elsewhere, by George Havens (New York, 1946). Equally noteworthy is the edition, including a German translation, of the *Discours sur l'inégalité* by Heinrich Meier (Paderborn, 1984). The extensively annotated translation of Rousseau's

Collected Writings (Hanover, NH, 1990–) currently in progress under the general supervision of Roger Masters and Christopher Kelly, when finished, should provide the best, and in several instances the first, editions of his works for English readers. Of the major writings, including the *Discours sur l'inégalité*, the *Contrat social*, the *Confessions*, and the *Rêveries*, there are numerous, often fine, translations into English, including those contained in the series of Texts in the History of Political Thought (Cambridge University Press) and the World's Classics series (Oxford University Press). Leigh's edition of the *Correspondance complète*, in fifty-two volumes, is one of the most remarkable works of modern scholarship in any field – its annotation majestic, its powers of resuscitating Rousseau's world, and even the spontaneity and refinement of the composition of his ideas, unsurpassed.

This correspondence, and Rousseau's own *Confessions*, have helped make it possible for Raymond Trousson and Maurice Cranston to produce perhaps the finest biographies of Rousseau in any language (Paris, 1988 and 1989; and London, 1983, 1991, and 1997), although Cranston did not survive to complete his third volume. Jean Guéhenno's *Jean-Jacques Rousseau* (Eng. trans., 2 vols, London, 1966) and Lester Crocker's *Jean-Jacques Rousseau* (2 vols, New York, 1968 and 1973) form substantial and notable biographies as well. Ronald Grimsley's *Jean-Jacques Rousseau: A Study of Self-Awareness* (2nd edn, Cardiff, 1969) offers a particularly sensitive treatment of the development of Rousseau's personality through his writings, while Kelly's *Rousseau's Exemplary Life: The 'Confessions' as Political Philosophy* (Ithaca, NY, 1987) shrewdly interprets the autobiography in the light of Rousseau's principles.

Among English-language commentaries on his thought in different genres, Ernst Cassirer's *The Question of Jean-Jacques Rousseau* (2nd edn, New Haven, Conn., 1989), Judith Shklar's *Men and Citizens: A Study of Rousseau's Social Theory* (2nd edn, Cambridge, 1985), and C. W. Hendel's more comprehensive *Jean-Jacques Rousseau: Moralist* (2nd edn, Indianapolis, 1962) excel, Hendel's work in particular being among the most subtly detailed accounts of Rousseau's philosophy in any language. Of comparable quality, showing equal mastery of Rousseau's writings across several disciplines, is Timothy O'Hagan's *Rousseau* (London and New York, 1999). In French, the most remarkable treatments of his thought are probably Bronisław Baczko's *Rousseau: Solitude et communauté*, originally published in Polish (Paris 1974), Pierre Burgelin's *La Philosophie de l'existence de J.-J. Rousseau* (2nd edn, Paris, 1973), and Starobinski's classic study, dating from 1957, now available in English, *Jean-Jacques Rousseau: Transparency and Obstruction* (Chicago, 1988), which is dazzling in its images of Rousseau's inner experience and metaphors of opaque reflection.

John Hope Mason, in *The Indispensable Rousseau* (London, 1979), offers English readers a skilful single-volume commentary, interwoven with selections from almost all of Rousseau's major writings, while N. J. H. Dent, in *A Rousseau Dictionary* (Oxford, 1992), provides a well-conceived thematic treatment of Rousseau's works, with useful pointers in each case to the pertinent secondary literature. The massively authoritative *Dictionnaire de Jean-Jacques Rousseau* (Paris, 1996), published under the direction of Trousson and Frédéric Eigeldinger, is comprised of 700 entries by almost one hundred authors, addressed to writings, subjects, places, and persons. The Société Jean-Jacques Rousseau, based in Geneva, has since 1905 produced a journal of remarkable erudition, the *Annales*, and for those who find that they can never have enough of Rousseau, there is a computer-generated *Collection des index et concordances* of his writings still in progress (Geneva and Paris, 1977–), under the general supervision of Michel Launay and dedicated colleagues at the University of Nice and elsewhere. Scholars who consult the two volumes thus far published of the *Bibliography of the writings of Rousseau to 1800* by Jo-Ann McEachern (Oxford, 1989 and 1993) will be richly rewarded.

Studies of Rousseau's political and social thought

Still the most authoritative interpretation of Rousseau's political works in their historical context is Robert Derathé's *Rousseau et la science politique de son temps* (2nd edn, Paris, 1970), which offers a richly detailed account of the jurisprudential background to his philosophy. Masters, in *The Political Philosophy of Rousseau* (Princeton, NJ, 1968), provides one of the best-documented and most closely argued readings of Rousseau's political and educational writings, in so far as they form parts of a systematic doctrine which unfolds from the first *Discours*, while in *Jean-Jacques Rousseau: Écrivain politique (1712–1762)* (Cannes and Grenoble, 1971), Launay, writing from an essentially Marxian perspective, also shows a profound command of major and minor texts alike. Grace Roosevelt's *Reading Rousseau in the Nuclear Age* (Philadelphia, 1990) offers a fresh assessment of Rousseau's reflections on war and international relations within the wider context of his political and educational writings.

Among significant treatments of the *Discours sur les sciences et les arts*, either independently or in connection with Rousseau's other writings which spring most immediately from it, are Mario Einaudi's *The Early Rousseau* (Ithaca, NY, 1967); Victor Gourevitch's 'Rousseau on the Arts and Sciences', *Journal of Philosophy*, 69 (1972); Havens's 'The Road to Rousseau's *Discours sur l'inégalité*', *Diderot Studies*, 3 (1961); and Hope Mason's 'Reading Rousseau's First Discourse', *SVEC* 249 (1987). The *Discours sur l'inégalité*, central as it is to Rousseau's political theory, has in recent years received perhaps even closer scholarly attention for its philosophy of history, for instance in Asher Horowitz's *Rousseau: Nature and History* (Toronto, 1986), and above all for its philosophical or historical anthropology, most notably in Michèle Duchet's *Anthropologie et histoire au siècle des lumières* (Paris, 1971); Victor Goldschmidt's *Anthropologie et politique: Les principes du système de Rousseau* (Paris, 1974); and Arthur M. Melzer's *The Natural Goodness of Man: On the System of Rousseau's Thought* (Chicago, 1990). I have attempted to deal with the several contexts of Rousseau's argument at some length in my

Rousseau's 'Discours sur l'inégalité' and its Sources, now destined for publication by the Centre international d'étude du dix-huitième siècle in Ferney-Voltaire. Differing perspectives on his account of mankind's savage nature, and on his claims about apes and orang-utans, can be found in Arthur O. Lovejoy, 'Rousseau's Supposed Primitivism', in Lovejoy, *Essays on the History of Ideas* (Baltimore, 1948); Gourevitch, 'Rousseau's Pure State of Nature', *Interpretation*, 16 (1988); Francis Moran III, 'Natural Man in the *Second Discourse*', *Journal of the History of Ideas*, 54 (1993); and my 'Perfectible Apes in Decadent Cultures: Rousseau's Anthropology Revisited', *Daedalus*, 107 (1978). Jacques Derrida's *De la grammatologie* (Paris, 1967) embraces one of the subtlest treatments available of the *Essai sur l'origine des langues*.

Notable discussions of the argument of the *Contrat social* range from Andrew Levine's sympathetic Kantian perspective in *The Politics of Autonomy* (Amherst, Mass., 1976), passing through John W. Chapman's balanced *Rousseau – Totalitarian or Liberal?* (New York, 1956), Zev Trachtenberg's discriminating *Making Citizens: Rousseau's Political Theory of Culture* (New York, 1993), and John Plamenatz's judicious *Man and Society*, vol. ii (2nd edn, London, 1992). Patrick Riley's *Will and Political Legitimacy: A Critical Exposition of Social Contract Theory in Hobbes, Locke, Rousseau, Kant and Hegel* (Cambridge, Mass., 1982) offers an especially salient treatment of Rousseau's conception of the general will as part of a tradition of political voluntarism, while Richard Fralin's *Rousseau and Representation* (New York, 1978) attempts to bring the heady political principles of Rousseau down to earth in their application to actual states. By contrast, Baczko's *Lumières de l'utopie* (Paris, 1978) raises them skywards again in its commentary on *The Government of Poland*; as does James Miller's *Rousseau: Dreamer of Democracy* (New Haven, Conn., 1984), which identifies Rousseau's alpine visions of Genevan democracy with his naturalistic reverie; and Paule-Monique Vernes's *La Ville, la fête, la démocratie: Rousseau et les illusions de la communauté* (Paris, 1978), which locates images of fraternal assembly throughout his political writings in general, including the *Lettre à d'Alembert sur les spectacles*. Among the more striking commentaries on the political significance of theatre in that work is Patrick Coleman's *Rousseau's Political Imagination: Rule and Representation in the 'Lettre à d'Alembert'* (Geneva, 1984).

On Rousseau's influence upon the course of the French Revolution, the documents and notes of volumes 46 to 49 of the Leigh edition of the *Correspondance complète* (which ends not with the death of Rousseau but with that of Thérèse Levasseur in 1801) provide at least as much illumination as any of the separate works, among which the fullest treatment can be found in Roger Barny's *L'Éclatement révolutionnaire du rousseauisme* (Paris, 1988), with more broadly sketched perspectives in Carol Blum's *Rousseau and the Republic of Virtue: The Language of Politics in the French Revolution* (Ithaca, NY, 1986) and Joan McDonald's *Rousseau and the French Revolution: 1762–1791* (London, 1965).

Assessments of his other writings, intellectual relationships, and sources

On Rousseau's philosophy of education in *Emile*, Dent's treatment of *amour-propre* in that work in *Rousseau: An Introduction to his Psychological, Social and Political Theory* (Oxford, 1988) is compelling, while Peter D. Jimack's *La Genèse et la rédaction de l'Emile* in *SVEC* 13 (1960) is specially informative on the stages of *Emile*'s composition. Pierre-Maurice Masson, the greatest Rousseau scholar of his day, remains a towering presence in his treatment of Rousseau's Christian and natural theology in *La Religion de Rousseau* (3 vols, Paris, 1916), although Ronald Grimsley's more modest *Rousseau and the Religious Quest* (Oxford, 1968) is also helpful. On Rousseau's ideas of sexuality, Allan Bloom's *Love and Friendship* (New York, 1993) addresses the miraculous metamorphosis of sex into love by way of the imagination, while Joel Schwartz's *The Sexual Politics of Rousseau* (Chicago, 1984) identifies two distinct lines of argument about sexual difference in his writings, a subject further pursued from a critical theorist's perspective by Judith Still in *Justice and Difference in the Works of Rousseau*

(Cambridge, 1993). Henri Guillemin, in *Un homme, deux ombres (Jean-Jacques – Julie – Sophie)* (Geneva, 1943), offers a lyrical account of Rousseau's passion for Sophie d'Houdetot.

Jean-Louis Lecercle provides a particularly sensitive reading of *La Nouvelle Héloïse* in *Rousseau et l'art du roman* (Paris, 1969), and the novel is also subjected to close analysis by Lionel Gossman, in 'The Worlds of *La Nouvelle Héloïse*', *SVEC* 41 (1966), and by James F. Jones, in *La Nouvelle Héloïse: Rousseau and Utopia* (Geneva, 1977). Jones, in turn, offers a commentary on Rousseau's most distressed work, described as particularly inspired by his stay in England, in *Rousseau's 'Dialogues': An Interpretive Essay* (Geneva, 1991). Françoise Barguillet, in *Rousseau ou l'illusion passionnée: Les rêveries du promeneur solitaire* (Paris, 1991), and Marc Eigeldinger, in *Jean-Jacques Rousseau et la réalité de l'imaginaire* (Neuchâtel, 1962), address mainly the overarching form and specific imagery, respectively, of Rousseau's last major work, the *Rêveries*, while Marcel Raymond, in *Jean-Jacques Rousseau: La quête de soi et la rêverie* (Paris, 1986), investigates that text's illuminations of Rousseau's character.

Despite a rapidly growing number of treatments of particular themes within and around his philosophy of music, there is still much scope for original research in this field, and room for a major study of Rousseau's ideas on music as a whole, to supplant Albert Jansen's formidable *Rousseau als Musiker* (Berlin, 1884) and enlarge upon Samuel Baud-Bovy's musicologically well informed but less theoretically focused *Jean-Jacques Rousseau et la musique* (Neuchâtel, 1988), especially now that most of his writings on the subject are accessible as separate volumes of the principal modern editions of his works, in both French and English. Philip Robinson's *Jean-Jacques Rousseau's Doctrine of the Arts* (Berne, 1984) is particularly helpful on the *Dictionnaire de musique* and certain musical themes throughout Rousseau's writings in general, which are also treated at some length in the fourth chapter and appendix of my *Rousseau on Society, Politics, Music and Language: An Historical*

Interpretation of his Early Writings (New York, 1987). Michael O'Dea in *Jean-Jacques Rousseau: Music, Illusion and Desire* (London and New York, 1995) considers how the passionate inflections of the human voice described in Rousseau's early texts on music were articulated in the transports of imagination of his fictional and autobiographical works. On the subject of botany, excellent as is the commentary of Gagnebin in his edition of Rousseau's *Lettres sur la botanique* (Paris, 1962), Jansen's *Rousseau als Botaniker* (Berlin, 1885), of which some fragments have been translated into English by Sir Gavin de Beer in 'Jean-Jacques Rousseau: Botanist', *Annals of Science*, 10 (1954), remains the touchstone for all serious students. Perhaps the most remarkable and meticulous treatments of Rousseau's Swiss inheritance, preoccupations, and anxieties are those of F. Eigeldinger's *'Des pierres dans mon jardin': Les années neuchâteloises de J. J. Rousseau et la crise de 1765* (Geneva, 1992); François Jost's *Jean-Jacques Rousseau Suisse: Étude sur sa personnalité et sa pensée* (2 vols, Fribourg, 1961); and Helena Rosenblatt's *Rousseau and Geneva* (Cambridge, 1997).

Yves Touchefeu's *L'Antiquité et le christianisme dans la pensée de Rousseau* (Oxford, 1999) provides a finely balanced account of Rousseau's interpretation of classical and Christian sources. For Rousseau's debt to Machiavelli, Maurizio Viroli's *Jean-Jacques Rousseau and the 'Well-ordered Society'* (Cambridge, 1988) is particularly helpful, as is the treatment of his confrontation of Hobbes in Howard Cell's and James MacAdam's *Rousseau's Response to Hobbes* (Berne, 1988). I have assessed his appreciation of Pufendorf in my 'Rousseau's Pufendorf: Natural Law and the Foundations of Commercial Society', *History Of Political Thought*, 15 (1994). Henri Gouhier's *Rousseau et Voltaire: Portraits dans deux miroirs* (Paris, 1983) is masterful in its unravelling of the differences between the two principal antagonists of the age of Enlightenment, while still unsurpassed as a treatment of Rousseau's early intellectual development against the background of the *Encyclopédie* is René Hubert's *Rousseau et l'Encyclopédie: Essai sur la formation des idées politiques de Rousseau (1742–56)* (Paris, 1928), a theme I have pursued specifically with reference to Diderot in 'The Influence of Diderot on the Political Theory of Rousseau: Two Aspects of a Relationship', *SVEC* 132 (1975). Mark Hulliung's *The Autocritique of Enlightenment: Rousseau and the Philosophes* (Cambridge, Mass., 1994) both amply and subtly traces the intellectual tensions between Rousseau and leading thinkers of his world.

On Rousseauism in France at the end of the eighteenth century, Jean Roussel's *Rousseau en France après la Révolution, 1795–1830* (Paris, 1972) provides the most comprehensive treatment; as, with respect to Germany, does Jacques Mounier's *La Fortune des écrits de Rousseau dans les pays de langue allemande de 1782 à 1813* (Paris, 1980); with regard to Italy, Silvia Rota Ghibaudi's *La fortuna di Rousseau in Italia (1750–1815)* (Turin, 1961); and, in English thought, Henri Roddier's *J.-J. Rousseau en Angleterre au XVIIIe siècle* (Paris, 1950) and Jacques Voisine's *Rousseau en Angleterre à l'époque romantique* (Paris, 1956). Guillemin's '*Cette affaire infernale': L'affaire J. J. Rousseau-David Hume, 1766* (4th edn, Paris, 1942) offers a lively reading of Rousseau's year of torment in the hands of a man who meant him well. For anticipations of Kant in Rousseau's philosophy, the classic text remains Cassirer's *Rousseau, Kant and Goethe*, first published in 1945 (New York, 1963). Among the most notable accounts of Rousseau's literary or philosophical reputation in assessments of later commentators are Trousson's *Rousseau et sa fortune littéraire* (Bordeaux, 1971) and Tanguy L'Aminot's *Images de Jean-Jacques Rousseau de 1912 à 1978* (Oxford, 1992).

“牛津通识读本”已出书目

古典哲学的趣味
人生的意义
文学理论入门
大众经济学
历史之源
设计，无处不在
生活中的心理学
政治的历史与边界
哲学的思与惑
资本主义
美国总统制
海德格尔
我们时代的伦理学
卡夫卡是谁
考古学的过去与未来
天文学简史
社会学的意识
康德
尼采
亚里士多德的世界
西方艺术新论
全球化面面观
简明逻辑学
法哲学：价值与事实
政治哲学与幸福根基
选择理论
后殖民主义与世界格局

福柯
缤纷的语言学
达达和超现实主义
佛学概论
维特根斯坦与哲学
科学哲学
印度哲学祛魅
克尔凯郭尔
科学革命
广告
数学
叔本华
笛卡尔
基督教神学
犹太人与犹太教
现代日本
罗兰·巴特
马基雅维里
全球经济史
进化
性存在
量子理论
牛顿新传
国际移民
哈贝马斯
医学伦理
黑格尔

地球
记忆
法律
中国文学
托克维尔
休谟
分子
法国大革命
丝绸之路
民族主义
科幻作品
罗素
美国政党与选举
美国最高法院
纪录片
大萧条与罗斯福新政
领导力
无神论
罗马共和国
美国国会
民主
英格兰文学
现代主义
网络
自闭症
德里达
浪漫主义

批判理论
电影
俄罗斯文学
古典文学
大数据
洛克
幸福
免疫系统
银行学

德国文学
戏剧
腐败
医事法
癌症
植物
法语文学
微观经济学
湖泊

儿童心理学
时装
现代拉丁美洲文学
卢梭
隐私
电影音乐
抑郁症
传染病